Grimm's Fairy Tales

Jacob Grimm y Wilhelm Grimm

PAGES PLANET PUBLISHING

Publicado por

PUBLICACIONES DE PAGES PLANET

Correo electrónico: pagesplanetpublishing@gmail.com

Para obtener más información o realizar consultas, póngase en contacto con el editor en el correo electrónico anterior.

Publicado por primera vez por Pages Planet Publishing en 2024

EL PÁJARO DE ORO

Cierto rey tenía un hermoso jardín, y en el jardín había un árbol que daba manzanas de oro. Estas manzanas siempre se contaban, y en la época en que empezaban a madurar se descubría que cada noche se iba una de ellas. El rey se enfadó mucho por esto, y ordenó al jardinero que vigilara toda la noche bajo el árbol. El jardinero puso a su hijo mayor a vigilar; Pero a eso de las doce se durmió, y por la mañana faltaba otra de las manzanas. Entonces se ordenó al segundo hijo que vigilara; Y a medianoche él también se durmió, y a la mañana siguiente se había ido otra manzana. Entonces el tercer hijo se ofreció a vigilar; Pero el jardinero al principio no se lo permitió, por temor a que le sucediera algún daño; pero al final accedió, y el joven se acostó debajo del árbol para vigilar. Cuando el reloj dio las doce, oyó un crujido en el aire, y vino volando un pájaro de oro puro; Y mientras mordía una de las manzanas con su pico, el hijo del jardinero se levantó de un salto y le disparó una flecha. Pero la flecha no le hizo daño al pájaro; Solo que dejó caer una pluma dorada de su cola y luego se fue volando. La pluma de oro fue llevada al rey por la mañana, y todo el consejo fue convocado. Todos estuvieron de acuerdo en que valía más que todas las riquezas del reino, pero el rey dijo: "Una pluma no me sirve, tengo que quedarme con todo el pájaro".

Entonces el hijo mayor del jardinero se puso en camino y pensó encontrar el pájaro dorado muy fácilmente; Y cuando no había andado más que un poco, llegó a un bosque, y al lado del bosque vio un zorro sentado; Así que tomó su arco y se preparó para dispararle. Entonces la zorra dijo: "No me dispares, porque te daré buenos consejos; Sé cuál es tu negocio y que quieres encontrar el pájaro dorado. Llegarás a un pueblo por la noche; Y cuando llegues allí, verás dos posadas opuestas la una a la otra, una de las cuales es muy agradable y hermosa a la vista: no entres allí, sino descansa la noche en la otra, aunque te parezca muy pobre y mezquina. Pero el hijo pensó: '¿Qué puede saber una bestia como esta sobre el asunto?' Entonces disparó su flecha contra el zorro; Pero no lo alcanzó, y éste alzó la cola por encima de la espalda y corrió hacia el bosque. Y se fue, y al atardecer llegó a la aldea donde estaban las dos posadas; y en una de ellas había gente cantando, bailando y festejando; pero el otro se veía muy sucio y pobre. -Sería muy tonto -dijo- si me fuera a esa casa desvencijada y abandonara este encantador lugar; Así que entró en la elegante casa, y comió y bebió a sus anchas, y se olvidó del pájaro y también de su país.

El tiempo pasó; Y como el hijo mayor no volvió, y no se supo nada de él, el segundo hijo se fue, y le sucedió lo mismo. Salió al encuentro de la zorra, que le dio buenos consejos; pero cuando llegó a las dos posadas, su hermano mayor estaba de pie junto a la ventana donde estaba el jolgorio, y le llamó para que entrara; Y no pudo resistir la tentación, sino que entró, y se olvidó del pájaro de oro y de su país de la misma manera.

Volvió a pasar el tiempo, y el hijo menor también quiso salir al ancho mundo en busca del pájaro de oro; Pero su padre no quiso escucharlo durante mucho tiempo, porque quería mucho a su hijo y temía que le sucediera también alguna mala suerte que le impidiera volver. Sin embargo, al fin se acordó que se fuera, porque no descansaría en casa; Y cuando llegó al bosque, se encontró con la zorra, y oyó el mismo buen consejo. Pero él estaba agradecido al zorro, y no atentó contra su vida como lo habían hecho sus hermanos; Entonces la zorra le dijo: "Siéntate en mi cola, y viajarás más rápido". Así que se sentó, y el zorro echó a correr, y se fueron por encima del ganado y la piedra tan rápido que sus cabellos silbaban al viento.

Cuando llegaron a la aldea, el hijo siguió el consejo del zorro y, sin mirar a su alrededor, se fue a la posada y descansó allí toda la noche a sus anchas. A la mañana siguiente, el zorro volvió a su encuentro cuando comenzaba su viaje, y le dijo: "Avanza derecho hasta que llegues a un castillo, delante del cual yace toda una tropa de soldados, profundamente dormidos y roncando. No les hagas caso, entra en el castillo y sigue adelante hasta que llegues a una habitación. donde el pájaro dorado se sienta en una jaula de madera; Cerca de ella se encuentra una hermosa jaula dorada; Pero no trates de sacar el pájaro de la jaula desvencijada y meterlo en la hermosa, de lo contrario te arrepentirás". Entonces el zorro volvió a estirar la cola, y el joven se sentó, y se fueron sobre el ganado y la piedra hasta que sus cabellos silbaron al viento.

Delante de la puerta del castillo, todo era como el zorro había dicho: así que el hijo entró y encontró la cámara donde el pájaro de oro colgaba en una jaula de madera, y debajo estaba la jaula de oro, y las tres manzanas de oro que se habían perdido estaban junto a ella. Entonces pensó para sí: «Será una cosa muy graciosa llevarse un pájaro tan hermoso en esta jaula desvencijada»; Abrió, pues, la puerta, la agarró y la metió en la jaula de oro. Pero el pájaro lanzó un grito tan fuerte que todos los soldados se despertaron, lo tomaron prisionero y lo llevaron ante el rey. A la mañana siguiente, el tribunal se reunió para juzgarlo; Y cuando todo se oyó, le sentenció a morir, si no traía al rey el caballo de oro, que podía correr tan rápido como el viento; Y si lo hacía, se le daría el pájaro de oro para sí.

Así que se puso en camino una vez más, suspirando y con gran desesperación, cuando de repente su amigo el zorro se encontró con él y le dijo: "Ya ves lo que ha sucedido por no haber escuchado mi consejo. Sin embargo, todavía te diré cómo encontrar el caballo de oro, si haces lo que te ordeno. Seguirás derecho hasta que llegues al castillo, donde el caballo está en su establo: a su lado se acostará el mozo profundamente dormido y roncando. Llévate el caballo en silencio, pero asegúrate de ponerle la vieja silla de cuero, y no la de oro que está cerca. Entonces el hijo se sentó en la cola del zorro, y se fueron sobre el ganado y la piedra hasta que sus cabellos silbaron al viento.

Todo salió bien, y el novio se quedó roncando con la mano sobre la silla de oro. Pero cuando el hijo miró el caballo, pensó que era una gran lástima ponerle la silla de cuero. -Le daré la buena -dijo-; Estoy seguro de que se lo merece. Al tomar la silla de oro, el novio se despertó y gritó tan fuerte, que todos los guardias entraron corriendo y lo tomaron prisionero, y por la mañana fue llevado de nuevo ante el tribunal para ser juzgado, y fue sentenciado a muerte. Pero se acordó que, si podía llevar allí a la hermosa princesa, viviría, y le daría el pájaro y el caballo para que le fueran suyos.

Y se fue muy triste; pero el viejo zorro se acercó y dijo: "¿Por qué no me escuchaste? Si lo hubieras hecho, te habrías llevado tanto el pájaro como el caballo; sin embargo, una vez más te daré consejo. Siga recto y por la noche llegará a un castillo. A las doce de la noche, la princesa va a la casa de baños: acércate a ella y dale un beso, y ella te dejará llevarla; pero ten cuidado de no permitirle que se vaya a despedir de su padre y de su madre. Entonces el zorro extendió la cola, y así se fueron sobre el cepo y la piedra hasta que sus cabellos volvieron a silbar.

Cuando llegaron al castillo, todo fue como el zorro había dicho, y a las doce el joven se encontró con la princesa que iba al baño y le dio el beso, y ella accedió a huir con él, pero le rogó con muchas lágrimas que la dejara despedirse de su padre. Al principio él se negó, pero ella lloraba aún más y más, y cayó a sus pies, hasta que al fin consintió; Pero en el momento en que llegó a la casa de su padre, los guardias se despertaron y él fue hecho prisionero de nuevo.

Entonces lo llevaron ante el rey, y el rey le dijo: "No tendrás a mi hija si dentro de ocho días no cavas la colina que impide la vista desde mi ventana". Aquel monte era tan grande que el mundo entero no podía quitársela, y cuando había trabajado siete días y había hecho muy poco, se acercó la zorra y le dijo: "Acuéstate y vete a dormir; Trabajaré para ti'. Y por la mañana se despertó y la colina había desaparecido; Así que fue alegremente a ver al rey y le dijo que ahora que se lo habían quitado debía darle a la princesa.

Entonces el rey se vio obligado a cumplir su palabra, y el joven y la princesa se fueron; Y el zorro se acercó y le dijo: "Nos quedaremos con los tres, la princesa, el caballo y el pájaro". —¡Ah! —dijo el joven—, eso sería una gran cosa, pero ¿cómo puedes ingeniártela?

—Si me escuchas —dijo el zorro—, se puede hacer. Cuando llegues al rey y te pregunte por la hermosa princesa, debes decir: "¡Aquí está!" Entonces se alegrará mucho; y montarás en el caballo de oro que te han de dar, y extenderás tu mano para despedirte de ellos; Pero al final estrechó la mano de la princesa. Luego levántala rápidamente sobre el caballo detrás de ti; Dale una palmada con las espuelas a su lado y aleja al galope lo más rápido que puedas.

Todo salió bien: entonces el zorro dijo: "Cuando llegues al castillo donde está el pájaro, me quedaré con la princesa en la puerta, y entrarás cabalgando y hablarás con el rey; y cuando vea que es el caballo correcto, sacará el pájaro; pero debes quedarte quieto, y decir que quieres mirarlo, para ver si es el verdadero pájaro de oro; y cuando lo tengas en tu mano, vete'.

Esto, también, sucedió como dijo el zorro; Se llevaron el pájaro, la princesa montó de nuevo y cabalgaron hasta un gran bosque. Entonces se acercó la zorra y dijo: "Por favor, mátame y córtame la cabeza y los pies". Pero el joven se negó a hacerlo, y el zorro le dijo: "De todos modos, te daré un buen consejo: ten cuidado de dos cosas; No rescates a nadie de la horca, y no te sientes a la orilla de ningún río. Luego se fue. «Bueno», pensó el joven, «no es difícil seguir ese consejo».

Siguió cabalgando con la princesa, hasta que por fin llegó a la aldea donde había dejado a sus dos hermanos. Y allí oyó un gran estruendo y alboroto; y cuando preguntó qué pasaba, la gente dijo: "Dos hombres van a ser ahorcados". Al acercarse, vio que los dos hombres eran sus hermanos, que se habían convertido en ladrones; Y él dijo: '¿No pueden ser salvados de ninguna manera?' Pero la gente dijo: "No", a menos que él diera todo su dinero a los bribones y comprara su libertad. Entonces no se quedó a pensar en el asunto, sino que pagó lo que se le pidió, y sus hermanos fueron abandonados, y se fueron con él a su casa.

Y cuando llegaron al bosque donde el zorro los encontró por primera vez, era tan fresco y agradable que los dos hermanos dijeron: "Sentémonos a la orilla del río y descansemos un poco, para comer y beber". Y él respondió: "Sí", y olvidó el consejo de la zorra, y se sentó a la orilla del río; Y como él no sospechaba nada, vinieron detrás, y le arrojaron por la orilla, y tomaron a la princesa, al caballo y al pájaro, y se fueron a casa del rey su señor, y le dijeron: "Todo esto lo hemos ganado con nuestro trabajo". Entonces hubo un gran regocijo; Pero el caballo no quería, el pájaro no cantaba, y la princesa lloraba.

El hijo menor cayó al fondo del lecho del río: afortunadamente estaba casi seco, pero sus huesos estaban casi rotos, y la orilla era tan empinada que no pudo encontrar la manera de salir. Entonces el viejo zorro se acercó una vez más, y lo regañó por no seguir su consejo; de lo contrario, no le habría sucedido ningún mal: "Sin embargo", dijo, "no puedo dejarte aquí, así que agarra mi cola y aférrate". Luego lo sacó del río y le dijo, al llegar a la orilla: "Tus hermanos han puesto guardia para matarte, si te encuentran en el reino". Así que se vistió como un hombre pobre, y llegó secretamente a la corte del rey, y apenas había entrado a la puerta cuando el caballo comenzó a comer, y el pájaro a cantar, y la princesa dejó de llorar. Entonces fue a ver al rey y le contó todas las travesuras de sus hermanos; y fueron prendidos y castigados, y él hizo que se le devolviera la princesa; y después de la muerte del rey fue heredero de su reino.

Mucho tiempo después, un día fue a pasear por el bosque, y el viejo zorro se encontró con él, y le rogó con lágrimas en los ojos que lo matara y le cortara la cabeza y los pies. Y al fin lo hizo, y en un momento el zorro se transformó en hombre, y resultó ser el hermano de la princesa, que se había perdido muchos años.

HANS DE SUERTE

Algunos hombres nacen para la buena suerte: todo lo que hacen o intentan hacer sale bien, todo lo que les cae es mucha ganancia, todos sus gansos son cisnes, todas sus cartas son triunfos, lánzalos en la dirección que quieras, siempre, como el pobre gato, se posarán sobre sus piernas, y solo avanzarán tanto más rápido. Es muy probable que el mundo no siempre piense en ellos como ellos piensan en sí mismos, pero ¿qué les importa el mundo? ¿Qué puede saber al respecto?

Uno de estos seres afortunados fue el vecino Hans. Siete largos años había trabajado duro para su amo. Al fin dijo: 'Maestro, se me acabó el tiempo; Debo volver a casa y ver a mi pobre madre una vez más: así que te ruego que me pagues mi salario y me dejes ir. Y el señor le dijo: "Has sido un siervo fiel y bueno, Hans, así que tu paga será generosa". Luego le dio un trozo de plata tan grande como su cabeza.

Hans sacó su pañuelo de bolsillo, metió en él la pieza de plata, se lo echó al hombro y se puso a correr camino de vuelta a casa. Mientras avanzaba perezosamente, arrastrando un pie tras otro, apareció a la vista un hombre que trotaba alegremente en un caballo capital. —¡Ah! —exclamó Hans en voz alta—, ¡qué hermoso es montar a caballo! Allí se sienta tan tranquilo y feliz como si estuviera en casa, en la silla junto a la chimenea; No tropieza con ninguna piedra, salva el cuero de los zapatos y se las arregla sin saber cómo. Hans no hablaba tan suavemente, pero el jinete lo oyó todo y dijo: —Bien, amigo, ¿por qué vas a pie entonces? -¡Ah! -exclamó-, tengo que llevar esta carga, que es de plata, pero es tan pesada que no puedo levantar la cabeza, y debes saber que me duele mucho el hombro. —¿Qué me parece que hay que hacer un intercambio? —preguntó el jinete. "Yo te daré mi caballo, y tú me darás la plata; lo cual te ahorrará muchos problemas al llevar contigo una carga tan pesada. —De todo corazón —dijo Hans—, pero como eres tan amable conmigo, tengo que decirte una cosa: tendrás la fatigosa tarea de arrastrar esa plata contigo. Sin embargo, el jinete se apeó, tomó la plata, ayudó a Hans a levantarse, le dio la brida en una mano y el látigo en la otra, y le dijo: «Cuando quieras ir muy rápido, chasquea los labios y grita: «¡Jip!».

Hans estaba encantado mientras se sentaba en el caballo, se incorporaba, cuadraba los codos, estiraba los dedos de los pies, chasqueaba el látigo y se alejaba alegremente, un momento silbando una alegre melodía y otro cantando:

—¡Sin preocupaciones y sin penas, un higo para mañana! Nos reiremos y seremos felices, ¡canta relinchando derry!

Al cabo de un rato pensó que le gustaría ir un poco más rápido, así que chasqueó los labios y exclamó: «¡Jip!». El caballo se fue a todo galope; y antes de que Hans se diera cuenta de lo que hacía, fue arrojado y quedó tendido de espaldas al borde del camino. Su caballo se habría escapado, si un pastor que pasaba conduciendo una vaca no lo hubiera detenido. Hans no tardó en volver en sí, y volvió a ponerse en pie, tristemente irritado, y dijo al pastor: -Esta cabalgata no es ninguna broma cuando un hombre tiene la suerte de tropezar con una bestia como ésta, que tropieza y lo arroja como si fuera a romperle el cuello. Sin embargo, ahora me voy de una vez por todas: ahora me gusta mucho más tu vaca que esta bestia inteligente que me jugó esta mala pasada y ha estropeado mi mejor pelaje, ya ves, en este charco; que, por cierto, no huele muy a nariz. Uno puede caminar a su antojo detrás de esa vaca, mantener una buena compañía y tener leche, mantequilla y queso, todos los días, en el trato. ¡Qué daría yo por tener semejante premio!". -Bueno -dijo el pastor-, si tanto te quieres, cambiaré mi vaca por tu caballo; Me gusta hacer el bien a mi prójimo, aunque yo mismo pierda con ello". —¡Hecho! —dijo Hans alegremente—. «¡Qué noble corazón tiene ese buen hombre!», pensó. Entonces el pastor saltó sobre el caballo, deseó buenos días a Hans y a la vaca, y se marchó.

Hans se cepilló el abrigo, se secó la cara y las manos, descansó un rato y luego se marchó tranquilamente con su vaca, pensando que su trato era muy afortunado. "Si no tengo más que un pedazo de pan (y ciertamente siempre podré conseguirlo), puedo, cuando quiera, comer mi mantequilla y queso con él; y cuando tengo sed puedo ordeñar mi vaca y beber la leche: ¿y qué más puedo desear?'. Cuando llegó a una posada, se detuvo, se comió todo el pan y regaló hasta el último centavo por un vaso de cerveza. Cuando hubo descansado, se puso en marcha de nuevo, conduciendo su vaca hacia la aldea de su madre. Pero el calor se hizo más grande tan pronto como llegó el mediodía, hasta que por fin, al encontrarse en un amplio páramo que le llevaría más de una hora cruzar, comenzó a estar tan caliente y reseco que su lengua se le clavó en el paladar. «Puedo encontrar una cura para esto», pensó; "Ahora ordeñaré mi vaca y saciaré mi sed": así que la ató al tocón de un árbol y sostuvo su gorro de cuero para ordeñar; pero no se podía conseguir ni una gota. ¿Quién hubiera pensado que esta vaca, que debía traerle leche, mantequilla y queso, estaba todo ese tiempo completamente seca? A Hans no se le había ocurrido mirar hacia allí.

Mientras probaba suerte en el ordeño y manejaba el asunto con mucha torpeza, la bestia inquieta comenzó a considerarlo muy molesto; y al fin le dio tal patada en la cabeza que le derribó; Y allí permaneció largo rato sin sentido. Por suerte, pronto llegó un carnicero, que conducía un cerdo en una carretilla. —¿Qué te pasa, hombre? —preguntó el carnicero mientras le ayudaba a levantarse. Hans le contó lo que había sucedido, que estaba seco y que quería ordeñar su vaca, pero descubrió que la vaca también estaba seca. Entonces el carnicero le dio un frasco de cerveza, diciendo: "Toma, bebe y refréscate; Tu vaca no te dará leche: ¿no ves que es una bestia vieja, que no sirve para nada más que para el matadero? —¡Ay, ay! —dijo Hans—, ¿quién lo iba a pensar? ¡Qué vergüenza tomar mi caballo y darme solo una vaca seca! Si la mato, ¿para qué servirá? Detesto la carne de vaca; no es lo suficientemente tierno para mí. Si ahora fuera un cerdo —como ese caballero gordo que conduces a sus anchas—, se podría hacer algo con él; De todos modos, haría salchichas. —Bueno —dijo el carnicero—, no me gusta decir que no cuando a uno le piden que haga algo amable y de buena vecindad. Para complacerte, cambiaré y te daré mi cerdo gordo y fino para la vaca. -¡Que el cielo te recompense por tu bondad y abnegación! -dijo Hans, mientras le daba la vaca al carnicero-. y sacando al cerdo de la carretilla, lo ahuyentó, sujetándolo por la cuerda que estaba atada a su pata.

Así que siguió trotando, y ahora todo parecía ir bien con él: se había encontrado con algunas desgracias, sin duda; pero ahora estaba bien pagado por todo. ¿Cómo podía ser de otra manera con un compañero de viaje como el que acababa de conseguir?

El siguiente hombre con el que se encontró fue un paisano que llevaba un hermoso ganso blanco. El paisano se detuvo para preguntar qué era lo que era; Esto llevó a una charla más profunda; y Hans le contó toda su suerte, cómo tenía tantas buenas gangas, y cómo todo el mundo se puso alegre y sonriente con él. El paisano comenzó entonces a contar su historia, y dijo que iba a llevar el ganso a un bautizo. —Siente —dijo— lo pesado que es, y sin embargo sólo tiene ocho semanas. Quien lo tueste y lo coma encontrará mucha grasa en él, ¡ha vivido tan bien!' —Tienes razón —dijo Hans, mientras lo pesaba en su mano—; Pero si hablas de grasa, mi cerdo no es una bagatela. Mientras tanto, el paisano comenzó a ponerse serio y meneó la cabeza. —¡Escuchad! —dijo—, mi digno amigo, pareces un buen tipo, así que no puedo dejar de hacerte un trato amable. Tu cerdo puede meterte en un lío. En el pueblo del que acabo de llegar, al escudero le han robado un cerdo de su pocilga. Al verte tuve un miedo espantoso de que te habías quedado con el cerdo del escudero. Si lo has hecho, y te atrapan, será un mal trabajo para ti. Lo menos que harán será tirarte al estanque de los caballos. ¿Sabes nadar?'.

El pobre Hans estaba tristemente asustado. —Buen hombre —exclamó—, te ruego que me saques de este apuro. No sé nada de dónde se crió o nació el cerdo; pero puede que haya sido del escudero, por lo que yo sé: tú conoces este país mejor que yo, toma mi cerdo y dame el ganso. -Tendría que tener algo en el trato -dijo el paisano-; ¡Da un ganso gordo por un cerdo, en verdad! No todo el mundo haría tanto por ti. Sin embargo, no seré duro contigo, porque estás en problemas". Luego tomó la cuerda en su mano y ahuyentó al cerdo por un camino lateral; mientras que Hans siguió el camino de regreso a casa libre de preocupaciones. «Al fin y al cabo», pensó, «ese tipo está bastante bien acogido. No me importa de quién sea el cerdo, pero venga de donde venga ha sido un muy buen amigo para mí. Tengo lo mejor del trato. Primero habrá un asado capital; entonces la grasa me encontrará en grasa de ganso durante seis meses; Y luego están todas las hermosas plumas blancas. Los pondré en mi almohada, y entonces estoy seguro de que dormiré profundamente sin mecerme. ¡Qué feliz será mi madre! ¡Hablando de un cerdo, en efecto! Dame un ganso fino y gordo.

Al llegar a la siguiente aldea, vio un afilador de tijeras con su rueda, trabajando y cantando:

Sobre la colina y sobre el valleTan feliz que deambulo,Trabajo ligero y vivo bien,Todo
el mundo es mi hogar; Entonces, ¿quién es tan alegre y alegre como yo?

Hans se quedó un rato mirando, y por fin dijo: —¡Debe de estar usted bien, maestro molinillo! Pareces tan feliz en tu trabajo'. -Sí -dijo el otro-, el mío es un comercio de oro; Un buen molinillo nunca se mete la mano en el bolsillo sin encontrar dinero en él, pero ¿de dónde sacaste ese hermoso ganso? "Yo no lo compré, di un cerdo por él". –¿Y de dónde sacaste el cerdo? "Di una vaca por ello". —¿Y la vaca? "Di un caballo por ello". —¿Y el caballo? Di por él un trozo de plata tan grande como mi cabeza. —¿Y la plata? —¡Oh! Trabajé duro durante esos siete largos años". —Hasta ahora has prosperado bien en el mundo —dijo el molinillo—, ahora si pudieras encontrar dinero en tu bolsillo cada vez que metieras la mano en él, tu fortuna estaría hecha. —Muy cierto, pero ¿cómo se va a gestionar eso? – ¿Cómo? Vaya, tienes que girar como yo -dijo el otro-; "Solo quieres una piedra de afilar; el resto vendrá por sí solo. He aquí uno que es poco peor para el desgaste: no pediría más que el valor de tu ganso por él... ¿lo comprarás? —¿Cómo puedes preguntar? —dijo Hans—. "Sería el hombre más feliz del mundo, si pudiera tener dinero cada vez que me meto la mano en el bolsillo: ¿qué más podría desear? Ahí está el ganso'. —Ahora —dijo el molino, mientras le daba una piedra tosca que yacía a su lado—, ésta es una piedra muy capital; Hazlo lo suficientemente bien, y podrás hacer un corte de uñas viejo con él.

Hans tomó la piedra y se fue con el corazón ligero: sus ojos brillaban de alegría, y se dijo a sí mismo: «Seguramente debí haber nacido en una hora afortunada; todo lo que podría querer o desear viene por sí mismo. La gente es muy amable; parecen pensar que les hago un favor al permitirles que me hagan rico y que me hagan buenos tratos.

Mientras tanto, comenzó a estar cansado, y también hambriento, porque había dado su último centavo en su alegría por haber conseguido la vaca.

Al fin no pudo ir más lejos, porque la piedra le cansaba tristemente, y se arrastró hasta la orilla de un río para tomar un trago de agua y descansar un rato. Así que colocó la piedra cuidadosamente a su lado en la orilla, pero al inclinarse para beber, la olvidó, la empujó un poco y rodó por el arroyo.

Durante un rato lo vio hundirse en las aguas profundas y claras; entonces se levantó de un salto y bailó de alegría, y de nuevo cayó de rodillas y dio gracias al Cielo, con lágrimas en los ojos, por su bondad al quitar su única plaga, la piedra fea y pesada.

-¡Qué feliz soy! -exclamó-; Nadie ha tenido nunca tanta suerte como yo. -Entonces se levantó con el corazón ligero, libre de todos sus problemas, y siguió caminando hasta llegar a la casa de su madre, y le contó lo fácil que era el camino de la buena suerte.

JORINDA Y JORINDEL

Había una vez un viejo castillo, que se alzaba en medio de un bosque profundo y sombrío, y en el castillo vivía una vieja hada. Ahora esta hada podía tomar la forma que quisiera. Durante todo el día volaba en forma de lechuza, o se arrastraba por el campo como un gato; Pero por la noche siempre volvía a ser una anciana. Cuando un joven se acercaba a menos de cien pasos de su castillo, se quedaba completamente inmóvil, y no podía dar un paso hasta que ella llegaba y lo dejaba en libertad; Lo cual no quiso hacer hasta que él le diera su palabra de no volver nunca más; pero cuando una hermosa doncella entraba en aquel espacio, se convertía en un pájaro, y el hada la metía en una jaula y la colgaba en una cámara del castillo. Había setecientas de estas jaulas colgadas en el castillo, y todas con hermosos pájaros en ellas.

Había una vez una doncella que se llamaba Jorinda. Era más bonita que todas las muchachas bonitas que se habían visto antes, y un pastorcillo, que se llamaba Jorindel, le tenía mucho cariño, y pronto se iban a casar. Un día fueron a caminar por el bosque, para estar solos; y Jorindel dijo: "Debemos tener cuidado de no acercarnos demasiado al castillo de las hadas". Era una hermosa noche; Los últimos rayos del sol poniente brillaban a través de los largos tallos de los árboles sobre el verde sotobosque de abajo, y las tórtolas cantaban desde los altos abedules.

Jorinda se sentó a contemplar el sol; Jorindel se sentó a su lado; y ambos se sintieron tristes, no sabían por qué; pero parecía que iban a separarse el uno del otro para siempre. Habían recorrido un largo camino; Y cuando miraron para ver qué camino debían tomar a casa, se encontraron sin saber qué camino tomar.

El sol se estaba poniendo, y ya la mitad de su círculo se había hundido detrás de la colina: Jorindel miró de repente hacia atrás y vio a través de los arbustos que, sin darse cuenta, se habían sentado cerca de los viejos muros del castillo. Luego se encogió de miedo, se puso pálido y tembló. Jorinda solo cantaba,

"La paloma cantaba desde el rocío del sauce,

¡Buen día! ¡Buen día!

Lloró por la suerte de su querida compañera,

¡Buen día!

cuando su canto se detuvo de repente. Jorindel se volvió para ver la razón, y vio a su Jorinda transformada en ruiseñor, de modo que su canto terminaba con una jarra lúgubre, *jarra*. Un búho de ojos de fuego voló tres veces alrededor de ellos, y tres veces gritó:

'¡Guau! Tu whu! ¡Tuhu!'

Jorindel no podía moverse; Permanecía fijo como una piedra, y no podía llorar, ni hablar, ni mover la mano ni el pie. Y ahora el sol se puso bastante; Llegó la noche sombría; la lechuza voló hacia un arbusto; Y un momento después, la vieja hada apareció pálida y flaca, con ojos fijos y una nariz y barbilla que casi se encontraban.

Murmuró algo para sí misma, agarró el ruiseñor y se fue con él en la mano. El pobre Jorindel vio que el ruiseñor se había ido, pero ¿qué podía hacer? No podía hablar, no podía moverse del lugar donde estaba. Por fin, el hada regresó y cantó con voz ronca:

Hasta que el prisionero esté firme,

Y su perdición está echada,

¡Ahí quedarse! ¡Oh, quédate!

Cuando el encanto está a su alrededor,

Y el hechizo la ha atado,

¡Hola! ¡Fuera!'

De repente, Jorindel se vio libre. Entonces cayó de rodillas ante el hada y le rogó que le devolviera a su querida Jorinda, pero ella se rió de él y le dijo que no la volvería a ver nunca más; Luego siguió su camino.

Oró, lloró, se afligió, pero todo fue en vano. «¡Ay!», dijo, «¿qué será de mí?» No podía volver a su casa, así que se fue a una aldea extraña y se dedicó a criar ovejas. Muchas veces dio vueltas y vueltas tan cerca del odiado castillo como se atrevió a ir, pero todo fue en vano; no oyó ni vio nada de Jorinda.

Por fin, una noche soñó que encontraba una hermosa flor púrpura, y que en medio de ella había una perla preciosa; y soñó que arrancaba la flor y se iba con ella en la mano al castillo, y que todo lo que tocaba con ella estaba desencantado, y que allí volvía a encontrar a su Jorinda.

Por la mañana, cuando se despertó, comenzó a buscar por colinas y valles esta hermosa flor; Y ocho largos días la buscó en vano: pero al noveno día, de madrugada, encontró la hermosa flor púrpura; y en medio de ella había una gran gota de rocío, tan grande como una perla preciosa. Luego arrancó la flor y se puso en camino y viajó día y noche, hasta que volvió al castillo.

Se acercó a menos de cien pasos y, sin embargo, no se quedó tan quieto como antes, sino que descubrió que podía acercarse bastante a la puerta. Jorindel se alegró mucho de ver esto. Luego tocó la puerta con la flor, y ésta se abrió de un salto; De modo que entró por el patio y escuchó cuando oyó el canto de tantos pájaros. Por fin llegó a la cámara donde estaba sentada el hada, con los setecientos pájaros cantando en las setecientos jaulas. Cuando vio a Jorindel se enfadó mucho y gritó de rabia; Pero no podía acercarse a menos de dos yardas de él, porque la flor que sostenía en la mano era su salvaguarda. Miró a los pájaros, pero, ¡ay! había muchos, muchos ruiseñores, ¿y cómo iba a averiguar cuál era su Jorinda? Mientras pensaba qué hacer, vio que el hada había derribado una de las jaulas y se dirigía lo mejor que podía por la puerta. Corrió o voló tras ella, tocó la jaula con la flor, y Jorinda se paró frente a él, y le echó los brazos al cuello, tan hermosa como siempre, tan hermosa como cuando caminaban juntos por el bosque.

Luego tocó a todos los demás pájaros con la flor, de modo que todos volvieron a sus viejas formas; y se llevó a Jorinda a su casa, donde se casaron, y vivieron felices juntos muchos años, y lo mismo hicieron muchos otros muchachos, cuyas doncellas habían sido obligadas a cantar solas en las jaulas de las viejas hadas, mucho más tiempo del que les gustaría.

LOS MÚSICOS VIAJEROS

Un granjero honrado tuvo una vez un asno que le había sido un fiel sirviente durante muchos años, pero que ahora estaba envejeciendo y cada día más y más incapaz de trabajar. Su amo, pues, se cansó de retenerlo y comenzó a pensar en ponerle fin; pero el asno, que vio que en el viento había alguna travesura, se apartó disimuladamente y emprendió su viaje hacia la gran ciudad: «Porque allí», pensó, «puedo convertirme en músico».

Después de haber recorrido un poco, vio a un perro tendido al borde del camino y jadeando como si estuviera cansado. -¿Qué te hace jadear tanto, amigo mío? -dijo el asno-. -¡Ay! -dijo el perro-, mi amo me iba a dar un golpe en la cabeza, porque soy viejo y débil, y ya no puedo serle útil en la caza; así que me escapé; pero ¿qué puedo hacer para ganarme la vida?'. -¡Oíd! -dijo el asno-, que voy a la gran ciudad a convertirme en músico. ¿Te imaginas que vas conmigo y pruebas lo que puedes hacer de la misma manera? El perro dijo que estaba dispuesto, y siguieron trotando juntos.

No habían ido muy lejos cuando vieron a un gato sentado en medio del camino y haciendo una mueca de lo más triste. -Por favor, mi buena señora -dijo el asno-, ¿qué te pasa? ¡Pareces bastante desanimado! -¡Ah, yo! -dijo el gato-, ¿cómo se puede estar de buen humor cuando la vida corre peligro? Porque yo estoy empezando a envejecer, y preferiría quedarme a gusto junto al fuego que correr por la casa detrás de los ratones, mi ama me echó mano y me iba a ahogar; y aunque he tenido la suerte de alejarme de ella, no sé de qué voy a vivir. -¡Oh! -dijo el asno-, acompáñanos a la gran ciudad; Eres un cantante de buenas noches y puedes hacer tu fortuna como músico. Al gato le agradó la idea y se unió a la fiesta.

Poco después, al pasar por un corral, vieron un gallo encaramado en una puerta y gritando con todas sus fuerzas. -¡Bravo! -dijo el asno-; "Te lo prometo, haces un ruido famoso; ¿De qué se trata todo esto?'. -¡Vaya! -dijo el gallo-, yo decía hace un momento que haríamos buen tiempo para lavarnos, y sin embargo, mi ama y la cocinera no me dan las gracias por mis esfuerzos, sino que me amenazan con cortarme la cabeza mañana y hacer caldo para los invitados que vienen el domingo. -¡Dios no lo quiera! -dijo el asno-, venga con nosotros, maese Chanticleer; ¡Será mejor, en cualquier caso, que quedarse aquí para que le corten la cabeza! Además, ¿quién sabe? Si nos importa cantar afinados, podemos hacer algún tipo de concierto; Así que ven con nosotros'. -Con todo mi corazón -dijo el gallo, y así los cuatro continuaron alegremente juntos.

Sin embargo, no pudieron llegar a la gran ciudad el primer día; Así que cuando llegó la noche, se fueron a un bosque a dormir. El asno y el perro se acostaron debajo de un gran árbol, y el gato trepó a las ramas; mientras que el gallo, pensando que cuanto más alto se sentara, más seguro estaría, voló hasta la copa del árbol, y luego, según su costumbre, antes de irse a dormir, miró a todos lados para ver que todo estaba bien. Al hacer esto, vio a lo lejos algo brillante y resplandeciente, y llamando a sus compañeros dijo: "No debe haber una casa muy lejos, porque veo una luz". -Si así es -dijo el asno-, será mejor que cambiemos de habitación, porque nuestro alojamiento no es el mejor del mundo. —Además —añadió el perro—, no sería peor por un hueso o dos, o por un trozo de carne. Así que caminaron juntos hacia el lugar donde Chanticleer había visto la luz, y a medida que se acercaban, se hizo más y más brillante, hasta que por fin se acercaron a una casa en la que vivía una banda de ladrones.

El asno, que era el más alto de la compañía, se acercó a la ventana y se asomó. —Bien, burro —dijo Chanticleer—, ¿qué ves? -¿Qué es lo que veo? -replicó el asno-. Vaya, veo una mesa servida con toda clase de cosas buenas, y ladrones sentados a su alrededor divirtiéndose. —Sería un alojamiento noble para nosotros —dijo el gallo—. -Sí -dijo el asno-, si pudiéramos entrar; Así que consultaron entre sí cómo debían ingeniárselas para sacar a los ladrones; Y por fin dieron con un plan. El asno se colocó erguido sobre sus patas traseras, con las patas delanteras apoyadas en la ventana; El perro se le subió a la espalda; El gato trepó hasta los hombros del perro, y el gallo voló y se sentó sobre la cabeza del gato. Cuando todo estuvo listo, se dio una señal y comenzaron su música. El asno rebuznaba, el perro ladraba, el gato maullaba y el gallo chillaba; Y entonces todos rompieron la ventana a la vez, y entraron en la habitación, entre los cristales rotos, con el más espantoso estrépito. Los ladrones, que se habían asustado no poco con el concierto de apertura, ahora no tenían duda de que algún espantoso duende había irrumpido en ellos, y se había escapado tan rápido como podían.

Una vez despejada la costa, nuestros viajeros no tardaron en sentarse y despachar lo que habían dejado los ladrones, con tanto entusiasmo como si no hubieran esperado volver a comer en un mes. Tan pronto como se hubieron satisfecho, apagaron las luces, y cada uno buscó una vez más un lugar de descanso a su gusto. El burro se acostó sobre un montón de paja en el patio, el perro se tendió sobre una estera detrás de la puerta, el gato se enrolló en la chimenea ante las cenizas calientes, y el gallo se posó en una viga en la parte superior de la casa; Y, como todos estaban bastante cansados con el viaje, pronto se durmieron.

Pero hacia la medianoche, cuando los ladrones vieron de lejos que las luces estaban apagadas y que todo parecía tranquilo, empezaron a pensar que habían tenido demasiada prisa para huir; Y uno de ellos, que era más audaz que los demás, fue a ver qué pasaba. Al encontrarlo todo quieto, se dirigió a la cocina y buscó a tientas hasta que encontró una cerilla para encender una vela; Y luego, espiando los brillantes ojos de fuego del gato, los confundió con carbones encendidos, y les acercó el fósforo para encenderlo. Pero el gato, que no entendía esta broma, se abalanzó sobre su cara, le escupió y le arañó. Esto le asustó terriblemente, y corrió a la puerta trasera; Pero allí el perro se levantó de un salto y lo mordió en la pierna; y cuando iba cruzando el patio, el asno le dio una patada; Y el gallo, que había sido despertado por el ruido, cantó con todas sus fuerzas. Al oír esto, el ladrón corrió lo más rápido que pudo a sus camaradas, y contó al capitán cómo una bruja horrible había entrado en la casa, y le había escupido y arañado la cara con sus largos y huesudos dedos; cómo un hombre con un cuchillo en la mano se había escondido detrás de la puerta y lo había apuñalado en la pierna; cómo un monstruo negro se paró en el patio y lo golpeó con un garrote, y cómo el diablo se había sentado en la parte superior de la casa y gritó: '¡Tira al bribón aquí arriba!' Después de esto, los ladrones nunca se atrevieron a volver a la casa; pero los músicos quedaron tan contentos con sus aposentos que se establecieron allí; y ahí están, me atrevo a decir, en este mismo día.

VIEJO SULTÁN

Un pastor tenía un perro fiel, llamado Sultán, que había envejecido mucho y había perdido todos sus dientes. Y un día, cuando el pastor y su esposa estaban juntos frente a la casa, el pastor dijo: "Mañana por la mañana mataré al viejo Sultán, porque ahora no sirve para nada". Pero su mujer le dijo: "Te ruego que dejes vivir a la pobre criatura fiel; Nos ha servido mucho durante muchos años, y debemos darle un sustento para el resto de sus días. -¿Pero qué podemos hacer con él? - dijo el pastor-, que no tiene un diente en la cabeza, y los ladrones no se preocupan por él en absoluto; Es cierto que nos ha servido, pero luego lo hizo para ganarse la vida; Mañana será su último día, ten por seguro que sí.

El pobre Sultán, que estaba acostado junto a ellos, oyó todo lo que el pastor y su esposa se decían el uno al otro, y se asustó mucho al pensar que mañana sería su último día; Así que por la noche fue a ver a su buen amigo el lobo, que vivía en el bosque, y le contó todas sus penas, y cómo su amo pensaba matarlo por la mañana. —Hazte tranquilo —dijo el lobo—, te daré un buen consejo. Tu amo, ya sabes, sale todas las mañanas muy temprano con su mujer al campo; Y llevan consigo a su hijito, y lo acuestan detrás del seto a la sombra mientras trabajan. Ahora túmbate cerca del niño y finges que lo observas, y yo saldré del bosque y huiré con él; Debes correr detrás de mí lo más rápido que puedas, y lo dejaré caer. Entonces podrás llevártelo de vuelta, y pensarán que has salvado a su hijo, y te estarán tan agradecidos que te cuidarán mientras vivas. Al perro le gustó mucho este plan; Y en consecuencia, así se manejó. El lobo corrió un poco con el niño; El pastor y su mujer gritaron; pero el Sultán no tardó en alcanzarle, y llevó a la pobre criatura de vuelta a su amo y a su señora. Entonces el pastor le dio unas palmaditas en la cabeza y le dijo: "El viejo sultán ha salvado a nuestro hijo del lobo, y por lo tanto vivirá y estará bien cuidado, y tendrá mucho que comer. Esposa, vete a casa y dale una buena cena, y déjale mi viejo cojín para que duerma mientras viva. Así que a partir de este momento Sultán tuvo todo lo que podía desear.

Poco después se acercó el lobo y le deseó alegría, y le dijo: "Ahora, mi buen amigo, no debes contar cuentos, sino volver la cabeza hacia el otro lado cuando quiera probar una de las hermosas ovejas gordas del viejo pastor". -No -dijo el sultán-; 'Seré fiel a mi amo'. Sin embargo, el lobo pensó que estaba en broma y vino una noche a buscar un bocado delicado. Pero Sultán le había dicho a su amo lo que el lobo pensaba hacer; Así que lo esperó detrás de la puerta del granero, y cuando el lobo estaba ocupado buscando una buena oveja gorda, tenía un garrote robusto alrededor de su espalda, que peinaba sus cabellos finamente para él.

Entonces el lobo se enfadó mucho, y llamó al Sultán «un viejo pícaro», y juró que se vengaría. Así que a la mañana siguiente, el lobo envió al jabalí a desafiar a Sultán para que entrara en el bosque para luchar contra el asunto. Ahora el Sultán no tenía a nadie a quien pudiera pedir que fuera su segundo, excepto al viejo gato de tres patas del pastor; Así que se la llevó consigo, y mientras la pobre cojeaba con algún problema, ella levantó la cola recta en el aire.

El lobo y el jabalí fueron los primeros en pisar el suelo; y cuando vieron venir a sus enemigos, y vieron la larga cola de la gata erguida en el aire, pensaron que llevaba una espada para que Sultán luchara con ella; y cada vez que cojeaba, pensaban que cogía una piedra para tirársela; Entonces dijeron que no les gustaba esta forma de pelear, y el jabalí se acostó detrás de un arbusto, y el lobo saltó a un árbol. El sultán y el gato no tardaron en acercarse, miraron a su alrededor y se maravillaron de que no hubiera nadie allí. El jabalí, sin embargo, no se había ocultado del todo, pues sus orejas sobresalían del arbusto; y cuando sacudió un poco a uno de ellos, el gato, al ver que algo se movía, y creyendo que era un ratón, saltó sobre él, y lo mordió y arañó, de modo que el jabalí saltó y gruñó, y huyó, gritando: 'Mira hacia arriba en el árbol, allí está el culpable'. Alzaron los ojos y vieron al lobo sentado entre las ramas; y le llamaban bribón cobarde, y no le permitían bajar hasta que se avergonzaba de todo corazón de sí mismo, y había prometido volver a ser buenos amigos del viejo sultán.

PAJA, CARBÓN Y FRIJOLES

En una aldea vivía una pobre anciana que había reunido un plato de frijoles y quería cocinarlos. Así que encendió un fuego en su hogar, y para que se quemara más rápido, lo encendió con un puñado de paja. Cuando estaba vaciando los frijoles en la sartén, uno cayó sin que ella lo notara, y quedó tendido en el suelo junto a una paja, y poco después un carbón ardiente del fuego saltó sobre los dos. Entonces la paja comenzó y dijo: 'Queridos amigos, ¿de dónde vienen aquí?' El carbón respondió: "Afortunadamente salí del fuego, y si no hubiera escapado por la fuerza pura, mi muerte habría sido segura, habría sido reducido a cenizas". El frijol dijo: "Yo también he escapado con una piel entera, pero si la vieja me hubiera metido en la sartén, me habrían convertido en caldo sin piedad, como mis camaradas". —¿Y me habría tocado en suerte un destino mejor? —dijo la paja—. "La vieja ha destruido a todos mis hermanos en fuego y humo; Se apoderó de sesenta de ellos a la vez y les quitó la vida. Por suerte, se le escapé entre los dedos.

—¿Pero qué vamos a hacer ahora? —dijo el carbón—.

-Creo -respondió el frijol- que, puesto que hemos escapado tan afortunadamente de la muerte, debemos mantenernos juntos como buenos compañeros, y para que no nos sorprenda una nueva desgracia aquí, nos iremos juntos y nos iremos a un país extranjero.

La proposición agradó a los otros dos, y emprendieron el camino juntos. Pronto, sin embargo, llegaron a un pequeño arroyo, y como no había puente ni tablón para los pies, no sabían cómo iban a cruzarlo. La gota que colmó el vaso dio con una buena idea, y dijo: "Me acostaré en línea recta, y entonces podrás caminar sobre mí como en un puente". La paja se extendía de una orilla a la otra, y el carbón, que era de carácter impetuoso, tropezó con bastante audacia en el puente recién construido. Pero cuando llegó a la mitad y oyó que el agua corría debajo de ella, después de todo, tuvo miedo, se quedó quieta y no se aventuró más allá. La paja, sin embargo, comenzó a arder, se rompió en dos pedazos y cayó en el arroyo. El carbón se deslizó tras ella, siseó cuando se metió en el agua y exhaló su último suspiro. El frijol, que prudentemente se había quedado en la orilla, no pudo menos que reírse del suceso, no pudo detenerse y se rió de tan buena gana que estalló. De la misma manera, todo habría terminado para ella si, por suerte, un sastre que viajaba en busca de trabajo, no se hubiera sentado a descansar junto al arroyo. Como tenía un corazón compasivo, sacó su aguja e hilo, y la cosió junta. El frijol se lo agradeció muy amablemente, pero como el sastre usó hilo negro, todos los frijoles desde entonces tienen una costura negra.

ROSA DE MARCA

Érase una vez un rey y una reina reinaban en un país muy lejano, donde en aquellos días había hadas. Y el rey y la reina tenían mucho dinero, y muchas ropas finas que vestir, y muchas cosas buenas para comer y beber, y un carruaje en el que pasear todos los días; pero aunque llevaban muchos años casados, no tenían hijos, y esto les entristeció mucho. Pero un día, mientras la reina caminaba por la orilla del río, en el fondo del jardín, vio a un pobre pececito que se había arrojado fuera del agua y yacía jadeante y casi muerto en la orilla. Entonces la reina se apiadó del pececito y lo arrojó de nuevo al río; y antes de alejarse nadando, levantó la cabeza fuera del agua y dijo: 'Sé cuál es tu deseo, y se cumplirá, en pago de tu bondad hacia mí: pronto tendrás una hija'. Lo que el pececito había predicho pronto se cumplió; Y la reina tenía una niña, tan hermosa, que el rey no podía dejar de mirarla de alegría, y dijo que haría una gran fiesta y se alegraría, y mostraría a la niña a toda la tierra. Así que preguntó a sus parientes, a sus nobles, a sus amigos y a sus vecinos. Pero la reina dijo: "También quiero a las hadas, para que sean amables y buenas con nuestra hijita". Ahora bien, había trece hadas en el reino; Pero como el rey y la reina solo tenían doce platos de oro para comer, se vieron obligados a dejar a una de las hadas sin preguntarle. Así que llegaron doce hadas, cada una con un gorro rojo en la cabeza, zapatos rojos con tacones altos en los pies y una larga varita blanca en la mano. Y después de que terminó la fiesta, se reunieron en círculo y dieron todos sus mejores regalos a la princesita. Uno le dio bondad, otro belleza, otro riquezas, y así sucesivamente hasta que tuvo todo lo que era bueno en el mundo.

En el momento en que once de ellos habían terminado de bendecirla, se oyó un gran ruido en el patio, y se corrió la voz de que había llegado la decimotercera hada, con un gorro negro en la cabeza, zapatos negros en los pies y un palo de escoba en la mano. Como no la habían invitado a la fiesta, se enfadó mucho, y regañó mucho al rey y a la reina, y se puso manos a la obra para vengarse. Y ella exclamó: "La hija del rey, a los quince años, será herida por un huso y caerá muerta". Entonces la duodécima de las hadas amistosas, que aún no le había dado su regalo, se acercó y dijo que el mal deseo debía cumplirse, pero que ella podía suavizar su maldad; Así que su regalo fue que la hija del rey, cuando el huso la hiriera, no muriera realmente, sino que solo se quedara dormida durante cien años.

Sin embargo, el rey todavía esperaba salvar a su querida hija del mal que amenazaba; Así que ordenó que todos los husos del reino fueran comprados y quemados. Pero mientras tanto, todos los dones de las primeras once hadas se cumplieron; porque la princesa era tan hermosa, y de buena conducta, y buena, y sabia, que todos los que la conocían la querían.

Sucedió que, el mismo día en que ella cumplió quince años, el rey y la reina no estaban en casa, y ella se quedó sola en el palacio. Así que deambuló sola y miró todas las habitaciones y aposentos, hasta que por fin llegó a una vieja torre, a la que había una estrecha escalera que terminaba con una pequeña puerta. En la puerta había una llave de oro, y cuando ella la giró, la puerta se abrió de golpe, y allí estaba sentada una anciana que se alejaba muy ocupada. -Pues, cómo ahora, buena madre -dijo la princesa-; – ¿Qué haces ahí? —Girando —dijo la anciana, y asintió con la cabeza, tarareando una melodía, mientras zumbaba! fue la rueda. -¡Qué bien gira esa cosita! -exclamó la princesa, y cogió el huso y empezó a hilar. Pero apenas lo había tocado, cuando se cumplió la profecía del hada; El huso la hirió y cayó sin vida en el suelo.

Sin embargo, ella no estaba muerta, sino que sólo había caído en un sueño profundo; Y el rey y la reina, que acababan de llegar a casa, y toda su corte, se durmieron también; Y los caballos dormían en los establos, y los perros en el patio, las palomas en la azotea de las casas, y las mismas moscas dormían en las paredes. Incluso el fuego de la chimenea dejó de arder y se durmió; El gato se detuvo, y el asador que daba vueltas con un ganso encima para la cena del rey se detuvo; Y el cocinero, que en aquel momento tiraba del al mozo de cocina para darle una paliza en la oreja por algo que había hecho mal, le soltó y los dos se durmieron; El mayordomo, que probaba la cerveza con astucia, se durmió con la jarra en los labios, y así todo se detuvo, y durmió profundamente.

Pronto creció un gran seto de espinas alrededor del palacio, y cada año se hacía más alto y más espeso; hasta que por fin el viejo palacio quedó rodeado y oculto, de modo que ni siquiera se veían el tejado ni las chimeneas. Pero corrió la voz por toda la tierra de la hermosa y dormida Rosa de Zarza (pues así se llamaba la hija del rey), de modo que, de vez en cuando, venían varios hijos de reyes y trataban de abrirse paso entre la espesura y entrar en el palacio. Esto, sin embargo, ninguno de ellos pudo hacer jamás; porque los espinos y los arbustos se apoderaban de ellos, como con las manos; Y allí se aferraron, y murieron miserablemente.

Después de muchos, muchos años, vino el hijo de un rey a aquella tierra, y un anciano le contó la historia de la espesura de espinos; y cómo detrás de ella se alzaba un hermoso palacio, y cómo una maravillosa princesa, llamada Briar Rose, yacía en él dormida, con toda su corte. Contó también que había oído decir a su abuelo que muchos, muchos príncipes habían llegado y habían tratado de abrirse paso a través de la espesura, pero que todos se habían aferrado a ella y habían muerto. Entonces el joven príncipe dijo: "Todo esto no me asustará; Iré a ver a esta Rosa de brezo. El anciano trató de impedirlo, pero él estaba decidido a ir.

Y aquel mismo día se cumplieron los cien años; Y cuando el príncipe llegó a la espesura, no vio más que hermosos arbustos en flor, por los que pasó con facilidad, y se cerraron tras él tan espesos como siempre. Llegó por fin al palacio, y allí, en el patio, yacían dormidos los perros; y los caballos estaban parados en los establos; Y en el tejado estaban sentadas las palomas, profundamente dormidas, con la cabeza bajo las alas. Y cuando entró en el palacio, las moscas estaban durmiendo en las paredes; el asador estaba quieto; El mayordomo tenía la jarra de cerveza en los labios, yendo a beber un trago; La doncella estaba sentada con un ave en su regazo, lista para ser desplumada; Y la cocinera de la cocina seguía levantando la mano, como si fuera a golpear al niño.

Luego siguió adelante, y todo quedó tan quieto que podía oír cada aliento que exhalaba; hasta que por fin llegó a la vieja torre y abrió la puerta del cuartito en el que se encontraba Briar Rose; Y allí yacía, profundamente dormida en un sofá junto a la ventana. Se veía tan hermosa que no podía quitarle los ojos de encima, así que se agachó y le dio un beso. Pero en el momento en que él la besó, ella abrió los ojos, se despertó y le sonrió; y salieron juntos; Y pronto se despertaron también el rey y la reina, y toda la corte, y se miraron unos a otros con gran asombro. Y los caballos se sacudieron, y los perros saltaron y ladraron; Las palomas sacaron la cabeza de debajo de las alas, miraron a su alrededor y volaron a los campos; las moscas de las paredes volvieron a zumbar; el fuego de la cocina ardía; Giraba el gato, y giraba el asador, con el ganso para la cena del rey sobre él; El mayordomo terminó su trago de cerveza; La doncella siguió desplumando las aves; Y el cocinero le dio al niño la caja que llevaba en la oreja.

Y entonces el príncipe y Briar Rose se casaron, y se dio el banquete de bodas; Y vivieron felices juntos toda su vida.

EL PERRO Y EL GORRIÓN

El perro de un pastor tenía un amo que no se ocupaba de él, pero a menudo le dejaba sufrir el mayor hambre. Al final no pudo soportarlo más; Así que se puso en pie y echó a correr con un humor muy triste y triste. En el camino se encontró con un gorrión que le dijo: "¿Por qué estás tan triste, amigo mío?" —Porque —dijo el perro— tengo mucha, mucha hambre y no tengo qué comer. -Si eso es todo -respondió el gorrión-, ven conmigo a la próxima ciudad, y pronto te encontraré comida en abundancia. Y fueron juntos a la ciudad, y al pasar por una carnicería, el gorrión le dijo al perro: "Quédate allí un poco hasta que te picotee un pedazo de carne". De modo que el gorrión se posó en la estantería y, después de haber mirado cuidadosamente a su alrededor para ver si alguien la observaba, picoteó y arañó un filete que yacía en el borde de la estantería, hasta que por fin cayó. Entonces el perro lo cogió y se fue con él a un rincón, donde pronto se lo comió todo. —Bueno —dijo el gorrión—, si quieres, tendrás un poco más; así que acompáñame a la próxima tienda y te comeré otro filete. Cuando el perro también hubo comido esto, el gorrión le dijo: "Bueno, mi buen amigo, ¿ya has tenido suficiente?" —He comido mucha carne —respondió—, pero me gustaría tener un pedazo de pan para comer después de ella. —Ven conmigo —dijo el gorrión—, y pronto lo tendrás también. Así que lo llevó a una panadería y picoteó dos panecillos que estaban en la ventana, hasta que se cayeron; y como el perro aún deseaba más, lo llevó a otra tienda y picoteó un poco más para él. Cuando se lo comió, el gorrión le preguntó si ya había tenido suficiente. —Sí —dijo él—; Y ahora vamos a dar un paseo un poco fuera de la ciudad. Así que ambos salieron por el camino principal; pero como el tiempo era cálido, no habían andado mucho cuando el perro dijo: «Estoy muy cansado, me gustaría echarme una siesta». —Muy bien —respondió el gorrión—, hazlo, y mientras tanto me posaré en ese arbusto. Así que el perro se tendió en el camino y se durmió profundamente. Mientras dormía, llegó un carretero con un carro tirado por tres caballos y cargado con dos toneles de vino. El gorrión, al ver que el carretero no se apartaba del camino, sino que seguía por el camino en el que yacía el perro, para pasar por encima de él, gritó: "¡Detente! ¡parar! Señor Carter, o será lo peor para usted. Pero el carretero, refunfuñando para sí mismo: «¡Tú me lo haces peor! ¿Qué puedes hacer?', chasqueó su látigo y atropelló con su carro al pobre perro, de modo que las ruedas lo aplastaron hasta la muerte. -Ahí -exclamó el gorrión-, cruel villano, has matado a mi amigo el perro. Ahora ten cuidado con lo que digo. Esta hazaña tuya te costará todo lo que vales. —Haz lo peor que puedas, y bienvenido —dijo el bruto—, ¿qué daño puedes hacerme? —y se marchó. Pero el gorrión se arrastró bajo la inclinación del carro y picoteó el tapón de uno de los toneles hasta que lo aflojó; Y entonces se acabó todo el vino, sin que el carretero lo viera. Por fin miró a su alrededor y vio que el carro goteaba y el barril estaba completamente vacío. -¡Qué desgraciado soy! -exclamó-. -¡Todavía no lo es lo suficientemente desgraciado! -exclamó el gorrión, mientras se posaba sobre la cabeza de uno de los caballos y lo picoteaba hasta que se encabritaba y pataleaba. Cuando el carretero vio esto, sacó su hacha y apuntó un golpe al gorrión, con la intención de matarlo; Pero ella se fue volando, y el golpe cayó sobre la cabeza del pobre caballo con tal fuerza, que cayó muerto. -¡Desdichado de mí! -exclamó-. -¡Todavía no es lo suficientemente desgraciado! -dijo el gorrión-. Y mientras el carretero continuaba con los otros dos caballos, volvió a deslizarse bajo la inclinación del carro y picoteó el tapón del segundo tonel, de modo que se acabó todo el vino. Cuando el carretero vio esto, volvió a gritar: "¡Miserable de mí!" Pero el gorrión respondió: «¡Todavía no es lo suficientemente desgraciado!», y se posó en la cabeza del segundo caballo y lo picoteó también. El carretero corrió hacia ella y la golpeó de nuevo con su hacha; Pero ella huyó, y el golpe cayó sobre el segundo caballo y lo mató en el acto. -¡Desdichado de mí! -exclamó-. -¡Todavía no es bastante desgraciado! -dijo el gorrión-. Y encaramándose en el tercer caballo, comenzó a picotearle también. El carretero estaba loco de furia; y sin mirar a su alrededor, ni importarle lo que hacía, volvió a golpear al gorrión; pero mató a su tercer caballo como hizo con los otros dos. —¡Ay! ¡Miserable desgraciado de mí! -exclamó-. -¡Todavía no es lo suficientemente desgraciada! -respondió el gorrión mientras se alejaba volando-. 'ahora te plagaré y te castigaré en tu propia casa'. El carretero se vio obligado al fin a dejar su carreta detrás de él y volver a casa rebosante de rabia y vejación. «¡Ay!», dijo a su mujer, «¡qué mala suerte me ha sucedido!: mi vino está todo derramado, y mis caballos los tres muertos». —¡Ay! -Y un pájaro malvado ha entrado en la casa, y ha traído consigo todos los pájaros del mundo, estoy segura, y han caído sobre nuestro trigo en el palomar, y se lo están comiendo a tal ritmo. El marido corrió escaleras arriba, y vio miles de pájaros sentados en el suelo comiendo su maíz, con el gorrión en medio de ellos. -¡Desdichado de mí! -exclamó el carretero-; porque vio que el trigo se había acabado casi todo. -¡Todavía no es bastante desgraciado! -dijo el gorrión-. '¡Tu crueldad te costará la vida todavía!' y se fue volando.

El carretero, viendo que había perdido todo lo que tenía, bajó a su cocina; Y todavía no se arrepentía de lo que había hecho, sino que se sentó enojado y malhumorado en el rincón de la chimenea. Pero el gorrión se sentó en el exterior de la ventana y gritó: "¡Carter! ¡Tu crueldad te costará la vida!' Con esto se levantó de un salto de rabia, agarró su hacha y se la arrojó al gorrión; pero no la alcanzó y solo rompió la ventana. El gorrión entró de un salto, se encaramó en el asiento de la ventana y gritó: —¡Carter! ¡Te costará la vida!' Entonces se volvió loco y ciego de rabia, y golpeó el asiento de la ventana con tal fuerza que lo partió en dos; y mientras el gorrión volaba de un lugar a otro, el carretero y su esposa se enfurecieron tanto que rompieron todos sus muebles, vasos, sillas, bancos, la mesa y, finalmente, las paredes, sin tocar el pájaro en absoluto. Al final, sin embargo, la atraparon, y la mujer dijo: «¿La mataré de inmediato?» -No -exclamó-, eso es dejarla ir con demasiada facilidad: morirá de una muerte mucho más cruel; Me la comeré'. Pero el gorrión comenzó a revolotear, estiró el cuello y gritó: "¡Carter! ¡Todavía te costará la vida!' Dicho esto, no pudo esperar más, así que le dio a su mujer el hacha y gritó: "Mujer, golpea al pájaro y mátala en mi mano". Y la mujer golpeó; Pero ella falló su puntería, y golpeó a su marido en la cabeza de modo que cayó muerto, y el gorrión voló silenciosamente a su nido.

LAS DOCE PRINCESAS BAILARINAS

Había un rey que tenía doce hermosas hijas. Dormían en doce camas, todas en una habitación; y cuando se acostaron, las puertas estaban cerradas y cerradas; pero todas las mañanas se hallaba con que sus zapatos estaban bastante gastados, como si hubieran bailado con ellos toda la noche; Y, sin embargo, nadie pudo averiguar cómo sucedió, ni dónde habían estado.

Entonces el rey hizo saber a toda la tierra que si alguna persona descubría el secreto y averiguaba dónde bailaban las princesas por la noche, tendría por esposa a la que más quisiera, y sería rey después de su muerte; Pero el que lo intentara y no lo consiguiera, después de tres días y tres noches, sería condenado a muerte.

Pronto llegó el hijo de un rey. Quedó bien entretenido, y por la noche fue llevado a la habitación contigua a aquella donde las princesas yacían en sus doce camas. Allí se sentaba y miraba dónde iban a bailar; Y, para que no pasara nada sin que él lo oyera, se dejó abierta la puerta de su aposento. Pero el hijo del rey no tardó en dormirse; Y cuando se despertó por la mañana, descubrió que todas las princesas habían estado bailando, porque las suelas de sus zapatos estaban llenas de agujeros. Lo mismo sucedió la segunda y la tercera noche, y el rey ordenó que le cortaran la cabeza. Después de él vinieron varios otros; Pero todos tuvieron la misma suerte, y todos perdieron la vida de la misma manera.

Sucedió que un viejo soldado, que había sido herido en la batalla y ya no podía seguir luchando, pasó por el país donde reinaba este rey, y mientras caminaba por un bosque, se encontró con una anciana que le preguntó adónde iba. -No sé adónde voy, ni qué es mejor que haga -dijo el soldado-; pero creo que me gustaría mucho saber dónde bailan las princesas, y entonces, con el tiempo, podría ser rey. -Bueno -dijo la anciana-, no es una tarea muy difícil: sólo que ten cuidado de no beber nada del vino que una de las princesas te traerá por la noche; y en cuanto se vaya, finges estar profundamente dormido.

Entonces ella le dio una capa y le dijo: "Tan pronto como te la pongas, te volverás invisible, y entonces podrás seguir a las princesas dondequiera que vayan". Cuando el soldado oyó todos estos buenos consejos, decidió probar suerte, así que fue a ver al rey y le dijo que estaba dispuesto a emprender la tarea.

Fue tan bien recibido como los demás, y el rey ordenó que se le dieran hermosos vestidos reales; Y cuando llegó la noche, lo llevaron a la cámara exterior. Justo cuando iba a acostarse, la mayor de las princesas le trajo una copa de vino; Pero el soldado lo tiró todo a escondidas, teniendo cuidado de no beber ni una gota. Luego se acostó en la cama, y al poco rato empezó a roncar muy fuerte, como si estuviera profundamente dormido. Cuando las doce princesas oyeron esto, se rieron de buena gana; Y el mayor dijo: '¡Este hombre también podría haber hecho una cosa más sabia que perder la vida de esta manera!' Entonces se levantaron, abrieron sus cajones y sus cajas, sacaron todas sus ropas finas, se vistieron junto al espejo y saltaron de un lado a otro como si estuvieran ansiosos por comenzar a bailar. Pero el más joven dijo: 'No sé cómo es, mientras tú estás tan feliz me siento muy inquieto; Estoy seguro de que nos ocurrirá algún infortunio. -Tonto -dijo el mayor-, siempre tienes miedo; ¿Has olvidado cuántos hijos de reyes ya han mirado en vano? Y en cuanto a este soldado, incluso si no le hubiera dado su somnífero, habría dormido bastante tranquilo.

Cuando estuvieron todos listos, fueron a mirar al soldado; pero él seguía roncando y no se movía de pies ni manos: así que pensaron que estaban a salvo; Y la mayor se acercó a su cama y aplaudió, y la cama se hundió en el suelo y una trampilla se abrió de golpe. El soldado los vio bajar por la trampilla uno tras otro, con el mayor a la cabeza; y, creyendo que no tenía tiempo que perder, se levantó de un salto, se puso el manto que la vieja le había dado, y los siguió; pero en medio de la escalera pisó el vestido de la princesa más joven, y ella gritó a sus hermanas: «No todo está bien; Alguien se apoderó de mi vestido'. —¡Criatura tonta! —dijo el mayor—, no es más que un clavo en la pared. Luego bajaron todos, y en el fondo se encontraron en una arboleda muy deliciosa; y las hojas eran todas de plata, y brillaban y centelleaban hermosamente. El soldado quiso llevarse alguna señal del lugar; Entonces rompió una ramita, y se oyó un gran ruido que salía del árbol. Entonces la hija menor volvió a decir: "Estoy segura de que no todo está bien, ¿no oíste ese ruido? Eso nunca había sucedido antes". Pero el mayor dijo: "Solo nuestros príncipes gritan de alegría al ver que nos acercamos".

Luego llegaron a otro bosquecillo de árboles, donde todas las hojas eran de oro; y después a una tercera, donde las hojas eran todas de brillantes diamantes. Y el soldado rompió una rama de cada uno; y cada vez que se oía un fuerte ruido, que hacía temblar de miedo a la hermana menor; Pero el mayor seguía diciendo que sólo los príncipes lloraban de alegría. Y así siguieron hasta que llegaron a un gran lago; Y a la orilla del lago había doce barquitos con doce apuestos príncipes en ellos, que parecían estar esperando allí a las princesas.

Una de las princesas subió a cada bote, y el soldado subió al mismo bote que el más joven. Mientras remaban sobre el lago, el príncipe, que estaba en la barca con la princesa más joven y el soldado, dijo: "No sé por qué, pero aunque estoy remando con todas mis fuerzas, no avanzamos tan rápido como de costumbre, y estoy bastante cansado: la barca parece muy pesada hoy". —Es sólo el calor del tiempo —dijo la princesa—, yo también lo siento muy cálido.

Al otro lado del lago se alzaba un castillo bien iluminado, del que salía la alegre música de trompas y trompetas. Allí desembarcaron todos, y entraron en el castillo, y cada príncipe bailó con su princesa; y el soldado, que estaba todo el tiempo invisible, bailaba con ellos también; Y cuando alguna de las princesas tenía una copa de vino servida por ella, él se la bebía toda, de modo que cuando ella se llevaba la copa a la boca estaba vacía. Ante esto, también la hermana menor se asustó terriblemente, pero la mayor siempre la silenciaba. Siguieron bailando hasta las tres de la madrugada, y entonces se les gastaron todos los zapatos, de modo que se vieron obligados a dejarlo. Los príncipes los llevaron de nuevo a remo sobre el lago (pero esta vez el soldado se colocó en la barca con la princesa mayor); Y en la orilla opuesta se despidieron la una de la otra, prometiendo las princesas volver la noche siguiente.

Cuando llegaron a la escalera, el soldado corrió delante de las princesas y se acostó; Y como las doce hermanas subían poco a poco muy cansadas, le oyeron roncar en su cama; y ellos dijeron: 'Ahora todo está muy seguro'; Luego se desnudaron, guardaron sus ropas finas, se quitaron los zapatos y se fueron a la cama. A la mañana siguiente, el soldado no dijo nada de lo que había sucedido, pero determinó de ver más de esta extraña aventura, y volvió a la segunda y tercera noche; y todo sucedió como antes; Las princesas bailaban cada vez hasta que sus zapatos se desgastaban en pedazos, y luego regresaban a casa. Sin embargo, a la tercera noche el soldado se llevó una de las copas de oro como muestra de dónde había estado.

Tan pronto como llegó el momento en que debía declarar el secreto, fue llevado ante el rey con las tres ramas y la copa de oro; Y las doce princesas se quedaron escuchando detrás de la puerta para oír lo que él decía. Y cuando el rey le preguntó. «¿Dónde bailan mis doce hijas por la noche?», respondió, «con doce príncipes en un castillo subterráneo». Y luego le contó al rey todo lo que había sucedido, y le mostró las tres ramas y la copa de oro que había traído consigo. Entonces el rey llamó a las princesas y les preguntó si era verdad lo que había dicho el soldado; y cuando vieron que habían sido descubiertas, y que era inútil negar lo que había sucedido, lo confesaron todo. Y el rey preguntó al soldado a cuál de ellos elegiría por mujer; Y él respondió: "No soy muy joven, así que me quedaré con el mayor". Y se casaron ese mismo día, y el soldado fue elegido para ser el heredero del rey.

EL PESCADOR Y SU MUJER

Había una vez un pescador que vivía con su esposa en una pocilga, cerca de la playa. El pescador solía salir todo el día a pescar; Y un día, mientras estaba sentado en la orilla con su caña, mirando las olas centelleantes y mirando su línea, de repente su flotador fue arrastrado profundamente en el agua, y al sacarlo sacó un gran pez. Pero el pez dijo: "¡Por favor, déjame vivir! No soy un pez de verdad; Soy un príncipe encantado: ¡méteme otra vez en el agua y déjame ir! -¡Oh, vaya! -dijo el hombre-, no es necesario que digas tantas palabras sobre el asunto; No tendré nada que ver con un pez que pueda hablar: ¡así que aléjese nadando, señor, tan pronto como le plazca! Luego lo metió de nuevo en el agua, y el pez se lanzó directamente al fondo, dejando un largo rastro de sangre detrás de él en la ola.

Cuando el pescador volvió a casa de su mujer en la pocilga, le contó cómo había pescado un gran pez, y cómo éste le había dicho que era un príncipe encantado, y cómo, al oírlo hablar, lo había soltado de nuevo. -¿No le pediste nada? -dijo la mujer-. Vivimos muy miserablemente aquí, en esta sucia y repugnante pocilga; Vuelve y dile a los peces que queremos una casita cómoda.

Al pescador no le gustó mucho el negocio: sin embargo, se fue a la orilla del mar; Y cuando regresó, el agua se veía toda amarilla y verde. Y se puso a la orilla del agua, y dijo:

'¡Oh hombre del mar!

¡Escúchame!

Mi esposa Ilsabill

Tendrá su propia voluntad,

¡Y me ha enviado a pedirte un favor!

Entonces el pez se acercó nadando a él y le dijo: "Bueno, ¿cuál es su voluntad? ¿Qué es lo que quiere tu mujer? -¡Ah! -dijo el pescador-, dice que cuando te hube atrapado, debí haberte pedido algo antes de dejarte ir; No le gusta vivir más tiempo en la pocilga y quiere una casita cómoda. -Vete, pues, a tu casa -dijo el pez-; —¡Ya está en la cabaña! Así que el hombre se fue a su casa y vio a su esposa parada en la puerta de una bonita casita. -¡Entra, entra! -dijo ella-; ¿No es esto mucho mejor que la inmunda pocilga que teníamos? Y había un salón, y un dormitorio, y una cocina; y detrás de la cabaña había un pequeño jardín, plantado con toda clase de flores y frutas; Y detrás había un patio lleno de patos y gallinas. -¡Ah! -exclamó el pescador-, ¡qué felices viviremos ahora! —Lo intentaremos, por lo menos —dijo su esposa—.

Todo marchó bien durante una o dos semanas, y entonces la señora Ilsabill dijo: «Marido, no hay ni de lejos espacio suficiente para nosotros en esta cabaña; El patio y el jardín son demasiado pequeños; Me gustaría tener un gran castillo de piedra para vivir: ve a ver al pez otra vez y dile que nos dé un castillo. -Mujer -dijo el pescador-, no quiero volver a verlo a ver, porque tal vez se enfade; Tendríamos que estar tranquilos con esta bonita cabaña para vivir. -¡Tonterías! -exclamó la mujer-; —Lo hará de muy buena gana, lo sé; ¡Acompáñanos e inténtalo!'

El pescador fue, pero su corazón estaba muy apesadumbrado: y cuando llegó al mar, se veía azul y sombrío, aunque estaba muy tranquilo; Y se acercó al borde de las olas, y dijo:

'¡Oh hombre del mar!

¡Escúchame!

Mi esposa Ilsabill

Tendrá su propia voluntad,

¡Y me ha enviado a pedirte un favor!

"Bueno, ¿qué quiere ahora?", dijo el pez. —¡Ah! —dijo el hombre con tristeza—, mi mujer quiere vivir en un castillo de piedra. -Vete, pues, a tu casa -dijo el pez-; Ya está a la puerta de la misma. Así que el pescador se fue y encontró a su esposa de pie ante la puerta de un gran castillo. —Mira —dijo ella—, ¿no es esto grandioso? Con esto entraron juntos en el castillo, y hallaron allí muchos criados, y todas las habitaciones ricamente amuebladas y llenas de sillas y mesas de oro; Y detrás del castillo había un jardín, y alrededor de él había un parque de media milla de largo, lleno de ovejas, cabras, liebres y ciervos; y en el patio había establos y establos para vacas. —Bueno —dijo el hombre—, ahora viviremos alegres y felices en este hermoso castillo por el resto de nuestras vidas. -Tal vez podamos -dijo la mujer-; Pero durmamos sobre ello, antes de decidirnos a ello. Así que se fueron a la cama.

A la mañana siguiente, cuando la señora Ilsabill despertó, era pleno día, y empujó al pescador con el codo y le dijo: «Levántate, marido, y estírate, porque debemos ser el rey de toda la tierra». —Esposa, esposa —dijo el hombre—, ¿por qué habríamos de desear ser el rey? Yo no seré rey'. —Entonces lo haré —dijo ella—. —Pero, mujer —dijo el pescador—, ¿cómo puedes ser rey, si los peces no pueden hacerte rey? —Marido —dijo ella—, no digas más de ello, ¡ve y pruébalo! Yo seré rey'. De modo que el hombre se marchó muy triste al pensar que su mujer querría ser rey. Esta vez el mar parecía de un color gris oscuro, y estaba cubierto de olas enroscadas y crestas de espuma mientras él gritaba:

'¡Oh hombre del mar!

¡Escúchame!

Mi esposa Ilsabill

Tendrá su propia voluntad,

¡Y me ha enviado a pedirte un favor!

—Bueno, ¿qué tendría ahora? —dijo el pez. -¡Ay! -exclamó el pobre hombre-, mi mujer quiere ser rey. -Vete a tu casa -dijo el pez-; – Ya es rey.

Entonces el pescador se fue a su casa; Y al acercarse al palacio, vio una tropa de soldados, y oyó el sonido de tambores y trompetas. Y cuando entró, vio a su mujer sentada en un trono de oro y diamantes, con una corona de oro sobre su cabeza; Y a cada lado de ella había seis hermosas doncellas, cada una una más alta que la otra. —Bien, esposa —dijo el pescador—, ¿eres tú rey? —Sí —dijo ella—, yo soy el rey. Y después de haberla mirado durante mucho tiempo, dijo: "¡Ah, esposa! ¡Qué cosa tan hermosa es ser rey! Ahora no tendremos nada más que desear mientras vivamos. -No sé cómo puede ser eso -dijo ella-; "Nunca es mucho tiempo. Yo soy el rey, es verdad; pero empiezo a cansarme de eso, y creo que me gustaría ser emperador. —¡Ay, esposa! ¿Por qué querrías ser emperador?', dijo el pescador. —Marido

—le dijo ella—, ¡ve a los peces! Yo digo que seré emperador'. -¡Ah, mujer! -replicó el pescador-, estoy seguro de que el pez no puede hacer un emperador, y no me gustaría pedirle tal cosa. —Yo soy el rey —dijo Ilsabill—, y tú eres mi esclavo; ¡Vete de una vez!'

Así que el pescador se vio obligado a irse; y murmuraba a medida que avanzaba: 'Esto no servirá de nada, es mucho pedir; Al fin los peces se cansarán, y entonces nos arrepentiremos de lo que hemos hecho. Pronto llegó a la orilla del mar; Y el agua estaba completamente negra y fangosa, y un poderoso torbellino soplaba sobre las olas y las hacía rodar, pero él se acercó lo más que pudo al borde del agua, y dijo:

'¡Oh hombre del mar!

¡Escúchame!

Mi esposa Ilsabill

Tendrá su propia voluntad,

¡Y me ha enviado a pedirte un favor!

—¿Qué tendría ahora? —preguntó el pez. —¡Ah! —dijo el pescador—, quiere ser emperador. -Vete a tu casa -dijo el pez-; Ya es emperadora.

Así que se fue a su casa; y al acercarse, vio a su mujer Ilsabill sentada en un trono muy alto hecho de oro macizo, con una gran corona en la cabeza de dos varas de altura; Y a cada lado de ella estaban sus guardias y sirvientes en fila, cada uno más pequeño que el otro, desde el gigante más alto hasta un pequeño enano no más grande que mi dedo. Delante de ella estaban príncipes, duques y condes, y el pescador se acercó a ella y le dijo: "Mujer, ¿eres tú emperador?" —Sí —dijo ella—, soy emperador. —¡Ah! —exclamó el hombre mientras la miraba—, ¡qué hermoso es ser emperador! —Esposo —dijo ella—, ¿por qué hemos de detenernos en ser emperador? Yo seré el próximo Papa'. «¡Oh esposa, esposa!», le dijo, «¿cómo puedes ser Papa? no hay más que un papa a la vez en la cristiandad'. "Esposo", dijo ella, "yo seré papa hoy mismo". "Pero", respondió el marido, "el pez no puede hacerte papa". -¡Qué tontería! -exclamó ella-; "Si puede hacer un emperador, puede hacer un papa: vayan y pruébenlo".

Así que el pescador se fue. Pero cuando llegó a la orilla, el viento arreciaba y el mar se agitaba arriba y abajo en olas hirvientes, y las naves estaban en apuros, y rodaban espantosas sobre las cimas de las olas. En el centro del cielo había un pedacito de cielo azul, pero hacia el sur todo era rojo, como si se avecinase una terrible tormenta. Al ver esto, el pescador se asustó terriblemente, y tembló de tal manera que sus rodillas chocaron; pero aun así bajó cerca de la orilla y dijo:

'¡Oh hombre del mar!

¡Escúchame!

Mi esposa Ilsabill

Tendrá su propia voluntad,

¡Y me ha enviado a pedirte un favor!

—¿Qué quiere ahora? —dijo el pez. —¡Ah! —dijo el pescador—, mi mujer quiere ser Papa. -Vete a tu casa -dijo el pez-; "Ya es Papa".

Entonces el pescador se fue a su casa, y encontró a Ilsabill sentado en un trono de dos millas de altura. Y ella tenía tres grandes coronas en su cabeza, y alrededor de ella estaba toda la pompa y el poder de la Iglesia. Y a cada lado de ella había dos filas de luces encendidas, de todos los tamaños, la más grande como la torre más alta y más grande del mundo, y la más pequeña no más grande que un pequeño junco. —Esposa —dijo el pescador, al contemplar toda aquella grandeza—, ¿eres tú Papa? —Sí —dijo ella—, soy el Papa. -Bien, mujer -replicó él-, es una gran cosa ser Papa; Y ahora debes estar tranquilo, porque no puedes ser nada más grande. —Pensaré en eso —dijo la esposa—. Luego se fueron a la cama, pero la señora Ilsabill no pudo dormir en toda la noche pensando en lo que sería la próxima vez. Por fin, cuando se estaba durmiendo, amaneció y salió el sol. «¡Ja!», pensó al despertar y mirarlo a través de la ventana, «después de todo, no puedo impedir que salga el sol». Al oír esto, se enfadó mucho, despertó a su marido y le dijo: "Marido, ve a ver al pez y dile que debo ser señor del sol y de la luna". El pescador estaba medio dormido, pero la idea lo asustó tanto que se sobresaltó y se cayó de la cama. -¡Ay, mujer! -dijo él-, ¿no puedes estar tranquila siendo Papa? —No —dijo ella—, estoy muy inquieta mientras el sol y la luna salgan sin mi permiso. ¡Ve a los peces de una vez!'

Entonces el hombre se puso a temblar de miedo; Y mientras bajaba a la orilla, se levantó una terrible tormenta, de modo que los árboles y las mismas rocas temblaron. Y todos los cielos se oscurecieron con nubes tempestuosas, y los relámpagos jugaron, y los truenos rodaron; Y podrías haber visto en el mar grandes olas negras, que se hinchaban como montañas con coronas de espuma blanca sobre sus cabezas. Y el pescador se arrastró hacia el mar y gritó lo mejor que pudo:

'¡Oh hombre del mar!

¡Escúchame!

Mi esposa Ilsabill

Tendrá su propia voluntad,

¡Y me ha enviado a pedirte un favor!

—¿Qué quiere ahora? —dijo el pez. —¡Ah! —dijo él—, ella quiere ser el señor del sol y de la luna. —Vete a tu casa —dijo el pez—, otra vez a tu pocilga.

Y allí viven hasta el día de hoy.

LA LLAVE INGLESA Y EL OSO

Una vez, en verano, el oso y el lobo paseaban por el bosque, y el oso oyó un pájaro cantar tan bellamente que dijo: "Hermano lobo, ¿qué pájaro es el que canta tan bien?" —Ése es el Rey de los pájaros —dijo el lobo—, ante quien debemos inclinarnos. En realidad, el pájaro era el reyezuelo común. —Si ese es el caso —dijo el oso—, me gustaría mucho ver su palacio real; Ven, llévame allá. -Eso no se hace como pareces -dijo el lobo-; 'debes esperar hasta que venga la Reina', Poco después, la Reina llegó con algo de comida en su pico, y el señor Rey también vino, y comenzaron a alimentar a sus crías. Al oso le hubiera gustado irse de inmediato, pero el lobo lo sujetó por la manga y le dijo: "No, debes esperar hasta que el señor y la señora reina se hayan ido de nuevo". Así que se fijaron en el agujero donde estaba el nido y se marcharon trotando. El oso, sin embargo, no pudo descansar hasta que hubo visto el palacio real, y cuando pasó poco tiempo, fue a él de nuevo. El Rey y la Reina acababan de volar, así que se asomó y vio a cinco o seis jóvenes acostados allí. -¿Es éste el palacio real? -exclamó el oso-. '¡Es un palacio miserable, y ustedes no son hijos del rey, son niños de mala reputación!' Cuando los reyezuelos oyeron eso, se enfadaron espantosamente y gritaron: "¡No, que no lo somos! ¡Nuestros padres son personas honestas! ¡Oso, tendrás que pagar por eso!'

El oso y el lobo se inquietaron, se volvieron y se metieron en sus madrigueras. Los sauces, sin embargo, continuaron llorando y gritando, y cuando sus padres volvieron a traer comida, dijeron: 'No tocaremos ni una sola pata de mosca, no, no si nos moríamos de hambre, hasta que hayas decidido si somos niños respetables o no; ¡El oso ha estado aquí y nos ha insultado! Entonces el viejo rey dijo: «¡Tranquilo, será castigado!», y en seguida voló con la reina a la cueva del oso y gritó: «Viejo gruñón, ¿por qué has insultado a mis hijos? Sufrirás por ello, te castigaremos con una guerra sangrienta". Así se anunció la guerra al Oso, y todos los animales cuadrúpedos fueron convocados para tomar parte en ella, bueyes, asnos, vacas, ciervos y todos los demás animales que contenía la tierra. Y el reyezuelo convocó a todo lo que volaba en el aire, no solo a los pájaros, grandes y pequeños, sino también a los mosquitos, y a los avispones, a las abejas y a las moscas.

Cuando llegó el momento de comenzar la guerra, el reyezuelo envió espías para descubrir quién era el comandante en jefe del enemigo. El mosquito, que era el más astuto, voló hacia el bosque donde estaba reunido el enemigo y se escondió debajo de una hoja del árbol donde se iba a anunciar la contraseña. Allí estaba el oso, y llamó al zorro delante de él y le dijo: 'Zorro, eres el más astuto de todos los animales, serás general y nos guiarás'. —Bien —dijo el zorro—, pero ¿en qué señal nos pondremos de acuerdo? Nadie lo sabía, así que el zorro dijo: "Tengo una cola larga y tupida, que casi parece un penacho de plumas rojas. Cuando levanto la cola bastante alto, todo va bien, y debes cargar; pero si lo dejo colgando, huye lo más rápido que puedas. Cuando el mosquito oyó esto, se fue volando de nuevo, y reveló todo, hasta el más mínimo detalle, al reyezuelo común. Cuando amaneció y la batalla estaba a punto de comenzar, todos los cuadrúpedos se acercaron corriendo con tal ruido que la tierra tembló. El reyezuelo con su ejército también voló por los aires con tal zumbido, zumbido y enjambre que todos estaban inquietos y asustados, y por ambos lados avanzaron unos contra otros. Pero el reyezuelo envió al avispón, con órdenes de que se posara bajo la cola del zorro y picara con todas sus fuerzas. Cuando el zorro sintió la primera cuerda, se puso en marcha de tal manera que levantó una pata, por el dolor, pero la soportó, y aún mantenía la cola en alto en el aire; A la segunda picadura, se vio obligado a dejarlo por un momento; A la tercera, no pudo aguantar más, gritó y metió la cola entre las piernas. Cuando los animales vieron eso, pensaron que todo estaba perdido, y comenzaron a huir, cada uno en su madriguera, y los pájaros habían ganado la batalla.

Entonces el Rey y la Reina volaron a casa con sus hijos y gritaron: '¡Niños, regocíjense, coman y beban hasta saciarse, hemos ganado la batalla!' Pero los reyezuelos dijeron: "Todavía no comeremos, el oso debe venir al nido y pedir perdón y decir que somos niños honorables, antes de que lo hagamos". Entonces el reyezuelo voló hacia la madriguera del oso y gritó: "Gruñón, tienes que venir al nido a mis hijos y pedirles perdón, o de lo contrario se te romperán todas las costillas del cuerpo". Así que el oso se arrastró hacia allí con el mayor miedo y les rogó que lo perdonaran. Y ahora, por fin, los reyezuelos quedaron satisfechos, y se sentaron juntos, comieron y bebieron, y se divirtieron hasta bien entrada la noche.

EL PRÍNCIPE-RANA

Una buena noche, una joven princesa se puso el sombrero y los zuecos, y salió a dar un paseo sola por un bosque; Y cuando llegó a un manantial de agua fresca, que brotaba en medio de ella, se sentó a descansar un rato. Ahora tenía una pelota de oro en la mano, que era su juguete favorito; Y siempre lo lanzaba al aire, y lo volvía a atrapar mientras caía. Al cabo de un rato lo arrojó tan alto que no pudo cogerlo al caer; Y la bola rebotó y rodó por el suelo, hasta que por fin cayó en el manantial. La princesa miró hacia el manantial después de su bola, pero era muy profunda, tan profunda que no podía ver el fondo de la misma. Entonces ella comenzó a lamentar su pérdida, y dijo: '¡Ay! si pudiera recuperar mi pelota, daría todas mis ropas finas y joyas, y todo lo que tengo en el mundo".

Mientras hablaba, una rana sacó la cabeza del agua y le dijo: "Princesa, ¿por qué lloras tan amargamente?" -¡Ay! -exclamó ella-, ¿qué puedes hacer por mí, rana asquerosa? Mi bola de oro ha caído en el manantial. La rana dijo: "No quiero tus perlas, tus joyas y tus vestidos finos; pero si me amas, y me dejas vivir contigo, y comer de tu plato de oro, y dormir en tu cama, te devolveré tu pelota. «¡Qué tontería!», pensó la princesa, «¡esta rana tonta está hablando! Ni siquiera podrá salir del manantial para visitarme, aunque puede que pueda conseguirme la pelota, y por lo tanto le diré que tendrá lo que pida. Entonces le dijo a la rana: "Bueno, si me traes mi pelota, haré todo lo que me pidas". Entonces la rana bajó la cabeza y se sumergió profundamente en el agua; Y al cabo de un rato volvió a subir, con la pelota en la boca, y la arrojó al borde del manantial. Tan pronto como la joven princesa vio su pelota, corrió a recogerla; Y estaba tan contenta de tenerla de nuevo en la mano, que nunca pensó en la rana, sino que corrió a casa con ella lo más rápido que pudo. La rana la llamó: "Quédate, princesa, y llévame contigo como dijiste", pero ella no se detuvo a escuchar una palabra.

Al día siguiente, en el momento en que la princesa se había sentado a cenar, oyó un ruido extraño: golpecito, golpecito, látigo, látigo, como si algo subiera por la escalera de mármol; y poco después se oyó un suave golpe en la puerta, y una vocecita gritó y dijo:

—Abre la puerta, querida princesa,

¡Abre la puerta a tu verdadero amor aquí!

Y cuida las palabras que tú y yo dijimos

Junto a la fuente fresca, a la sombra del bosque verde.

Entonces la princesa corrió a la puerta y la abrió, y allí vio a la rana, a la que había olvidado por completo. Al ver esto, se asustó tristemente y, cerrando la puerta lo más rápido que pudo, volvió a su asiento. El rey, su padre, al ver que algo la había asustado, le preguntó qué pasaba. -Hay una rana desagradable -dijo ella- en la puerta, que me ha sacado la pelota del manantial esta mañana: le dije que debía vivir conmigo aquí, pensando que nunca podría salir del manantial; Pero ahí está a la puerta, y quiere entrar.

Mientras hablaba, la rana volvió a llamar a la puerta y dijo:

—Abre la puerta, querida princesa,

¡Abre la puerta a tu verdadero amor aquí!

Y cuida las palabras que tú y yo dijimos

Junto a la fuente fresca, a la sombra del bosque verde.

Entonces el rey dijo a la joven princesa: "Como has dado tu palabra, debes cumplirla; Ve, pues, y déjalo entrar. Así lo hizo, y la rana saltó a la habitación, y luego siguió de frente, golpeando, golpeando, azotando, desde el fondo de la habitación hasta la parte superior, hasta que se acercó a la mesa donde estaba sentada la princesa. —Por favor, levántame a la silla —le dijo a la princesa—, y déjame sentarme a tu lado. Tan pronto como hubo hecho esto, la rana dijo: "Acércate a mí tu plato, para que coma de él". Así lo hizo ella, y cuando hubo comido todo lo que pudo, dijo: "Ahora estoy cansado; Llévame arriba y méteme en tu cama. Y la princesa, aunque muy reacia, lo tomó en su mano y lo puso sobre la almohada de su propia cama, donde durmió toda la noche. Tan pronto como amaneció, se levantó de un salto, bajó las escaleras y salió de la casa. «Ahora, pues», pensó la princesa, «por fin se ha ido, y ya no me preocuparé más por él».

Pero se equivocó; porque cuando volvió a anochecer oyó el mismo golpeteo en la puerta; Y la rana se acercó una vez más, y dijo:

—Abre la puerta, querida princesa,

¡Abre la puerta a tu verdadero amor aquí!

Y cuida las palabras que tú y yo dijimos

Junto a la fuente fresca, a la sombra del bosque verde.

Y cuando la princesa abrió la puerta, la rana entró, y durmió sobre su almohada como antes, hasta que amaneció. Y a la tercera noche hizo lo mismo. Pero cuando la princesa despertó a la mañana siguiente, se asombró al ver, en lugar de la rana, a un apuesto príncipe, mirándola con los ojos más hermosos que jamás había visto, y de pie a la cabecera de su cama.

Le dijo que había sido encantado por un hada rencorosa, que lo había convertido en una rana; y que había sido condenado a permanecer así hasta que alguna princesa lo sacara de la fuente, y le permitiera comer de su plato y dormir en su cama durante tres noches. —Tú —dijo el príncipe— has roto su cruel encanto, y ahora no tengo nada que desear sino que vayas conmigo al reino de mi padre, donde me casaré contigo y te amaré mientras vivas.

La joven princesa, podéis estar seguros, no tardó en decir «sí» a todo esto; Y mientras hablaban, llegó un alegre coche con ocho hermosos caballos, adornados con penachos de plumas y un arnés de oro; y detrás del coche iba el criado del príncipe, el fiel Heinrich, que había lamentado las desgracias de su querido amo durante su encantamiento durante tanto tiempo y con tanta amargura, que su corazón casi había estallado.

Entonces se despidieron del rey, y subieron al coche con ocho caballos, y se pusieron todos en camino, llenos de alegría y alegría, para el reino del príncipe, al cual llegaron sanos y salvos; Y allí vivieron felices muchos años.

EL GATO Y EL RATÓN EN COLABORACIÓN

Cierto gato había conocido a un ratón, y le había dicho tanto sobre el gran amor y amistad que sentía por ella, que al final el ratón acordó que vivirían y mantendrían la casa juntos. —Pero tenemos que hacer una provisión para el invierno, o de lo contrario sufriremos de hambre —dijo el gato—; Y tú, ratoncito, no puedes aventurarte a todas partes, o algún día caerás en una trampa. Se siguió el buen consejo y se compró una olla de grasa, pero no sabían dónde ponerla. Al fin, después de mucha reflexión, el gato dijo: "No conozco ningún lugar donde esté mejor guardado que en la iglesia, porque nadie se atreve a quitar nada de allí. Lo pondremos debajo del altar, y no lo tocaremos hasta que realmente lo necesitemos". Así que la olla fue colocada en un lugar seguro, pero no pasó mucho tiempo antes de que el gato sintiera un gran anhelo por ella, y le dijera al ratón: 'Quiero decirte algo, ratoncito; mi prima ha traído un hijito al mundo y me ha pedido que sea madrina; es blanco con manchas marrones, y debo sostenerlo sobre la pila bautismal en el bautizo. Déjame salir hoy, y tú solo cuidas de la casa. —Sí, sí —respondió el ratón—, vete por supuesto, y si consigues algo muy bueno para comer, piensa en mí. A mí me gustaría una gota de vino tinto dulce para bautizar. Todo esto, sin embargo, era falso; La gata no tenía prima, y no se le había pedido que fuera madrina. Fue directamente a la iglesia, se acercó a la olla de grasa, comenzó a lamerla y lamió la parte superior de la grasa. Luego dio un paseo por los tejados de la ciudad, buscó oportunidades, y luego se tendió al sol y se lamía los labios cada vez que pensaba en la olla de grasa, y no volvió a casa hasta que anocheció. —Bueno, aquí estás de nuevo —dijo el ratón—, sin duda has tenido un día feliz. —Todo ha ido bien —respondió el gato—. – ¿Qué nombre le pusieron al niño? —¡Fuera! —dijo el gato con bastante frialdad—. —¡Fuera! —exclamó el ratón—, es un nombre muy extraño y poco común, ¿es uno habitual en tu familia? —¿Qué importa eso —dijo el gato—, no es peor que el ladrón de migajas, como se llaman tus ahijados.

Al poco tiempo, el gato fue presa de otro ataque de anhelo. Le dijo al ratón: "Tienes que hacerme un favor y volver a ocuparte de la casa por un día solo. De nuevo me piden que sea madrina y, como el niño tiene un anillo blanco alrededor del cuello, no puedo negarme. El buen ratón consintió, pero el gato se arrastró detrás de las murallas de la ciudad hasta la iglesia y devoró la mitad de la olla de grasa. —Nada parece tan bueno como lo que uno se guarda para sí mismo —dijo ella, y se mostró muy satisfecha con su trabajo del día—. Cuando volvió a su casa, el ratón le preguntó: «¿Y cómo fue bautizado el niño?» —A medio hacer —respondió el gato—. —¡A medio hacer! ¿Qué dices? Nunca escuché el nombre en mi vida, ¡apuesto cualquier cosa a que no esté en el calendario!

Al gato pronto se le hizo la boca agua para que lo lamiera un poco más. —Todas las cosas buenas van de tres en tres —dijo ella—, me han pedido que vuelva a ser madrina. El niño es bastante negro, solo que tiene las patas blancas, pero con esa excepción, no tiene ni un solo pelo blanco en todo su cuerpo; Esto solo sucede una vez cada pocos años, me dejarás ir, ¿no? '¡Rematar! ¡A medio hacer! -respondió el ratón-, son nombres tan raros que me hacen pensar mucho. —Te sientas en casa —dijo el gato—, con tu abrigo de piel gris oscuro y tu larga cola, y estás lleno de fantasías, eso es porque no sales durante el día. Durante la ausencia del gato, el ratón limpió la casa y la puso en orden, pero el gato codicioso vació por completo la olla de grasa. «Cuando todo se ha consumido, uno tiene algo de paz», se dijo a sí misma, y bien llena y gorda no volvió a casa hasta la noche. El ratón preguntó de inmediato qué nombre se le había dado al tercer niño. —No te gustará más que a los demás —dijo el gato—. Se llama All-gone. -¡Desaparecido! -exclamó el ratón-, ¡ése es el nombre más sospechoso de todos! Nunca lo he visto impreso. Todo se ha ido; ¿Qué puede significar eso?', y sacudió la cabeza, se acurrucó y se acostó a dormir.

A partir de ese momento, nadie invitó a la gata a ser madrina, pero cuando llegó el invierno y ya no había nada que encontrar fuera, el ratón pensó en su provisión y dijo: "Ven, gato, iremos a nuestra olla de grasa que hemos almacenado para nosotros, lo disfrutaremos". —Sí —respondió el gato—, lo disfrutarás tanto como te gustaría sacar esa delicada lengua tuya por la ventana. Se pusieron en camino, pero cuando llegaron, la olla de grasa ciertamente todavía estaba en su lugar, pero estaba vacía. —¡Ay! —dijo el ratón—, ahora veo lo que ha sucedido, ahora sale a la luz. ¡Eres un verdadero amigo! Lo has devorado todo cuando eras madrina. Primero rematar, luego a medio hacer, luego... —¿Te callarás —exclamó el gato—, una palabra más, y yo también te comeré? «Todo-ido» ya estaba en boca del pobre ratón; Apenas lo había dicho, el gato saltó sobre ella, la agarró y se la tragó. Verdaderamente, así es el mundo.

LA NIÑA DE LA OCA

El rey de una gran tierra murió, y dejó a su reina al cuidado de su único hijo. Esta niña era una niña, que era muy hermosa; Y su madre la quería mucho, y era muy amable con ella. Y también había una hada buena, que se encariñaba con la princesa y ayudaba a su madre a cuidarla. Cuando creció, fue prometida a un príncipe que vivía muy lejos; Y cuando se acercaba el momento de casarse, se preparó para emprender su viaje a su país. Entonces la reina, su madre, empacó muchas cosas costosas; joyas, oro y plata; baratijas, vestidos finos y, en fin, todo lo que se convirtió en una novia real. Y le dio una criada para que cabalgara con ella y la entregara en manos del novio; y cada uno tenía un caballo para el viaje. Ahora bien, el caballo de la princesa era el regalo del hada, y se llamaba Falada, y podía hablar.

Cuando llegó el momento de partir, el hada entró en su dormitorio, tomó un pequeño cuchillo, se cortó un mechón de cabello, se lo dio a la princesa y le dijo: "Cuídalo, querida niña; porque es un amuleto que te puede ser útil en el camino. Entonces todos se despidieron tristemente de la princesa; Y se metió el mechón de pelo en el pecho, montó en su caballo y se puso en camino hacia el reino de su esposo.

Un día, mientras cabalgaban junto a un arroyo, la princesa comenzó a sentir mucha sed, y le dijo a su doncella: "Te ruego que bajes y me traigas agua de ese arroyo en mi copa de oro, porque quiero beber". -No -dijo la criada-, si tienes sed, bájate tú misma, agáchate junto al agua y bebe; Ya no seré tu camarera. Entonces tuvo tanta sed que bajó, se arrodilló sobre el riachuelo y bebió; porque estaba asustada, y no se atrevía a sacar su copa de oro; y ella lloró y dijo: '¡Ay! ¿Qué será de mí?'. Y la cerradura le respondió, y dijo:

—¡Ay! ¡ay! si tu madre lo supiera,

Tristemente, tristemente, lo lamentaría.

Pero la princesa era muy gentil y mansa, por lo que no dijo nada a la mala conducta de su doncella, sino que volvió a montar en su caballo.

Y todos siguieron cabalgando su camino, hasta que el día se hizo tan cálido y el sol tan abrasador, que la novia comenzó a sentir mucha sed de nuevo; y por fin, cuando llegaron a un río, se olvidó de las palabras groseras de su doncella, y dijo: "Te ruego que bajes y me traigas un poco de agua para beber en mi copa de oro". Pero la doncella le respondió, y aun le habló con más altivez que antes: "Bebe si quieres, pero yo no seré tu camarera". Entonces la princesa tuvo tanta sed que se bajó del caballo, se acostó, apoyó la cabeza en el arroyo, gritó y dijo: "¿Qué será de mí?" Y el mechón de pelo le contestó de nuevo:

—¡Ay! ¡ay! si tu madre lo supiera,

Tristemente, tristemente, lo lamentaría.

Y mientras se inclinaba para beber, el mechón de pelo se le cayó del pecho y se fue flotando con el agua. Ahora estaba tan asustada que no lo vio; pero su doncella lo vio, y se alegró mucho, porque conocía el encanto; Y vio que la pobre novia estaría en su poder, ahora que había perdido el cabello. Así que cuando la novia terminó de beber, y quiso volver a subirse a Falada, la doncella dijo: "Cabalgaré sobre Falada, y tú puedes quedarte con mi caballo en su lugar"; Así que se vio obligada a renunciar a su caballo, y poco después a quitarse sus ropas reales y ponerse las raídas de su doncella.

Por fin, cuando se acercaban al final de su viaje, esta sirvienta traicionera amenazó con matar a su ama si alguna vez le contaba a alguien lo que había sucedido. Pero Falada lo vio todo, y lo marcó bien.

Entonces la camarera subió a Falada, y la verdadera novia montó en el otro caballo, y así siguieron hasta que por fin llegaron a la corte real. Hubo gran alegría por su llegada, y el príncipe voló a su encuentro y levantó a la doncella de su caballo, pensando que ella era la que iba a ser su esposa; y la condujeron arriba a la cámara real; Pero a la verdadera princesa se le dijo que se quedara en el patio de abajo.

Ahora bien, sucedió que el viejo rey no tenía otra cosa que hacer; Así que se entretuvo sentándose en la ventana de su cocina, mirando lo que sucedía; Y la vio en el patio. Como parecía muy bonita y demasiado delicada para una camarera, subió a la cámara real para preguntar a la novia quién era el que había traído consigo, que así quedó en pie en el patio de abajo. -La he traído conmigo para que me acompañe en el camino -dijo ella-; Te ruego que le des trabajo a la muchacha, para que no esté ociosa. El viejo rey no pudo pensar durante algún tiempo en ninguna obra que ella pudiera hacer; pero al fin dijo: 'Tengo un muchacho que cuida de mis gansos; Ella puede ir a ayudarlo. Ahora bien, el nombre de este muchacho, que la verdadera novia debía ayudar a vigilar a los gansos del rey, era Curdken.

Pero la falsa novia le dijo al príncipe: "Querido esposo, te ruego que me hagas un poco de bondad". —Así lo haré —dijo el príncipe—. "Entonces dile a uno de tus matarifes que corte la cabeza del caballo en el que yo montaba, porque era muy revoltoso y me atormentaba tristemente en el camino"; pero la verdad era que tenía mucho miedo de que Falada hablara un día u otro y contara todo lo que le había hecho a la princesa. Ella llevó su punto de vista, y el fiel Falada fue asesinado; pero cuando la verdadera princesa lo oyó, lloró y rogó al hombre que clavara la cabeza de Falada contra una gran puerta oscura de la ciudad, por la que tenía que pasar todas las mañanas y todas las tardes, para que allí todavía pudiera verlo de vez en cuando. Entonces el matarife dijo que haría lo que ella quisiera; y le cortó la cabeza, y la clavó debajo de la puerta oscura.

Temprano a la mañana siguiente, cuando ella y Curdken salieron por la puerta, dijo con tristeza:

—*¡Falada, Falada, ahí te cuelgas!*

Y el jefe respondió:

—*¡Novia, novia, ahí gangas!*

¡Ay! ¡ay! si tu madre lo supiera,

Tristemente, tristemente, lo lamentaría.

Luego salieron de la ciudad y ahuyentaron a los gansos. Y cuando llegó al prado, se sentó en un banco y dejó caer sus ondulantes mechones de cabello, que eran todos de plata pura; y cuando Curdken lo vio brillar al sol, corrió hacia él, y habría querido arrancar algunos de los mechones, pero ella gritó:

'¡Sopla, brisas, sopla!

¡Que se vaya el sombrero de Curdken!

¡Sopla, brisa, sopla!

¡Déjalo ir tras él!

Sobre colinas, valles y rocas,

Lejos sea arremolinado

Hasta que los mechones plateados

¡Están todos peinados y rizados!

Entonces vino un viento, tan fuerte que voló el sombrero de Curdken; y voló sobre los montes, y se vio obligado a volverse y correr tras él; Hasta que, cuando él regresó, ella había terminado de peinarse y rizarse el pelo, y lo había vuelto a poner a salvo. Entonces él estaba muy enojado y malhumorado, y no quería hablarle en absoluto; Pero observaron a los gansos hasta que oscureció por la noche, y luego los llevaron a casa.

A la mañana siguiente, mientras atravesaban la oscura puerta, la pobre muchacha miró la cabeza de Falada y exclamó:

—¡Falada, Falada, ahí te cuelgas!

Y el jefe respondió:

—¡Novia, novia, ahí gangas!

¡Ay! ¡ay! si tu madre lo supiera,

Tristemente, tristemente, lo lamentaría.

Luego se montó en los gansos, se sentó de nuevo en el prado y comenzó a peinarse como antes; y Curdken corrió hacia ella, y quiso apoderarse de ella; Pero ella exclamó rápidamente:

'¡Sopla, brisas, sopla!

¡Que se vaya el sombrero de Curdken!

¡Sopla, brisa, sopla!

¡Déjalo ir tras él!

Sobre colinas, valles y rocas,

Lejos sea arremolinado

Hasta que los mechones plateados

¡Están todos peinados y rizados!

Entonces vino el viento y se llevó su sombrero; y voló por un gran camino, por encima de las colinas y muy lejos, de modo que tuvo que correr tras él; Y cuando él regresó, ella se había recogido el cabello de nuevo, y todo estaba a salvo. Así que observaron a los gansos hasta que oscureció.

Por la noche, después de que regresaron a casa, Curdken fue a ver al viejo rey y le dijo: "No puedo permitir que esa extraña muchacha me ayude a mantener los gansos por más tiempo". —¿Por qué? —dijo el rey—. Porque, en lugar de hacer algo bueno, no hace más que molestarme todo el día. Entonces el rey le hizo contarle lo que había sucedido. Y Curdken dijo: "Cuando vamos por la mañana a través de la puerta oscura con nuestro rebaño de gansos, ella llora y habla con la cabeza de un caballo que cuelga de la pared, y dice:

—¡Falada, Falada, ahí te cuelgas!

Y la cabeza responde:

—¡Novia, novia, ahí gangas!

¡Ay! ¡ay! si tu madre lo supiera,

Tristemente, tristemente, lo lamentaría.

Y Curdken siguió contando al rey lo que había sucedido en el prado donde se alimentaban los gansos; cómo se le voló el sombrero; y cómo se vio obligado a correr tras ella y a dejar su rebaño de gansos solos. Pero el viejo rey le dijo al muchacho que saliera de nuevo al día siguiente, y cuando llegó la mañana, se colocó detrás de la puerta oscura y oyó cómo ella le hablaba a Falada, y cómo Falada respondía. Luego se fue al campo y se escondió en un arbusto junto al prado; y pronto vio con sus propios ojos cómo ahuyentaban la bandada de gansos; y cómo, al cabo de un rato, se soltó el pelo que brillaba al sol. Y entonces la oyó decir:

'¡Sopla, brisas, sopla!

¡Que se vaya el sombrero de Curdken!

¡Sopla, brisa, sopla!

¡Déjalo ir tras él!

Sobre colinas, valles y rocas,

Lejos sea arremolinado

Hasta que los mechones plateados

¡Están todos peinados y rizados!

Y pronto llegó un vendaval de viento y se llevó el sombrero de Curdken, y Curdken se fue tras él, mientras la muchacha seguía peinándose y rizándose el pelo. Todo esto vio el viejo rey, y se fue a su casa sin ser visto; Y cuando la niña de la oca volvió por la noche, él la llamó aparte y le preguntó por qué lo hacía, pero ella rompió a llorar y dijo: "Que no debo decírselo a ti ni a ningún hombre, o perderé la vida".

Pero el viejo rey suplicó tanto, que no tuvo paz hasta que le contó toda la historia, de principio a fin, palabra por palabra. Y fue muy afortunado para ella que lo hiciera, porque cuando terminó, el rey ordenó que le pusieran ropas reales, y la miró con asombro, ¡era tan hermosa! Entonces llamó a su hijo y le dijo que sólo tenía una novia falsa; Por eso no era más que una camarera, mientras que la verdadera novia estaba a su lado. Y el joven rey se regocijó al ver su hermosura, y oír cuán mansa y paciente había sido; Y sin decir nada a la falsa esposa, el rey ordenó que se preparara un gran banquete para toda su corte. El novio se sentó en la parte superior, con la falsa princesa a un lado y la verdadera al otro; pero nadie la volvió a conocer, porque su hermosura era bastante deslumbrante a sus ojos; Y no se parecía en nada a la niña de la oca, ahora que llevaba puesto su brillante vestido.

Cuando hubieron comido y bebido, y estaban muy alegres, el viejo rey dijo que les contaría un cuento. Así que comenzó, y contó toda la historia de la princesa, como si fuera una de las que había oído una vez; Y preguntó a la verdadera camarera qué pensaba que debía hacerse con cualquiera que se comportara así. "Nada mejor", dijo esta falsa novia, "que ser arrojada a un tonel lleno de clavos afilados, y que le pusieran dos caballos blancos, y la arrastraran de calle en calle hasta que muriera". -¡Tú eres ella! -dijo el viejo rey-. 'Y como te has juzgado a ti mismo, así se te hará'. Y el joven rey se casó entonces con su verdadera esposa, y reinaron sobre el reino en paz y felicidad toda su vida; y el hada buena vino a verlos, y devolvió la vida a la fiel Falada.

LAS AVENTURAS DE CHANTICLEER Y PARTLET

1. CÓMO IBAN A LAS MONTAÑAS A COMER NUECES

—Las nueces ya están maduras —dijo Chanticleer a su esposa Partlet—, supongamos que vamos juntos a las montañas y comemos todas las que podamos, antes de que la ardilla se las lleve todas. —De todo corazón —dijo Partlet—, vayamos a pasar juntos unas vacaciones.

Así que se fueron a las montañas; Y como era un día hermoso, se quedaron allí hasta la noche. Ahora bien, si era que habían comido tantas nueces que no podían caminar, o si eran perezosos y no querían, no lo sé; sin embargo, se les metió en la cabeza que no les convenía volver a casa a pie. De modo que Chanticleer comenzó a construir un pequeño carruaje de cáscaras de nuez, y cuando estuvo terminado, Partlet saltó a él, se sentó y le pidió a Chanticleer que se enganchara a él y la llevara a casa. -¡Es una buena broma! -dijo Chanticleer-. —No, eso nunca servirá; Más bien tenía que caminar hasta la mitad de mi casa; Me sentaré en la caja y seré cochero, si quieres, pero no dibujaré. Mientras esto sucedía, un pato se acercó graznando y gritó: "Vagabundos ladrones, ¿qué tenéis que hacer en mis terrenos? ¡Te lo daré bien por tu insolencia!», y al oír eso se abalanzó sobre Chanticleer con la mayor vehemencia. Pero Chanticleer no era cobarde, y devolvió los golpes del pato con sus afiladas espuelas con tanta fiereza que pronto comenzó a clamar por misericordia; que sólo se le concedió con la condición de que llevara el carruaje a casa para ellos. Ella accedió a hacerlo; y Chanticleer se subió a la caja y se puso a correr, gritando: «Ahora, agachado, sube lo más rápido que puedas». Y se fueron a un ritmo bastante bueno.

Después de haber caminado un poco, se encontraron con una aguja y un alfiler que caminaban juntos por el camino. Y la aguja gritó: "¡Alto, alto!", y dijo que estaba tan oscuro que apenas podían encontrar el camino, y que caminaba tan sucio que no podían avanzar en absoluto. Les dijo que él y su amigo, el alfiler, habían estado en una taberna a unas pocas millas de distancia, y se habían sentado a beber hasta que se olvidaron de lo tarde que era; Por lo tanto, rogó a los viajeros que tuvieran la amabilidad de llevarlos en su carruaje. Chanticleer, al observar que no eran más que hombres delgados y que no era probable que ocuparan mucho espacio, les dijo que podían montar, pero les hizo prometer que no ensuciarían las ruedas del carruaje al entrar, ni pisarían los pies de Partlet.

A altas horas de la noche llegaron a una posada; Y como era malo andar en la oscuridad, y el pato parecía muy cansado, y se contoneaba mucho de un lado a otro, determinaron de fijar allí su alojamiento; pero el ventero al principio no quiso, y dijo que su casa estaba llena, pensando que no serían una compañía muy respetable. sin embargo, le hablaron cortésmente, y le dieron el huevo que Partlet había puesto por el camino, y le dijeron que le darían el pato, que tenía la costumbre de poner uno todos los días; así que al fin los dejó entrar, y prepararon una buena cena, y pasaron la noche muy alegremente.

De madrugada, antes de que amaneciera, y cuando nadie se movía en la posada, Chanticleer despertó a su mujer y, cogiendo el huevo, le hicieron un agujero, se lo comieron y echaron las cáscaras a la chimenea; luego se dirigieron al alfiler y a la aguja, que estaban profundamente dormidos, y agarrándolas por las cabezas, metió uno en el sillón del posadero y el otro en su pañuelo; Y, una vez hecho esto, se alejaron lo más suavemente posible. Sin embargo, el pato, que dormía al aire libre en el patio, los oyó venir, y saltando al arroyo que corría cerca de la posada, pronto nadó fuera de su alcance.

Una o dos horas después, el ventero se levantó y tomó su pañuelo para limpiarse la cara, pero el alfiler le tropezó y le pinchó; luego entró en la cocina para encender su pipa en el fuego, pero cuando la agitó, las cáscaras de huevo volaron hacia sus ojos y casi lo cegaron. «¡Bendíceme!», dijo, «todo el mundo parece tener un designio contra mi cabeza esta mañana»; y diciendo esto, se arrojó malhumorado en su sillón; Pero, ¡Dios mío! la aguja le dio en el clavo; Y esta vez el dolor no estaba en su cabeza. Entonces se voló en una gran pasión, y, sospechando de la compañía que había llegado la noche anterior, fue a buscarlos, pero todos se habían ido; Así que juró que nunca más volvería a recibir a una tropa semejante de vagabundos, que comían mucho, no le prestaban cuentas y no le daban nada por su molestia más que sus trucos simiescos.

2. CÓMO CHANTICLEER Y PARTLET FUERON A VISITAR AL SR. KORBES

Otro día, Chanticleer y Partlet quisieron cabalgar juntos; así que Chanticleer construyó un hermoso carruaje con cuatro ruedas rojas, y enganchó seis ratones en él; y entonces él y Partlet subieron al carruaje, y se marcharon. Poco después, un gato se encontró con ellos y les dijo: '¿A dónde van?' Y Chanticleer respondió:

'¡Todos en nuestro camino

Una visita para pagar

Al señor Korbes, el zorro, hoy.

Entonces el gato dijo: "Llévame contigo", dijo Chanticleer, "con todo mi corazón: levántate detrás y asegúrate de que no te caigas".

"Cuida de este guapo carruaje mío,

¡Ni ensuciar mis bonitas ruedas rojas tan finas!

Ahora, ratones, prepárense,

Y, ruedas, ¡corre a paso firme!

Porque vamos a hacer una visita para pagar

Al señor Korbes, el zorro, hoy.

Poco después apareció una piedra de molino, un huevo, un pato y un alfiler; y Chanticleer les dio a todos licencia para que subieran al carruaje e fueran con ellos.

Cuando llegaron a la casa del señor Korbes, él no estaba en casa; Así que los ratones arrastraron el carruaje hasta la cochera, Chanticleer y Partlet volaron sobre una viga, el gato se sentó en la chimenea, el pato se metió en la cisterna, el alfiler se clavó en la almohada de la cama, la piedra de molino se colocó sobre la puerta de la casa y el huevo se enrolló en la toalla.

Cuando el señor Korbes llegó a casa, se acercó a la chimenea para hacer fuego; Pero el gato le echó todas las cenizas en los ojos: así que corrió a la cocina a lavarse; pero allí el pato le salpicó toda el agua en la cara; Y cuando trató de limpiarse, el huevo se rompió en pedazos en la toalla por toda la cara y los ojos. Entonces se enojó mucho, y se fue a la cama sin cenar; pero cuando apoyó la cabeza en la almohada, el alfiler le corrió por la mejilla: al oír esto, se puso muy furioso y, levantándose de un salto, hubiera querido salir corriendo de la casa; Pero cuando llegó a la puerta, la piedra de molino cayó sobre su cabeza y lo mató en el acto.

3. CÓMO MURIÓ PARTLET Y FUE ENTERRADO, Y CÓMO CHANTICLEER MURIÓ DE PENA

Otro día, Chanticleer y Partlet acordaron ir de nuevo a las montañas a comer nueces; y se acordó que todas las nueces que encontraran se repartieran por partes iguales entre ellos. Ahora Partlet encontró una nuez muy grande; pero no le dijo nada a Chanticleer, y se lo guardó todo para sí misma: sin embargo, era tan grande que no podía tragarlo, y se le atascó en la garganta. Entonces ella se asustó mucho y gritó a Chanticleer: "Te ruego que corras lo más rápido que puedas y me traigas un poco de agua, o me ahogaré". Chanticleer corrió lo más rápido que pudo hacia el río y dijo: "River, dame un poco de agua, porque Partlet yace en la montaña y será ahogado por una gran nuez". El río dijo: "Corre primero a la novia y pídele un cordón de seda para sacar el agua". Chanticleer corrió hacia la novia y le dijo: "Novia, debes darme un cordón de seda, porque entonces el río me dará agua, y el agua la llevaré a Partlet, que yace en la montaña, y será ahogado por una gran nuez". Pero la novia le dijo: "Corre primero y tráeme mi guirnalda que está colgada de un sauce en el jardín". Entonces Chanticleer corrió al jardín, tomó la guirnalda de la rama donde colgaba y se la llevó a la novia; y entonces la novia le dio el cordón de seda, y él llevó el cordón de seda al río, y el río le dio agua, y él llevó el agua a Partlet; Pero mientras tanto, fue asfixiada por la gran nuez, y yacía completamente muerta, y nunca más se movió.

Entonces Chanticleer se entristeció mucho y lloró amargamente; y todas las bestias vinieron y lloraron con él por el pobre Partlet. Y seis ratones construyeron un pequeño coche fúnebre para llevarla a su tumba; y cuando estuvo listo, se enjaezaron delante de él, y Chanticleer los condujo. En el camino se encontraron con el zorro. —¿Adónde va, Chanticleer? —preguntó. —Para enterrar a mi Partlet —dijo el otro—. —¿Puedo ir contigo? —dijo el zorro. —Sí; pero tienes que quedarte atrás, o mis caballos no podrán tirar de ti. Entonces el zorro se levantó detrás; Y en seguida el lobo, el oso, la cabra y todas las bestias del bosque llegaron y se subieron al coche fúnebre.

Y así siguieron hasta que llegaron a un arroyo rápido. —¿Cómo lo superamos? —dijo Chanticleer—. Entonces dijo una paja: "Me pondré al otro lado, y tú pasarás sobre mí". Pero cuando los ratones se acercaban, la paja se resbaló y cayó en el agua, y los seis ratones cayeron y se ahogaron. ¿Qué hacer? Entonces se acercó un gran tronco de madera y dijo: 'Soy bastante grande; Yo me pondré al otro lado del río, y tú pasarás sobre mí. Y se acostó; pero se las arreglaron tan torpemente, que el tronco de madera cayó y fue arrastrado por la corriente. Entonces una piedra, que vio lo que había sucedido, se acercó y amablemente se ofreció a ayudar al pobre Chanticleer tendiéndose al otro lado del arroyo; y esta vez llegó sano y salvo a la otra orilla con el coche fúnebre, y logró sacar de él a Partlet; Pero el zorro y los otros dolientes, que estaban sentados detrás, eran demasiado pesados, y volvieron a caer en el agua y fueron arrastrados por la corriente y se ahogaron.

Así, Chanticleer se quedó solo con su difunto Partlet; Y cavándole un sepulcro, la puso en ella, e hizo un montículo sobre ella. Luego se sentó junto al sepulcro, y lloró y se lamentó, hasta que al fin también murió; Y así todos estaban muertos.

RAPUNZEL

Había una vez un hombre y una mujer que durante mucho tiempo habían deseado en vano tener un hijo. Al fin, la mujer esperaba que Dios estuviera a punto de concederle su deseo. Estas personas tenían una pequeña ventana en la parte trasera de su casa desde la que se podía ver un espléndido jardín, que estaba lleno de las más hermosas flores y hierbas. Sin embargo, estaba rodeada por un alto muro, y nadie se atrevía a entrar en ella porque pertenecía a una hechicera, que tenía un gran poder y era temida por todo el mundo. Un día, la mujer estaba de pie junto a esta ventana y mirando hacia el jardín, cuando vio un lecho que estaba plantado con el más hermoso ramión (rapunzel), y se veía tan fresco y verde que lo anhelaba, languideció por completo, y comenzó a verse pálida y miserable. Entonces su marido se alarmó y le preguntó: "¿Qué te aflige, querida esposa?" —Ah —contestó ella—, si no puedo comer algo del rampion, que está en el jardín detrás de nuestra casa, me moriré. El hombre, que la amaba, pensó: "Antes que dejar morir a tu esposa, tráele tú mismo un poco del rampion, que cueste lo que cueste". Al anochecer, trepó por la pared hasta el jardín de la hechicera, agarró apresuradamente un puñado de rampión y se lo llevó a su esposa. Inmediatamente se preparó una ensalada y se la comió con avidez. Le sabía tan bien, tan bien, que al día siguiente lo anheló tres veces más que antes. Para que él pudiera descansar, su marido debía descender una vez más al jardín. Por lo tanto, en la oscuridad de la noche, volvió a decepcionarse; Pero cuando hubo trepado por la muralla, se asustó terriblemente, porque vio a la hechicera de pie frente a él. —¿Cómo te atreves —dijo ella con mirada airada— a descender a mi jardín y robar mi rampión como un ladrón? ¡Sufrirás por ello!' —Ah —respondió—, que la misericordia ocupe el lugar de la justicia, sólo me he decidido a hacerlo por necesidad. Mi mujer vio tu rampión desde la ventana, y sintió tal anhelo por él que habría muerto si no hubiera tenido algo de comer. Entonces la hechicera dejó que se suavizara su cólera y le dijo: "Si el caso es como tú dices, te permitiré que te lleves todo el alboroto que quieras, sólo que te pongo una condición: debes darme el hijo que tu esposa traerá al mundo; será bien tratado, y yo lo cuidaré como a una madre". El hombre, aterrorizado, consintió en todo, y cuando la mujer fue llevada a la cama, la hechicera apareció de inmediato, le dio a la niña el nombre de Rapunzel y se lo llevó consigo.

Rapunzel se convirtió en la niña más hermosa bajo el sol. Cuando tenía doce años, la hechicera la encerró en una torre que estaba en un bosque, y que no tenía escalera ni puerta, pero en la parte superior había una pequeña ventana. Cuando la hechicera quiso entrar, se colocó debajo de él y exclamó:

'Rapunzel, Rapunzel,

Suéltame tu cabello'.

Rapunzel tenía una magnífica cabellera larga, fina como el oro hilado, y cuando oyó la voz de la hechicera, se desabrochó los trenzas y las enrolló alrededor de uno de los ganchos de la ventana de arriba, y luego el cabello cayó veinte ells hacia abajo, y la hechicera trepó por él.

Al cabo de uno o dos años, sucedió que el hijo del rey cabalgó por el bosque y pasó junto a la torre. Entonces oyó una canción, que era tan encantadora que se quedó quieto y la escuchó. Era Rapunzel, que en su soledad pasaba el tiempo haciendo resonar su dulce voz. El hijo del rey quiso subir a ella y buscó la puerta de la torre, pero no la encontró. Cabalgó de regreso a casa, pero el canto había tocado tan profundamente su corazón, que todos los días salía al bosque y lo escuchaba. Una vez, estando así detrás de un árbol, vio que una hechicera llegaba allí, y oyó cómo gritaba:

'Rapunzel, Rapunzel,

Suéltame tu cabello'.

Entonces Rapunzel se soltó las trenzas de su cabello, y la hechicera se subió a ella. -Si ésa es la escalera por la que se sube, yo también probaré fortuna -dijo, y al día siguiente, cuando empezó a oscurecer, fue a la torre y exclamó:

'Rapunzel, Rapunzel,

Suéltame tu cabello'.

Al instante se le cayó el cabello y el hijo del rey subió.

Al principio, Rapunzel se asustó terriblemente cuando un hombre, como sus ojos nunca habían visto todavía, se acercó a ella; Pero el hijo del rey comenzó a hablarle como a un amigo, y le dijo que su corazón se había conmovido tanto que no le había dejado descansar, y se había visto obligado a verla. Entonces Rapunzel perdió el miedo, y cuando él le preguntó si lo tomaría por esposo, y ella vio que era joven y guapo, pensó: "Me querrá más que la vieja señora Gothel"; Y ella dijo que sí, y puso su mano en la de él. Ella dijo: "De buena gana me iré contigo, pero no sé cómo bajar. Trae contigo una madeja de seda cada vez que vengas, y yo tejeré con ella una escalera, y cuando esté lista, descenderé y me llevarás en tu caballo. Acordaron que, hasta entonces, él iría a verla todas las noches, porque la vieja venía de día. La hechicera no se dio cuenta de esto, hasta que una vez Rapunzel le dijo: —Dime, señora Gothel, cómo es que eres mucho más pesada para mí que el hijo del joven rey, que está conmigo en un momento. —¡Ah! ¡Niña malvada! -exclamó la hechicera-. —¡Qué te oigo decir! ¡Pensé que te había separado de todo el mundo, y sin embargo me has engañado! En su ira, agarró los hermosos mechones de Rapunzel, los envolvió dos veces alrededor de su mano izquierda, agarró un par de tijeras con la derecha y cortó, rompió, se cortaron y las hermosas trenzas quedaron en el suelo. Y era tan despiadada que llevó a la pobre Rapunzel a un desierto donde tuvo que vivir con gran dolor y miseria.

Sin embargo, el mismo día en que expulsó a Rapunzel, la hechicera ató las trenzas de cabello que había cortado al gancho de la ventana, y cuando el hijo del rey llegó y gritó:

'Rapunzel, Rapunzel,

Suéltame tu cabello'.

Se soltó el pelo. El hijo del rey ascendió, pero en lugar de encontrar a su querida Rapunzel, encontró a la hechicera, que lo miraba con miradas malvadas y venenosas. —¡Ajá! —exclamó burlonamente—, querrías ir a buscar a tu amada, pero el hermoso pájaro ya no se sienta a cantar en el nido; El gato lo tiene, y también te rascará los ojos. Rapunzel está perdida para ti; No la volverás a ver jamás. El hijo del rey estaba fuera de sí de dolor, y en su desesperación saltó de la torre. Escapó con vida, pero las espinas en las que cayó le perforaron los ojos. Luego vagó completamente ciego por el bosque, no comió nada más que raíces y bayas, y no hizo más que lamentarse y llorar por la pérdida de su querida esposa. Así vagó en la miseria durante algunos años, y al fin llegó al desierto donde Rapunzel, con los gemelos que había dado a luz, un niño y una niña, vivían en la miseria. Escuchó una voz, y le pareció tan familiar que se acercó a ella, y cuando se acercó, Rapunzel lo reconoció y cayó sobre su cuello y lloró. Dos de sus lágrimas humedecieron sus ojos y volvieron a aclararse, y pudo ver con ellas como antes. Él la condujo a su reino, donde fue recibido con alegría, y vivieron durante mucho tiempo después, felices y contentos.

FUNDEVOGEL

Había una vez un guardabosques que se adentró en el bosque a cazar, y al entrar en él oyó un sonido de gritos como si un niño pequeño estuviera allí. Siguió el sonido, y por fin llegó a un árbol alto, y en la cima de éste estaba sentado un niño pequeño, porque la madre se había quedado dormida debajo del árbol con el niño, y un ave de rapiña lo había visto en sus brazos, había volado, se lo había arrebatado y lo había puesto en el árbol alto.

El guardabosques subió, bajó al niño y pensó: "Lo llevarás a casa contigo y lo criarás con tu Lina". Por lo tanto, se lo llevó a casa y los dos niños crecieron juntos. Y la que había encontrado en un árbol se llamaba Fundevogel, porque se la había llevado un pájaro. Fundevogel y Lina se amaban tanto que cuando no se veían estaban tristes.

Ahora bien, el guardabosques tenía un viejo cocinero, que una noche tomó dos cubos y se puso a buscar agua, y no fue una sola vez, sino muchas veces a la fuente. Lina lo vio y le dijo: "Escucha, vieja Sanna, ¿por qué vas a buscar tanta agua?" Si nunca se lo repites a nadie, te diré por qué. Así que Lina dijo que no, que nunca se lo repetiría a nadie, y entonces la cocinera dijo: "Mañana por la mañana, temprano, cuando el guardabosques esté cazando, calentaré el agua, y cuando esté hirviendo en la tetera, echaré Fundevogel, y lo herviré en ella".

A la mañana siguiente, muy temprano, el guardabosques se levantó y salió a cazar, y cuando se fue, los niños seguían en la cama. Entonces Lina le dijo a Fundevogel: "Si tú nunca me dejas, yo tampoco te dejaré a ti". Fundevogel dijo: "Ni ahora, ni nunca, te dejaré". Entonces dijo Lina: "Entonces te lo diré. Anoche, la vieja Sanna llevó tantos cubos de agua a la casa que le pregunté por qué lo hacía, y me dijo que si prometía no decírselo a nadie, y me dijo que al día siguiente temprano, cuando mi padre saliera de caza, pondría la tetera llena de agua, te arrojaría en ella y te herviría; Pero nos levantaremos rápidamente, nos vestiremos y nos iremos juntos.

Los dos niños se levantaron, se vistieron rápidamente y se fueron. Cuando el agua de la tetera estaba hirviendo, el cocinero fue al dormitorio a buscar Fundevogel y tirarlo en ella. Pero cuando ella entró y se fue a las camas, los dos niños ya no estaban. Entonces se alarmó terriblemente, y se dijo a sí misma: '¿Qué diré ahora cuando el guardabosques vuelva a casa y vea que los niños se han ido? Hay que seguirlos al instante para recuperarlos de nuevo.

Entonces el cocinero envió tras ellos a tres criados, que debían correr y alcanzar a los niños. Los niños, sin embargo, estaban sentados fuera del bosque, y cuando vieron de lejos a los tres sirvientes corriendo, Lina le dijo a Fundevogel: "Nunca me dejes y nunca te dejaré a ti". Fundevogel dijo: "Ni ahora, ni nunca". Entonces Lina dijo: '¿Te conviertes en un rosal, y yo en la rosa sobre él?' Cuando los tres sirvientes llegaron al bosque, no había nada más que un rosal, y una rosa en él, pero los niños no estaban por ninguna parte. Entonces dijeron: "No hay nada que hacer aquí", y fueron a sus casas y le dijeron al cocinero que no habían visto nada en el bosque más que un pequeño rosal con una rosa en él. Entonces el viejo cocinero lo regañó y dijo: "Tontos, debieron haber cortado el rosal en dos, y haber roto la rosa y llevársela a casa; Vete y hazlo de una vez'. Por lo tanto, tuvieron que salir a buscar por segunda vez. Los niños, sin embargo, los vieron venir desde la distancia. Entonces Lina le dijo: 'Fundevogel, nunca me dejes y yo nunca te dejaré a ti'. Fundevogel dijo: "Ni ahora tampoco; ni nunca. Lina dijo: 'Entonces te conviertes en una iglesia, y yo seré el candelabro en ella'. Así que cuando llegaron los tres sirvientes, no había nada más que una iglesia, con un candelabro en ella. Entonces se dijeron unos a otros: '¿Qué podemos hacer aquí, vámonos a casa?' Cuando llegaron a casa, el cocinero preguntó si no los habían encontrado; Así que dijeron que no, que no habían encontrado nada más que una iglesia, y que había un candelabro en ella. Y el cocinero los regañó y dijo: '¡Tontos! ¿Por qué no despedazaste la iglesia y te llevaste el candelabro a casa? Y entonces la vieja cocinera se puso en pie y fue con los tres criados en busca de los niños. Los niños, sin embargo, vieron de lejos que los tres sirvientes venían, y que el cocinero los seguía. Entonces Lina dijo: "Fundevogel, nunca me abandones, y yo nunca te dejaré a ti". Entonces dijo Fundevogel: "Ni ahora, ni nunca". Dijo Lina: 'Sé un estanque de peces, y yo seré el pato en él'. La cocinera, sin embargo, se acercó a ellos, y cuando vio el estanque, se acostó junto a él y estaba a punto de beberlo. Pero el pato nadó rápidamente hacia ella, le agarró la cabeza con el pico y la arrastró al agua, y allí la vieja bruja tuvo que ahogarse. Entonces los niños se fueron a casa juntos, y se alegraron de todo corazón, y si no han muerto, todavía viven.

EL SASTRECILLO VALIENTE

Una mañana de verano, un sastrecillo estaba sentado en su mesa junto a la ventana; Estaba de buen humor y cosía con todas sus fuerzas. Entonces llegó una campesina por la calle gritando: "¡Buenas mermeladas, baratas! ¡Buenas mermeladas, baratas! Esto resonó agradablemente en los oídos del sastre; estiró su delicada cabeza por la ventana y gritó: «Sube aquí, querida mujer; Aquí te desharás de tus bienes'. La mujer subió los tres escalones hasta el sastre con su pesada cesta, y él le hizo desempacar todas las ollas. Examinó cada una de ellas, la levantó, acercó la nariz a ella y, al fin, dijo: —La mermelada me parece buena, así que pésame cuatro onzas, querida mujer, y si es un cuarto de libra, eso no tiene importancia. La mujer, que había esperado encontrar una buena venta, le dio lo que él deseaba, pero se fue bastante enojada y refunfuñando. -Ahora bien, esta mermelada será bendita por Dios -exclamó el sastrecillo-, y me dará salud y fuerzas; Así que sacó el pan del armario, se cortó un trozo a través de la hogaza y extendió la mermelada sobre ella. —Esto no tendrá un sabor amargo —dijo—, pero me terminaré la chaqueta antes de darle un mordisco. Colocó el pan cerca de él, lo cosió y, en su alegría, hizo puntadas cada vez más grandes. Mientras tanto, el olor de la mermelada dulce se elevó hasta donde las moscas estaban posadas en gran número, y fueron atraídas y descendieron sobre ella en huestes. '¡Hola! ¿Quién te ha invitado? -dijo el sastrecillo, y ahuyentó a los invitados invitados. Las moscas, sin embargo, que no entendían alemán, no eran rechazadas, sino que volvían en compañías cada vez más numerosas. Al fin, el sastrecillo perdió toda paciencia, sacó un trozo de tela del agujero que había debajo de su mesa de trabajo y, diciendo: «Esperad, y os lo daré», les golpeó sin piedad. Cuando lo retiró y lo contó, allí yacían ante él no menos de siete, muertos y con las piernas estiradas. —¿Es usted un hombre de esa clase? —preguntó, y no pudo dejar de admirar su propia valentía. ¡Todo el pueblo lo sabrá! Y el sastrecillo se apresuró a cortarse un cinturón, lo cosió y bordó en él con grandes letras: «¡Siete de un solo golpe!» «¡Qué, la ciudad!», continuó, «¡todo el mundo se enterará!», y su corazón se movía de alegría como la cola de un cordero. El sastre se puso el cinturón, y resolvió salir al mundo, porque pensaba que su taller era demasiado pequeño para su valor. Antes de irse, buscó en la casa para ver si había algo que pudiera llevar consigo; Sin embargo, no encontró nada más que un queso viejo, y lo metió en su bolsillo. Frente a la puerta observó un pájaro que se había atrapado en la espesura. Tenía que meterse en el bolsillo con el queso. Ahora se lanzó al camino con valentía, y como era ligero y ágil, no sintió fatiga. El camino lo llevó a una montaña, y cuando llegó al punto más alto de la misma, allí estaba sentado un poderoso gigante que miraba pacíficamente a su alrededor. El sastrecillo se acercó valientemente, le habló y le dijo: "¡Buenos días, camarada, así que estás sentado allí mirando el mundo tan extenso! Estoy de camino hacia allí y quiero probar suerte. ¿Tienes alguna inclinación a ir conmigo? El gigante miró desdeñosamente al sastre y dijo: "¡Ragamuffin! ¡Miserable criatura!

-¡De veras! -respondió el sastrecillo, y se desabrochó la chaqueta y mostró al gigante el cinturón-. ¡Ahí puedes leer qué clase de hombre soy! El gigante leyó: «Siete de un golpe», y pensó que habían sido hombres a los que el sastre había matado, y empezó a sentir un poco de respeto por el pequeño. Sin embargo, quiso probarlo primero, y tomó una piedra en su mano y la apretó para que cayera agua de ella. —Haz lo mismo —dijo el gigante—, si tienes fuerzas. -¿Eso es todo? -dijo el sastre-, ¡eso es un juego de niños para nosotros! -y se metió la mano en el bolsillo, sacó el queso blando y lo apretó hasta que se le acabó el líquido. —Faith —dijo él—, eso fue un poco mejor, ¿no es así? El gigante no sabía qué decir, y no podía creerlo del hombrecillo. Entonces el gigante tomó una piedra y la arrojó tan alto que apenas podía seguirla la vista. -Ahora, hombrecito, haz lo mismo -dijo el sastre-, pero al fin y al cabo la piedra volvió a bajar a la tierra; Te lanzaré uno que no volverá jamás', y se metió la mano en el bolsillo, sacó el pájaro y lo lanzó al aire. El pájaro, encantado con su libertad, se levantó, voló y no regresó. —¿Qué le parece a usted ese disparo, camarada? —preguntó el sastre. —Ciertamente puedes lanzar —dijo el gigante—, pero ahora veremos si eres capaz de llevar algo correctamente. Llevó al sastrecillo a un gran roble que yacía allí derribado en el suelo, y le dijo: "Si eres lo suficientemente fuerte, ayúdame a sacar el árbol del bosque". -De buena gana -respondió el hombrecillo-; "Toma el tronco sobre tus hombros, y yo levantaré las ramas y las ramas; Al fin y al cabo, son los más pesados". El gigante cargó el tronco al hombro, pero el sastre se sentó en una rama, y el gigante, que no podía mirar a su alrededor, tuvo que llevarse todo el árbol y al sastrecillo en el trato. ' como si llevar el árbol fuera un juego de niños. El gigante, después de haber arrastrado la pesada carga por el camino, no pudo ir más lejos y gritó: "¡Escucha, tendré que dejar caer el árbol!" El sastre bajó ágilmente, agarró el árbol con ambos brazos como si lo llevara y le dijo al gigante: "¡Eres un gran hombre y, sin embargo, ni siquiera puedes cargar el árbol!"

Siguieron caminando juntos, y al pasar por delante de un cerezo, el gigante se aferró a la copa del árbol donde colgaba la fruta más madura, la inclinó, la puso en la mano del sastre y le ordenó que comiera. Pero el sastrecillo estaba demasiado débil para sostener el árbol, y cuando el gigante lo soltó, volvió a saltar y el sastre fue lanzado al aire con él. Cuando volvió a caer sin heridas, el gigante dijo: '¿Qué es esto? ¿No tienes la fuerza suficiente para sostener la ramita débil? —No hay falta de fuerzas —respondió el sastrecillo—. ¿Crees que eso podría ser algo para un hombre que ha matado a siete de un solo golpe? Salté sobre el árbol porque los cazadores están disparando allí en la espesura. Salta como yo lo hice, si puedes hacerlo'. El gigante lo intentó, pero no pudo saltar del árbol, y se quedó colgado de las ramas, de modo que también en esto el sastre mantuvo la ventaja.

El gigante dijo: "Si eres un hombre tan valiente, ven conmigo a nuestra caverna y pasa la noche con nosotros". El sastrecillo estaba dispuesto y lo siguió. Cuando entraron en la cueva, otros gigantes estaban sentados junto al fuego, y cada uno de ellos tenía una oveja asada en la mano y se la estaba comiendo. El sastrecillo miró a su alrededor y pensó: "Aquí es mucho más espacioso que en mi taller". El gigante le mostró una cama y le dijo que debía acostarse en ella y dormir. La cama, sin embargo, era demasiado grande para el pequeño sastre; No se acostó en ella, sino que se metió en un rincón. Cuando ya era medianoche y el gigante creyó que el sastrecillo dormía profundamente, se levantó, tomó una gran barra de hierro, cortó la cama de un solo golpe y pensó que había acabado con el saltamontes para siempre. Al amanecer, los gigantes se adentraron en el bosque, y se habían olvidado por completo del sastrecillo, cuando de repente se acercó a ellos con bastante alegría y audacia. Los gigantes estaban aterrorizados, tenían miedo de que los matara a todos, y huyeron a toda prisa.

El sastrecillo siguió adelante, siempre siguiendo su propia nariz puntiaguda. Después de haber caminado durante mucho tiempo, llegó al patio de un palacio real y, como se sentía cansado, se acostó en la hierba y se durmió. Mientras yacía allí, la gente se acercó y lo inspeccionó por todos lados, y leyó en su cinturón: 'Siete de un golpe'. «¡Ah!», dijeron, «¿qué quiere el gran guerrero aquí en medio de la paz? Debe de ser un señor poderoso. Fueron y lo anunciaron al rey, y dieron su opinión de que si estallaba la guerra, este sería un hombre pesado y útil, a quien de ninguna manera se le debía permitir partir. El consejo agradó al rey, y envió a uno de sus cortesanos al pequeño sastre para ofrecerle el servicio militar cuando despertara. El embajador permaneció de pie junto al durmiente, esperó hasta que estiró sus miembros y abrió los ojos, y entonces le transmitió esta propuesta. "Por esta misma razón he venido aquí", respondió el sastre, "estoy listo para entrar al servicio del rey". Por lo tanto, fue recibido con honores y se le asignó una vivienda especial.

Los soldados, sin embargo, estaban en contra del pequeño sastre, y le deseaban estar a mil millas de distancia. «¿Cuál va a ser el final de esto?», se decían entre sí. "Si peleamos con él, y él golpea a su alrededor, siete de nosotros caeremos a cada golpe; Ninguno de nosotros puede oponerse a él". Llegaron, pues, a una decisión, se presentaron en cuerpo al rey y suplicaron su destitución. "No estamos preparados", dijeron, "para quedarnos con un hombre que mata a siete de un solo golpe". El rey lamentaba que, por amor a uno, perdiera a todos sus fieles sirvientes, deseaba no haber visto nunca al sastre, y de buena gana se habría librado de él de nuevo. Pero no se atrevió a despedirlo, porque temía que lo mataran a él y a todo su pueblo, y se colocara en el trono real. Pensó en ello durante mucho tiempo, y al fin encontró un buen consejo. Envió a ver al pequeño sastre y le hizo informar que, como era un gran guerrero, tenía una petición que hacerle. En un bosque de su país vivían dos gigantes, que causaban grandes daños con sus robos, asesinatos, avastaciones e incendios, y nadie podía acercarse a ellos sin ponerse en peligro de muerte. Si el sastre conquistaba y mataba a estos dos gigantes, le daría a su única hija por esposa, y la mitad de su reino como dote, así como cien jinetes irían con él para ayudarlo. «¡Eso sería algo muy bueno para un hombre como yo!», pensó el sastrecillo. ¡A uno no se le ofrece una hermosa princesa y medio reino todos los días de su vida! 'Oh, sí', respondió, 'pronto someteré a los gigantes, y no necesito la ayuda de los cien jinetes para hacerlo; El que puede golpear siete de un solo golpe no tiene por qué temer a dos".

El sastrecillo salió, y los cien jinetes lo siguieron. Cuando llegó a las afueras del bosque, dijo a sus seguidores: "Quédense esperando aquí, yo solo pronto acabaré con los gigantes". Luego se internó en el bosque y miró a derecha e izquierda. Al cabo de un rato percibió a ambos gigantes. Dormían bajo un árbol y roncaban de modo que las ramas se agitaban hacia arriba y hacia abajo. El sastrecillo, que no estaba ocioso, juntó dos bolsas llenas de piedras, y con ellas trepó al árbol. Cuando estaba a mitad de camino, se deslizó por una rama, hasta que se sentó justo encima de los durmientes, y luego dejó caer una piedra tras otra sobre el pecho de uno de los gigantes. Durante mucho tiempo el gigante no sintió nada, pero al fin despertó, empujó a su camarada y dijo: «¿Por qué me golpeas?» —Debes estar soñando —dijo el otro—, no te voy a golpear. Volvieron a acostarse a dormir, y entonces el sastre tiró una piedra sobre el segundo. -¿Qué quiere decir esto? -exclamó el otro-. ¿Por qué me apedreadas? —No te voy a apedrear —respondió el primero, gruñendo—. Discutieron sobre ello durante un tiempo, pero como estaban cansados, dejaron que el asunto descansara y sus ojos se cerraron una vez más. El sastrecillo comenzó de nuevo su juego, escogió la piedra más grande y la arrojó con todas sus fuerzas sobre el pecho del primer gigante. -¡Es una lástima! -exclamó, y se levantó de un salto como un loco y empujó a su compañero contra el árbol hasta que tembló. El otro le pagó con la misma moneda, y se enfurecieron tanto que arrancaron árboles y se afligieron tanto tiempo, que al final cayeron los dos muertos en el suelo al mismo tiempo. Entonces el sastrecillo bajó de un salto. —Es una suerte —dijo— que no hayan arrancado el árbol en el que yo estaba sentado, o habría tenido que correr sobre otro como una ardilla; Pero nosotros, los sastres, somos ágiles". Sacó su espada y les dio a cada uno un par de estocadas en el pecho, y luego se dirigió a los jinetes y dijo: 'El trabajo está hecho; He acabado con los dos, ¡pero ha sido un trabajo duro! Arrancaron árboles en su gran necesidad, y se defendieron con ellos, pero todo eso es en vano cuando viene un hombre como yo, que puede matar a siete de un solo golpe. —¿Pero no estáis heridos? —preguntaron los jinetes. -No te preocupes por eso -respondió el sastre-, no me han doblado ni un cabello. Los jinetes no le creyeron y cabalgaron hacia el bosque; Allí encontraron a los gigantes nadando en su sangre, y alrededor yacían los árboles arrancados.

El sastrecillo exigió al rey la recompensa prometida; Él, sin embargo, se arrepintió de su promesa, y de nuevo pensó en cómo podría librarse del héroe. "Antes de que recibas a mi hija y la mitad de mi reino", le dijo, "debes realizar una hazaña heroica más. En el bosque deambula un unicornio que hace mucho daño, y tú debes atraparlo primero. Temo a un unicornio aún menos que a dos gigantes. Siete de un golpe, es mi tipo de asunto. Tomó consigo una cuerda y un hacha, se adentró en el bosque y volvió a ordenar a los que habían sido enviados con él que esperaran fuera. No le quedaba mucho tiempo para buscar. El unicornio no tardó en acercarse a él y se abalanzó directamente sobre el sastre, como si fuera a cornearlo con su cuerno sin más preámbulos. 'Suavemente, suavemente; No se puede hacer tan rápido -dijo, y se quedó quieto y esperó hasta que el animal estuvo bastante cerca, y entonces saltó ágilmente detrás del árbol. El unicornio corrió contra el árbol con todas sus fuerzas, y clavó su cuerno tan rápido en el tronco que no tuvo la fuerza suficiente para sacarlo de nuevo, y así fue atrapado. "Ahora tengo el pájaro", dijo el sastre, y salió de detrás del árbol y le puso la soga alrededor del cuello, y luego con su hacha cortó el cuerno del árbol, y cuando todo estuvo listo, se llevó la bestia y se la llevó al rey.

El rey seguía sin darle la recompensa prometida, y le hizo una tercera demanda. Antes de la boda, el sastre debía atraparle un jabalí que causaba grandes estragos en el bosque, y los cazadores debían prestarle su ayuda. -¡De buena gana -dijo el sastre-, eso es un juego de niños! No llevó consigo a los cazadores al bosque, y se alegraron mucho de que no lo hiciera, porque el jabalí los había recibido varias veces de tal manera que no tenían ganas de acecharle. Cuando el jabalí vio al sastre, corrió sobre él con la boca espumosa y los colmillos afilados, y estuvo a punto de tirarlo al suelo, pero el héroe huyó y saltó a una capilla que estaba cerca de la ventana al instante, y de un salto de nuevo. El jabalí corrió tras él, pero el sastre salió corriendo y cerró la puerta tras de sí, y entonces la bestia furiosa, que era demasiado pesada y torpe para saltar por la ventana, fue atrapada. El sastrecillo llamó a los cazadores para que vieran al prisionero con sus propios ojos. El héroe, sin embargo, acudió al rey, que ahora, le gustara o no, estaba obligado a cumplir su promesa, y le dio a su hija y la mitad de su reino. Si hubiera sabido que no se trataba de un héroe guerrero, sino de un pequeño sastre que estaba frente a él, le habría llegado al corazón aún más de lo que lo hizo. La boda se celebró con gran magnificencia y poca alegría, y de un sastre se hizo un rey.

Al cabo de algún tiempo, la joven reina oyó a su marido decir en sueños por la noche: «Muchacho, hazme el jubón y remenda los pantalones, o de lo contrario te golpearé las orejas con la yarda». Entonces se enteró de en qué estado de vida había nacido el joven señor, y a la mañana siguiente se quejó de sus males a su padre, y le rogó que la ayudara a deshacerse de su marido, que no era más que un sastre. El rey la consoló y le dijo: "Deja abierta la puerta de tu dormitorio esta noche, y mis siervos se quedarán fuera, y cuando se haya dormido entrarán, lo atarán y lo llevarán a bordo de un barco que lo llevará al ancho mundo". La mujer quedó satisfecha con esto; Pero el escudero del rey, que lo había oído todo, se mostró amistoso con el joven señor y le informó de todo el complot. —Voy a poner un tornillo en ese negocio —dijo el sastrecillo—. Por la noche se acostaba con su mujer a la hora acostumbrada, y cuando ella pensó que se había dormido, se levantó, abrió la puerta y volvió a acostarse. El sastrecillo, que sólo fingía estar dormido, comenzó a gritar con voz clara: -Muchacho, hazme el jubón y remendarme los pantalones, o te golpearé las orejas con la yarda. Golpeé a siete de un solo golpe. Maté a dos gigantes, me llevé un unicornio y atrapé un jabalí, ¿y debo temer a los que están fuera de la habitación? Cuando estos hombres oyeron al sastre hablar así, se sintieron abrumados por un gran pavor, y corrieron como si el cazador salvaje estuviera detrás de ellos, sin que ninguno de ellos se atreviera a nada más contra él. Así que el pequeño sastre fue y siguió siendo un rey hasta el final de su vida.

HANSEL Y GRETEL

Cerca de un gran bosque vivía un pobre leñador con su mujer y sus dos hijos. El niño se llamaba Hansel y la niña Gretel. Tenía poco que morder y quebrar, y una vez, cuando una gran escasez cayó sobre la tierra, ya no pudo procurarse ni siquiera el pan de cada día. Ahora bien, cuando pensaba en esto por la noche en su cama, y se revolvía en su ansiedad, gimió y le dijo a su esposa: '¿Qué va a ser de nosotros? ¿Cómo vamos a alimentar a nuestros pobres hijos, cuando ya no tenemos nada ni siquiera para nosotros mismos? -Te diré una cosa, marido -respondió la mujer-, que mañana por la mañana temprano llevaremos a los niños al bosque, donde es más espeso; Allí encenderemos un fuego para ellos, y le daremos a cada uno de ellos un pedazo más de pan, y luego iremos a nuestro trabajo y los dejaremos solos. No volverán a encontrar el camino a casa, y nos libraremos de ellos. —No, esposa —dijo el hombre—, no haré eso; ¿Cómo puedo soportar dejar a mis hijos solos en el bosque? Los animales salvajes no tardarían en venir y los harían pedazos. -¡Oh, tonto! -exclamó ella-, entonces nos moriremos de hambre los cuatro, más vale que cepilles los tablones para nuestros ataúdes. -Y no le dejó paz hasta que él consintió. —Pero de todos modos siento mucha lástima por los pobres niños —dijo el hombre—.

Los dos niños tampoco habían podido dormir por el hambre y habían escuchado lo que su madrastra le había dicho a su padre. Gretel lloró amargas lágrimas y le dijo a Hansel: "Ahora todo ha terminado para nosotros". —Cállate, Gretel —dijo Hansel—, no te angusties, pronto encontraré la manera de ayudarnos. Y cuando los ancianos se hubieron dormido, se levantó, se puso su abrigo, abrió la puerta de abajo y salió. La luna brillaba intensamente y los guijarros blancos que yacían frente a la casa brillaban como verdaderos centavos de plata. Hansel se agachó y llenó el pequeño bolsillo de su abrigo con todos los que pudo. Luego volvió y le dijo a Gretel: "Consuélate, querida hermanita, y duerme en paz, Dios no nos abandonará", y se acostó de nuevo en su cama. Al amanecer, pero antes de que saliera el sol, la mujer se acercó y despertó a los dos niños, diciendo: "¡Levántense, perezosos! Vamos al bosque a buscar leña. Le dio a cada uno un pedacito de pan y le dijo: "Hay algo para su cena, pero no lo coman antes, porque no obtendrán nada más". Gretel tomó el pan debajo de su delantal, ya que Hansel tenía los guijarros en el bolsillo. Luego partieron todos juntos hacia el bosque. Cuando hubieron caminado un rato, Hansel se detuvo y miró hacia la casa, y lo hizo una y otra vez. Su padre le dijo: 'Hansel, ¿qué estás mirando allí y por qué te quedas? Presta atención y no olvides cómo usar tus piernas". —Ah, padre —dijo Hansel—, estoy mirando a mi gatito blanco, que está sentado en el tejado y quiere despedirse de mí. La mujer le dijo: "Tonto, ese no es tu gatito, ese es el sol de la mañana que brilla en las chimeneas". Hansel, sin embargo, no había vuelto a mirar al gato, sino que había estado tirando constantemente una de las piedras blancas de su bolsillo en el camino.

Cuando llegaron a la mitad del bosque, el padre dijo: "Ahora, hijos, amontonen leña y encenderé un fuego para que no tengan frío". Hansel y Gretel recogieron maleza hasta la altura de una pequeña colina. Se encendió la maleza, y cuando las llamas ardían muy altas, la mujer dijo: "Ahora, niños, acuéstense junto al fuego y descansen, iremos al bosque y cortaremos leña. Cuando hayamos terminado, volveremos y te llevaremos.

Hansel y Gretel se sentaron junto al fuego, y cuando llegó el mediodía, cada uno comió un pedacito de pan, y al oír los golpes del hacha creyeron que su padre estaba cerca. Sin embargo, no era el hacha, sino una rama que había atado a un árbol marchito que el viento soplaba de un lado a otro. Y como habían estado sentados tanto tiempo, sus ojos se cerraron por la fatiga y se durmieron profundamente. Cuando por fin despertaron, ya era de noche. Gretel se echó a llorar y dijo: —¿Cómo vamos a salir ahora del bosque? Pero Hansel la consoló y le dijo: "Espera un poco, hasta que salga la luna, y entonces pronto encontraremos el camino". Y cuando salió la luna llena, Hansel tomó a su hermanita de la mano, y siguió los guijarros que brillaban como monedas de plata recién acuñadas, y les mostró el camino.

Caminaron toda la noche, y al amanecer llegaron una vez más a la casa de su padre. Llamaron a la puerta, y cuando la mujer la abrió y vio que eran Hansel y Gretel, dijo: «¡Niños traviesos, por qué habéis dormido tanto tiempo en el bosque?... ¡Pensábamos que no volveríais nunca!» El padre, sin embargo, se regocijó, porque le había herido el corazón dejarlos solos.

Poco después, volvió a haber una gran escasez en todo el país, y los niños oyeron a su madre decir por la noche a su padre: "Todo se ha vuelto a comer, nos queda medio pan, y ese es el fin. Los niños deben irse, los llevaremos más adentro del bosque, para que no vuelvan a encontrar la salida; ¡No hay otro medio de salvarnos!" Al hombre se le entristeció el corazón y pensó: 'Sería mejor que compartieras el último bocado con tus hijos'. La mujer, sin embargo, no escuchaba nada de lo que él tenía que decir, sino que lo regañaba y lo reprochaba. El que dice A debe decir B de la misma manera, y como había cedido la primera vez, también tuvo que hacerlo una segunda vez.

Los niños, sin embargo, seguían despiertos y habían oído la conversación. Cuando los ancianos se durmieron, Hansel se levantó de nuevo y quiso salir a recoger guijarros como había hecho antes, pero la mujer había cerrado la puerta con llave y Hansel no pudo salir. Sin embargo, consoló a su hermanita y le dijo: "No llores, Gretel, duerme tranquila, el buen Dios nos ayudará".

De madrugada llegó la mujer y sacó a los niños de sus camas. Se les dio su pedazo de pan, pero aún era más pequeño que la vez anterior. De camino al bosque, Hansel desmenuzaba el suyo en el bolsillo, y a menudo se quedaba quieto y tiraba un bocado al suelo. —Hansel, ¿por qué te detienes a mirar a tu alrededor? —dijo el padre—. —Vuelvo a mirar a mi paloma que está sentada en el tejado y quiere despedirse de mí —respondió Hansel—. -¡Tonta! -dijo la mujer-, no es tu paloma, es el sol de la mañana que brilla en la chimenea. Hansel, aunque poco a poco, tiró todas las migajas en el camino.

La mujer llevó a los niños aún más adentro del bosque, donde nunca antes habían estado en sus vidas. Entonces se encendió de nuevo una gran hoguera, y la madre dijo: 'Siéntense allí, hijos, y cuando estén cansados pueden dormir un poco; Vamos al bosque a cortar leña, y al anochecer, cuando terminemos, iremos a buscarte. Cuando llegó el mediodía, Gretel compartió su pedazo de pan con Hansel, que había esparcido el suyo por el camino. Luego se durmieron y pasó la noche, pero nadie se acercó a los pobres niños. No se despertaron hasta que oscureció, y Hansel consoló a su hermanita y le dijo: —Espera, Gretel, a que salga la luna, y entonces veremos las migajas de pan que he esparcido, nos mostrarán de nuevo el camino a casa. Cuando llegó la luna se pusieron en camino, pero no encontraron migajas, porque los miles de pájaros que vuelan por los bosques y los campos las habían recogido todas. Hansel le dijo a Gretel: "Pronto encontraremos el camino", pero no lo encontraron. Caminaron toda la noche y todo el día siguiente, desde la mañana hasta la noche, pero no salieron del bosque y estaban muy hambrientos, porque no tenían nada que comer más que dos o tres bayas que crecían en el suelo. Y como estaban tan cansados que sus piernas no les permitían más, se acostaron debajo de un árbol y se durmieron.

Habían pasado ya tres mañanas desde que habían salido de la casa de su padre. Comenzaron a caminar de nuevo, pero siempre se adentraban más en el bosque, y si la ayuda no llegaba pronto, debían morir de hambre y cansancio. Cuando era mediodía, vieron un hermoso pájaro blanco como la nieve sentado en una rama, que cantaba tan deliciosamente que se detuvieron y lo escucharon. Y cuando terminó su canto, extendió sus alas y voló delante de ellos, y lo siguieron hasta que llegaron a una casita, en cuyo techo se posó; Y cuando se acercaron a la casita vieron que estaba construida de pan y cubierta de tortas, pero que las ventanas eran de azúcar clara. —Nos pondremos manos a la obra —dijo Hansel—, y tendremos una buena comida. Yo me comeré un pedazo del techo, y tú, Gretel, puedes comer un poco de la ventana, tendrá un sabor dulce. Hansel alzó la mano y rompió un poco del techo para ver qué sabía, y Gretel se apoyó en la ventana y mordisqueó los cristales. Entonces una voz suave gritó desde el salón:

'Mordisquear, mordisquear, roer,

¿Quién mordisquea mi casita?

Los niños respondieron:

'El viento, el viento,

El viento nacido del cielo'.

y siguieron comiendo sin molestarse. Hansel, a quien le gustaba el sabor del techo, derribó un gran pedazo de él, y Gretel sacó todo el cristal redondo de una ventana, se sentó y se divirtió con él. De repente se abrió la puerta y una mujer tan vieja como las colinas, que se apoyaba en muletas, salió arrastrándose. Hansel y Gretel estaban tan terriblemente asustados que dejaron caer lo que tenían en sus manos.

La anciana, sin embargo, asintió con la cabeza y dijo: 'Oh, queridos niños, ¿quién los ha traído aquí? Entra y quédate conmigo. No te sucederá ningún mal'. Los tomó a ambos de la mano y los llevó a su casita. Entonces les ofrecieron buena comida, leche y panqueques, con azúcar, manzanas y nueces. Después, dos lindas camas se cubrieron con sábanas blancas y limpias, y Hansel y Gretel se acostaron en ellas y pensaron que estaban en el cielo.

La anciana no había hecho más que fingir ser tan amable; En realidad, era una bruja malvada, que acechaba a los niños, y sólo había construido la casita de pan para atraerlos allí. Cuando un niño caía en su poder, lo mataba, lo cocinaba y lo comía, y ese era un día de fiesta para ella. Las brujas tienen los ojos rojos y no pueden ver lejos, pero tienen un olfato agudo como las bestias y se dan cuenta cuando los seres humanos se acercan. Cuando Hansel y Gretel llegaron a su vecindad, ella se rió con malicia y dijo burlonamente: «¡Los tengo, no se me escaparán más!» Temprano en la mañana, antes de que los niños se despertaran, ella ya se había levantado, y cuando los vio a ambos durmiendo y tan bonitos, con sus mejillas regordetas y sonrosadas, murmuró para sí misma: «¡Será un bocado delicioso!» Luego agarró a Hansel con su mano marchita, lo llevó a un pequeño establo y lo encerró detrás de una puerta enrejada. Por más que gritara, no le serviría de nada. Entonces se acercó a Gretel, la sacudió hasta que despertó y le gritó: «Levántate, perezoso, trae un poco de agua y prepara algo bueno para tu hermano, que está en el establo de afuera y va a engordar. Cuando esté gordo, me lo comeré'. Gretel comenzó a llorar amargamente, pero todo fue en vano, porque se vio obligada a hacer lo que la malvada bruja le ordenaba.

Y ahora se había preparado la mejor comida para el pobre Hansel, pero Gretel no consiguió más que conchas de cangrejo. Todas las mañanas, la mujer se arrastraba hasta el establo y gritaba: «Hansel, estira tu dedo para que sienta si pronto vas a estar gordo». Hansel, sin embargo, le extendió un huesco, y la vieja, que tenía los ojos nublados, no pudo verlo, y pensó que era el dedo de Hansel, y se asombró de que no hubiera manera de engordarlo. Al cabo de cuatro semanas, y Hansel seguía delgado, se apoderó de ella la impaciencia y no quiso esperar más. —Ahora, Gretel —exclamó a la muchacha—, revuélvete y trae un poco de agua. Que Hansel sea gordo o flaco, mañana lo mataré y lo cocinaré. ¡Ah, cómo se lamentaba la pobre hermanita cuando tenía que ir a buscar el agua, y cómo sus lágrimas corrían por sus mejillas! —Dios mío, ayúdanos —exclamó—. Si las bestias salvajes del bosque nos hubieran devorado, habríamos muerto juntos. —Guárdate el ruido —dijo la anciana—, no te servirá de nada.

Temprano en la mañana, Gretel tuvo que salir a colgar el caldero con el agua y encender el fuego. —Primero hornearemos —dijo la anciana—, ya he calentado el horno y amasado la masa. Empujó a la pobre Gretel hacia el horno, del que ya salían llamas de fuego. —Entra —dijo la bruja— y mira si está bien calentado, para que podamos meter el pan. Y una vez que Gretel estuviera dentro, tenía la intención de cerrar el horno y dejar que horneara en él, y luego también se la comería. Pero Gretel vio lo que tenía en mente y dijo: "No sé cómo voy a hacerlo; ¿cómo puedo entrar?'. —Ganso tonto —dijo la anciana—. "La puerta es lo suficientemente grande; ¡Mira, yo misma me meto!", y se acercó sigilosamente y metió la cabeza en el horno. Entonces Gretel le dio un empujón que la empujó hasta el interior, cerró la puerta de hierro y echó el cerrojo. ¡Oh! entonces comenzó a aullar horriblemente, pero Gretel huyó y la bruja impía murió miserablemente quemada.

Gretel, sin embargo, corrió como un rayo hacia Hansel, abrió su pequeño establo y gritó: «¡Hansel, estamos salvados! ¡La vieja bruja ha muerto! Entonces Hansel saltó como un pájaro de su jaula cuando se abrió la puerta. ¡Cómo se regocijaron y se abrazaron, y bailaron y se besaron! Y como ya no tenían por qué temerla, entraron en la casa de la bruja, y en cada rincón había cofres llenos de perlas y joyas. -¡Son mucho mejores que los guijarros! -dijo Hansel, y se metió en los bolsillos todo lo que podía conseguir, y Gretel dijo-: Yo también me llevaré algo a casa -y llenó su delantal. —Pero ahora tenemos que irnos —dijo Hansel—, para que podamos salir del bosque de las brujas.

Después de haber caminado durante dos horas, llegaron a una gran extensión de agua. —No podemos cruzar —dijo Hansel—, no veo ningún tablón ni ningún puente. -Y tampoco hay barca -respondió Gretel-, pero allí nadaba un pato blanco: si se lo pido, nos ayudará. Entonces exclamó:

'Pato pequeño, patito ves,

¿Hansel y Gretel te están esperando?

Nunca hay un tablón, o un puente a la vista,

Llévanos a tu espalda tan blanca'.

El pato se acercó a ellos, y Hansel se sentó en su lomo y le dijo a su hermana que se sentara a su lado. —No —replicó Gretel—, eso será demasiado pesado para el patito; Ella nos llevará al otro lado, uno tras otro. El buen patito así lo hizo, y una vez que estuvieron a salvo y caminaron por un corto tiempo, el bosque les pareció cada vez más familiar, y al fin vieron desde lejos la casa de su padre. Entonces echaron a correr, entraron corriendo en el salón y se echaron al cuello de su padre. El hombre no había conocido una sola hora feliz desde que había dejado a los niños en el bosque; La mujer, sin embargo, estaba muerta. Gretel vació su delantal hasta que las perlas y las piedras preciosas corrieron por la habitación, y Hansel sacó un puñado tras otro de su bolsillo para añadirles más. Entonces toda ansiedad llegó a su fin, y vivieron juntos en perfecta felicidad. Mi cuento está hecho, ahí corre un ratón; Quien lo atrape, puede hacerse un gran gorro de piel con él.

EL RATÓN, EL PÁJARO Y LA SALCHICHA

Érase una vez, un ratón, un pájaro y una salchicha se asociaron y se establecieron juntos. Durante mucho tiempo todo fue bien; Vivían con gran comodidad, y prosperaron hasta el punto de poder aumentar considerablemente sus reservas. El deber del ave era volar diariamente hacia el bosque y traer combustible; El ratón fue a buscar el agua y la salchicha se encargó de cocinarla.

Cuando las personas están demasiado acomodadas, siempre comienzan a anhelar algo nuevo. Y así sucedió que el pájaro, mientras salía un día, se encontró con un compañero pájaro, a quien se explayó jactanciosamente sobre la excelencia de sus arreglos domésticos. Pero el otro pájaro se burló de él por ser un pobre tonto, que hacía todo el trabajo duro, mientras que los otros dos se quedaron en casa y lo pasaron bien. Porque, cuando el ratón hubo hecho el fuego y recogido el agua, ella podía retirarse a su pequeña habitación y descansar hasta que llegara la hora de poner la mesa. La salchicha no tenía más que mirar la olla para asegurarse de que la comida estaba bien cocida, y cuando se acercaba la hora de la cena, se echaba en el caldo, o se revolcaba entre las verduras tres o cuatro veces, y allí estaban, untadas con mantequilla, saladas y listas para ser servidas. Luego, cuando el pájaro llegó a casa y hubo dejado su carga, se sentaron a la mesa, y cuando terminaron de comer, pudieron dormir hasta la mañana siguiente, y esa fue realmente una vida muy deliciosa.

Influenciado por estas observaciones, el pájaro se negó a la mañana siguiente a traer la leña, diciendo a los demás que había sido su sirviente durante bastante tiempo, y que había sido un tonto en el trato, y que ahora era el momento de hacer un cambio y tratar de alguna otra manera de organizar el trabajo. Por más que rogaran y rezaran, no servía de nada; El pájaro seguía siendo el dueño de la situación, y había que aventurarse. Así que echaron suertes, y le tocó a la salchicha traer la leña, al ratón cocinar y al pájaro buscar el agua.

¿Y ahora qué pasó? La salchicha partió en busca de leña, el pájaro hizo el fuego y el ratón puso la olla, y luego estos dos esperaron hasta que la salchicha regresó con el combustible para el día siguiente. Pero la salchicha permaneció tanto tiempo lejos, que se inquietaron, y el pájaro voló a su encuentro. Sin embargo, no había volado muy lejos cuando se encontró con un perro que, al encontrarse con la salchicha, lo había considerado como su botín legítimo, por lo que lo agarró y se lo tragó. El pájaro se quejó al perro de este robo a cara descubierta, pero nada de lo que dijo sirvió de nada, porque el perro respondió que había encontrado credenciales falsas en la salchicha, y que esa era la razón por la que había perdido la vida.

Cogió la leña y voló tristemente a casa, y le contó al ratón todo lo que había visto y oído. Ambos eran muy infelices, pero acordaron hacer lo mejor de las cosas y permanecer el uno con el otro.

Así que el pájaro puso la mesa, y el ratón cuidó de la comida y, queriendo prepararla de la misma manera que la salchicha, rodando entre las verduras para salarlas y untarlas, saltó a la olla; Pero se detuvo en seco mucho antes de llegar al fondo, habiéndose separado ya no sólo de su piel y cabello, sino también de la vida.

Poco después entró el pájaro y quiso servir la cena, pero no pudo ver al cocinero por ninguna parte. En su alarma y alboroto, arrojó la leña aquí y allá por el suelo, llamó y buscó, pero no encontró a ningún cocinero. Luego, parte de la madera que había sido arrojada descuidadamente, se incendió y comenzó a arder. El pájaro se apresuró a buscar un poco de agua, pero su cubo cayó en el pozo, y él tras él, y como no pudo recuperarse, se ahogó.

MADRE HOLLE

Érase una vez una viuda que tenía dos hijas; Una de ellas era hermosa y trabajadora, la otra fea y perezosa. La madre, sin embargo, amaba más a la fea y perezosa, porque era su propia hija, y así la otra, que no era más que su hijastra, estaba obligada a hacer todo el trabajo de la casa, y era toda la Cenicienta de la familia. Su madrastra la mandaba todos los días a sentarse junto al pozo en el camino principal, para que hilara hasta que le sangraran los dedos. Sucedió un día que un poco de sangre cayó sobre el huso, y cuando la muchacha se detuvo sobre el pozo para lavarlo, el huso se le escapó de la mano y cayó en el pozo. Corrió a su casa llorando para contar su desgracia, pero su madrastra le habló con dureza y, después de darle una violenta reprimenda, le dijo con crueldad: "Como has dejado caer el huso en el pozo, puedes ir tú misma a buscarlo".

La muchacha volvió al pozo sin saber qué hacer, y al fin, en su angustia, saltó al agua tras el huso.

No recordaba nada más hasta que despertó y se encontró en un hermoso prado, lleno de sol y con innumerables flores floreciendo en todas direcciones.

Caminó por el prado, y de pronto se encontró con un horno de panadería lleno de pan, y los panes le gritaron: '¡Sácanos, sácanos, o ay! seremos reducidos a cenizas; Nos hornearon hace mucho tiempo'. Así que tomó la pala de pan y los sacó a todos.

Siguió un poco más allá, hasta que llegó a un árbol lleno de manzanas. -¡Sacúdeme, sacúdeme, te lo ruego! -exclamó el árbol-; 'Mis manzanas, todas y cada una, están maduras'. Sacudió, pues, el árbol, y las manzanas cayeron sobre ella como lluvia; Pero siguió temblando hasta que no quedó ni una sola manzana sobre ella. Luego juntó cuidadosamente las manzanas en un montón y siguió caminando.

Lo siguiente a lo que llegó fue a una casita, y allí vio a una anciana que se asomaba, con unos dientes tan grandes que se aterrorizó y se dio la vuelta para huir. Pero la anciana la llamó: "¿De qué tienes miedo, querida niña? Quédate conmigo; si haces el trabajo de mi casa correctamente por mí, te haré muy feliz. Sin embargo, debes tener mucho cuidado de hacer mi cama de la manera correcta, porque deseo que siempre la sacudas bien, para que las plumas vuelen; Entonces ellos dicen, allá en el mundo, que está nevando; porque yo soy la Madre Holle. La anciana habló tan amablemente, que la muchacha se armó de valor y accedió a entrar a su servicio.

Se cuidaba de hacer todo según las órdenes de la anciana y cada vez que hacía la cama la sacudía con todas sus fuerzas, de modo que las plumas volaban como otros tantos copos de nieve. La anciana cumplía su palabra: nunca le hablaba con enojo y le daba asados y carnes hervidas todos los días.

Así que se quedó con la madre Holle durante algún tiempo, y luego empezó a sentirse infeliz. Al principio no podía decir por qué se sentía triste, pero al fin se dio cuenta de un gran anhelo de volver a casa; entonces supo que echaba de menos su hogar, aunque estaba mil veces mejor con mamá Holle que con su madre y su hermana. Después de esperar un rato, fue a ver a la madre Holle y le dijo: "Estoy tan nostálgica que no puedo quedarme contigo por más tiempo, porque aunque soy tan feliz aquí, debo volver a mi propia gente".

Entonces la Madre Holle dijo: "Me alegro de que quieras volver a tu pueblo, y como me has servido tan bien y fielmente, yo misma te llevaré a casa".

Entonces condujo a la muchacha de la mano hasta una amplia puerta. La puerta se abrió, y al pasar la muchacha, cayó sobre ella una lluvia de oro, y el oro se adhirió a ella, de modo que quedó cubierta con él de la cabeza a los pies.

—Es una recompensa por tu laboriosidad —dijo la madre Holle, y, mientras hablaba, le entregó el huso que había dejado caer en el pozo.

La puerta se cerró y la niña se encontró de nuevo en el viejo mundo, cerca de la casa de su madre. Al entrar en el patio, el gallo que estaba encaramado en el pozo, gritó:

'¡Cock-a-doodle-doo!

Tu hija de oro ha vuelto a ti.

Luego fue a ver a su madre y a su hermana, y como estaba tan ricamente cubierta de oro, le dieron una cálida bienvenida. Les contó todo lo que había sucedido, y cuando la madre se enteró de que había llegado a sus grandes riquezas, pensó que le gustaría que su hija fea y perezosa fuera a probar fortuna. Así que hizo que la hermana fuera y se sentara junto al pozo y hilara, y la muchacha se pinchó el dedo y metió la mano en un arbusto espinoso, para que cayera un poco de sangre en el huso; Luego lo arrojó al pozo y saltó ella misma.

Al igual que su hermana, se despertó en el hermoso prado y caminó sobre él hasta que llegó al horno. 'Sáquennos, sáquennos, o ¡ay! seremos reducidos a cenizas; "Fuimos horneados hace mucho tiempo", gritaban los panes como antes. Pero la muchacha perezosa respondió: "¿Crees que voy a ensuciarme las manos por ti?" y siguió caminando.

Al cabo de un rato llegó al manzano. 'Sacúdeme, sacúdeme, te lo ruego; Mis manzanas, todas y cada una de ellas, están maduras', exclamó. Pero ella se limitó a contestar: "Es bonito pedirme que haga, una de las manzanas podría caer sobre mi cabeza", y siguió adelante.

Por fin llegó a casa de la madre Holle, y como su hermana le había oído hablar de los grandes dientes, no les tuvo miedo y se comprometió sin demora con la anciana.

El primer día fue muy obediente y trabajadora, y se esforzó por complacer a la madre Holle, porque pensaba en el oro que obtendría a cambio. Al día siguiente, sin embargo, comenzó a entretener su trabajo, y al tercer día estaba aún más ociosa; Luego comenzó a acostarse en la cama por las mañanas y se negaba a levantarse. Peor aún, se olvidó de hacer bien la cama de la anciana y se olvidó de sacudirla para que las plumas volaran. De modo que la madre Holle se cansó muy pronto de ella y le dijo que podía irse. La muchacha perezosa se alegró de esto, y pensó para sí misma: "El oro pronto será mío". La madre Holle la condujo, como había conducido a su hermana, a la ancha puerta; Pero al pasar, en lugar de la lluvia de oro, un gran cubo lleno de brea cayó sobre ella.

—Eso es a cambio de tus servicios —dijo la anciana, y cerró la puerta—.

Así que la perezosa tuvo que volver a su casa cubierta de brea, y el gallo del pozo gritó al verla:

'¡Cock-a-doodle-doo!

Tu sucia hija ha vuelto a ti.

Pero, por mucho que lo intentara, no pudo sacar el lanzamiento y se le quedó pegado mientras vivió.

CARUCITA ROJA

Érase una vez una querida niña que era amada por todos los que la miraban, pero sobre todo por su abuela, y no había nada que ella no le hubiera dado a la niña. Una vez le regaló un gorrito de terciopelo rojo, que le sentaba tan bien que no se ponía otra cosa; por eso siempre la llamaban 'Caperucita Roja'.

Un día su madre le dijo: "Ven, Caperucita Roja, aquí tienes un pedazo de pastel y una botella de vino; Llévaselos a tu abuela, está enferma y débil, y le harán bien. Ponte en marcha antes de que haga calor, y cuando te vayas, camina amable y tranquilamente y no te salgas del camino, o puedes caerte y romper la botella, y entonces tu abuela no obtendrá nada; y cuando entres en su habitación, no te olvides de decir "Buenos días", y no te asomes a cada rincón antes de hacerlo".

—Tendré mucho cuidado —dijo Caperucita Roja a su madre, y le dio la mano—.

La abuela vivía en el bosque, a media legua del pueblo, y en el momento en que Caperucita Roja entraba en el bosque, un lobo la encontró. Caperucita Roja no sabía lo malvada que era, y no le tenía miedo en absoluto.

—Buenos días, Caperucita Roja —dijo—.

—Muchas gracias, lobo.

—¿Adónde te has ido tan temprano, Caperucita Roja?

– A casa de mi abuela.

– ¿Qué llevas en el delantal?

'Pastel y vino; Ayer fue día de horneado, así que la pobre abuela enferma tiene que comer algo bueno, para fortalecerse.

—¿Dónde vive tu abuela, Caperucita Roja?

—Un buen cuarto de legua más adelante en el bosque; Su casa se levanta bajo los tres grandes robles, los nogales están justo debajo; seguro que lo sabes -replicó Caperucita Roja-.

El lobo pensó para sí mismo: '¡Qué tierna criatura! ¡Qué bocado tan regordete y agradable!, será mejor para comer que la vieja. Debo actuar con astucia, para atrapar a ambos. Así que caminó un rato al lado de Caperucita Roja, y luego dijo: "Mira, Caperucita Roja, qué bonitas son las flores por aquí, ¿por qué no miras a tu alrededor? Creo, también, que no oyes cuán dulcemente cantan los pajarillos; Caminas con seriedad como si fueras a la escuela, mientras que todo lo demás aquí en el bosque es alegre.

Caperucita Roja alzó los ojos, y cuando vio los rayos del sol bailando aquí y allá a través de los árboles, y hermosas flores que crecían por todas partes, pensó: «Supongamos que le llevo a la abuela una nariz fresca; Eso también le agradaría a ella. Es tan temprano en el día que todavía llegaré a tiempo'; Y así corrió del sendero hacia el bosque en busca de flores. Y cada vez que elegía una, le parecía ver otra aún más bonita más adelante, y corría tras ella, y así se adentraba más y más en el bosque.

Mientras tanto, el lobo corrió directamente a la casa de la abuela y llamó a la puerta.

—¿Quién está ahí?

—Caperucita Roja —respondió el lobo—. "Ella trae pastel y vino; Abre la puerta'.

—Levanta el pestillo —gritó la abuela—, estoy demasiado débil y no puedo levantarme.

El lobo levantó el pestillo, la puerta se abrió de golpe y, sin decir una palabra, fue directamente a la cama de la abuela y la devoró. Luego se vistió, se vistió con su gorra, se acostó en la cama y corrió las cortinas.

Sin embargo, Caperucita Roja había estado corriendo de un lado a otro recogiendo flores, y cuando hubo recogido tantas que no pudo cargar más, se acordó de su abuela y se puso en camino hacia ella.

Se sorprendió al encontrar la puerta de la cabaña abierta, y cuando entró en la habitación, tuvo una sensación tan extraña que se dijo a sí misma: «¡Oh, Dios mío! lo inquieta que me siento hoy, y en otros momentos me gusta tanto estar con la abuela". Gritó: 'Buenos días', pero no recibió respuesta; Así que se acercó a la cama y corrió las cortinas. Allí yacía su abuela, con la gorra muy extendida sobre la cara y con un aspecto muy extraño.

—¡Oh! Abuela -dijo-, ¡qué orejas tan grandes tienes!

—Es mejor escucharte, hija mía —fue la respuesta—.

—Pero, abuela, ¡qué ojos tan grandes tienes! —dijo—.

—Será mejor verte con nosotros, querida.

-Pero, abuela, ¡qué manos tan grandes tienes!

– Lo mejor para abrazarte.

—¡Oh! Pero, abuela, ¡qué boca tan grande y qué boca tan grande tienes!

—¡Con el que comerte mejor!

Y apenas hubo dicho esto el lobo, cuando de un salto se levantó de la cama y se tragó a Caperucita Roja.

Cuando el lobo hubo apaciguado su apetito, se acostó de nuevo en la cama, se durmió y comenzó a roncar muy fuerte. El cazador acababa de pasar por la casa y pensó: «¡Cómo ronca la vieja! Tengo que ver si quiere algo. Entró, pues, en la habitación, y cuando llegó a la cama, vio que el lobo estaba acostado en ella. -¡Te encuentro aquí, viejo pecador! -dijo-. —¡Te he buscado durante mucho tiempo! Entonces, justo cuando iba a dispararle, se le ocurrió que el lobo podría haber devorado a la abuela, y que aún podría salvarse, por lo que no disparó, sino que tomó unas tijeras y comenzó a abrir el estómago del lobo dormido. Cuando hubo hecho dos tijeretas, vio brillar a la pequeña gorra roja, y luego hizo dos tijeras más, y la niña saltó gritando: '¡Ah, qué asustada he estado! ¡Qué oscuro estaba dentro del lobo!'; Y después de eso, la anciana abuela también salió viva, pero apenas podía respirar. Caperucita Roja, sin embargo, fue rápidamente a buscar grandes piedras con las que llenaron el vientre del lobo, y cuando despertó, quiso huir, pero las piedras eran tan pesadas que se desplomó de inmediato y cayó muerto.

Entonces los tres quedaron encantados. El cazador retiró la piel del lobo y se fue a su casa con ella; la abuela comió el pastel y bebió el vino que Caperucita Roja había traído, y revivió, pero Caperucita Roja pensó: «Mientras viva, nunca abandonaré el camino para correr al bosque, cuando mi madre me lo haya prohibido».

También relató que una vez, cuando Caperucita Roja estaba de nuevo llevando pasteles a la anciana abuela, otro lobo le habló y trató de atraerla del camino. Caperucita Roja, sin embargo, se puso en guardia, y siguió su camino, diciéndole a su abuela que se había encontrado con el lobo, y que él le había dado los buenos días, pero con una mirada tan malvada en sus ojos, que si no hubieran estado en la vía pública, estaba segura de que se la habría comido. —Bueno —dijo la abuela—, cerraremos la puerta para que no entre. Poco después, el lobo llamó a la puerta y gritó: "Abre la puerta, abuela, soy Caperucita Roja y te traigo unos pasteles". Pero no hablaron ni abrieron la puerta, de modo que la barba gris dio dos o tres vueltas alrededor de la casa, y al final saltó al tejado, con la intención de esperar a que Caperucita Roja volviera a casa por la noche, y luego ir tras ella y devorarla en la oscuridad. Pero la abuela vio lo que había en sus pensamientos. Delante de la casa había un gran abrevadero de piedra, por lo que le dijo al niño: 'Toma el cubo, Gorra Roja; Ayer hice unas salchichas, así que lleva el agua en la que las herví al comedero. Gorra Roja continuó hasta que la gran vaguada estuvo completamente llena. Entonces el olor de las salchichas llegó al lobo, que olfateó y miró hacia abajo, y por fin estiró el cuello tanto que ya no pudo mantener el equilibrio y comenzó a resbalar, y se deslizó desde el techo directamente al gran abrevadero, y se ahogó. Pero Caperucita Roja se fue alegre a casa, y nadie volvió a hacer nada para hacerle daño.

EL NOVIO LADRÓN

Había una vez un molinero que tenía una hermosa hija, y cuando ella creció, estaba ansioso de que ella estuviera bien casada y provista. Se dijo a sí mismo: "Se la daré al primer hombre idóneo que venga y le pida la mano". Poco después apareció un pretendiente, y como parecía ser muy rico y el molinero no podía ver en él nada que pudiera reprocharle, le desposó a su hija. Pero la muchacha no se preocupaba por el hombre como una muchacha debe cuidar de su esposo prometido. No sentía que pudiera confiar en él, y no podía mirarlo ni pensar en él sin estremecerse interiormente. Un día le dijo: "Todavía no me has visitado, aunque hace tiempo que estamos comprometidos". —No sé dónde está tu casa —contestó ella—. —Mi casa está allá afuera, en el bosque oscuro —dijo—. Trató de excusarse diciendo que no sería capaz de encontrar el camino hacia allí. Su prometido se limitó a contestar: "Tienes que venir a verme el próximo domingo; Ya he invitado a los invitados para ese día, y para que no se equivoquen en el camino, esparciré cenizas a lo largo del camino.

Cuando llegó el domingo, y llegó la hora de que la niña se pusiera en marcha, se apoderó de ella una sensación de temor que no podía explicar, y de que tal vez pudiera encontrar su camino de nuevo, se llenó los bolsillos de guisantes y lentejas para esparcir en el suelo a medida que avanzaba. Al llegar a la entrada del bosque encontró el camino sembrado de cenizas, y las siguió, arrojando algunos guisantes a cada paso que daba. Caminó todo el día hasta que llegó a la parte más profunda y oscura del bosque. Allí vio una casa solitaria, con un aspecto tan sombrío y misterioso, que no le gustó en absoluto. Entró, pero no se vio ni un alma, y reinó un gran silencio en todo momento. De repente, una voz gritó:

"Vuélvete, vuélvete, hermosa doncella,

No te detengas en esta guarida de asesinos.

La niña levantó la vista y vio que la voz provenía de un pájaro colgado en una jaula en la pared. De nuevo exclamó:

"Vuélvete, vuélvete, hermosa doncella,

No te detengas en esta guarida de asesinos.

La muchacha siguió adelante, yendo de habitación en habitación de la casa, pero todas estaban vacías y seguía sin ver a nadie. Por fin llegó a la bodega, y allí estaba sentada una mujer muy, muy anciana, que no podía evitar mover la cabeza. —¿Puedes decirme —preguntó la muchacha— si mi esposo prometido vive aquí?

-¡Ah, pobre niña! -respondió la vieja-, ¡qué lugar para que vengas! Esta es una guarida de asesinos. Piensas que eres una novia prometida, y que tu matrimonio pronto tendrá lugar, pero es con la muerte que celebrarás tu fiesta de bodas. ¡Mira, ves ese gran caldero de agua que estoy obligado a mantener en el fuego! Tan pronto como te tengan en su poder, te matarán sin piedad, te cocinarán y te comerán, porque son comedores de hombres. Si no me apiadara de ti y te salvara, estarías perdido".

Entonces la anciana la condujo detrás de un gran tonel, que la ocultó por completo de la vista. —Quédate quieto como un ratón —dijo—; "No te muevas ni hables, o todo se acabará contigo. Esta noche, cuando todos los ladrones estén dormidos, huiremos juntos. Llevo mucho tiempo esperando una oportunidad para escapar.

Apenas habían salido las palabras de su boca cuando la impía tripulación regresó, arrastrando consigo a otra joven. Todos estaban borrachos y no prestaron atención a sus gritos y lamentaciones. Le dieron a beber vino, tres vasos llenos, uno de vino blanco, otro de tinto y otro de amarillo, y con esto su corazón cedió y murió. Luego le arrancaron sus delicadas ropas, la pusieron sobre una mesa, cortaron su hermoso cuerpo en pedazos y le rociaron sal.

La pobre prometida se agachó temblando y temblando detrás del tonel, porque vio el terrible destino que le habían destinado los ladrones. Uno de ellos se dio cuenta de que aún quedaba un anillo de oro en el dedo meñique de la muchacha asesinada, y como no podía quitárselo fácilmente, tomó un hacha y le cortó el dedo; Pero el dedo saltó en el aire y cayó detrás del tonel en el regazo de la muchacha que se escondía allí. El ladrón tomó una luz y comenzó a buscarla, pero no la encontró. —¿Has mirado detrás del gran tonel? —preguntó uno de los otros. Pero la vieja gritó: "Venid a cenar, y dejad esto para mañana; El dedo no se escapará'.

—La vieja tiene razón —dijeron los ladrones, y dejaron de buscar el dedo y se sentaron.

La anciana mezcló entonces un somnífero con el vino, y al poco rato estaban todos tumbados en el suelo de la bodega, profundamente dormidos y roncando. Tan pronto como la muchacha se aseguró de esto, salió de detrás del tonel. Se vio obligada a pasar por encima de los cuerpos de los durmientes, que yacían muy juntos, y a cada momento se llenaba de un renovado temor de despertarlos. Pero Dios la ayudó, de modo que pasó sin peligro por encima de ellos, y entonces ella y la anciana subieron las escaleras, abrieron la puerta y salieron lo más rápido que pudieron de la guarida de los asesinos. Encontraron las cenizas esparcidas por el viento, pero los guisantes y las lentejas habían brotado y crecido lo suficiente por encima del suelo como para guiarlos a la luz de la luna a lo largo del camino. Caminaron toda la noche, y ya era de mañana cuando llegaron al molino. Entonces la niña le contó a su padre todo lo que había sucedido.

Llegó el día que había sido fijado para el matrimonio. Llegó el novio y también un gran grupo de invitados, pues el molinero se había cuidado de invitar a todos sus amigos y parientes. Mientras se sentaban en el banquete, se le pedía a cada invitado por turno que contara una historia; La novia se quedó quieta y no dijo una palabra.

-Y tú, amor mío -dijo el novio, volviéndose hacia ella-, ¿no conoces algún cuento? Cuéntanos algo.

—Entonces te voy a contar un sueño —dijo la novia—. "Atravesé solo un bosque y llegué por fin a una casa; no pude encontrar un alma dentro, pero un pájaro que estaba colgado en una jaula en la pared gritó:

"Vuélvete, vuélvete, hermosa doncella,

No te detengas en esta guarida de asesinos.

Y de nuevo por segunda vez dijo estas palabras.

"Mi amor, esto es solo un sueño".

"Fui por la casa de habitación en habitación, pero todas estaban vacías, y todo era tan sombrío y misterioso. Por fin bajé al sótano, y allí estaba sentada una mujer muy, muy anciana, que no podía mantener la cabeza quieta. Le pregunté si mi prometido vivía aquí, y ella respondió: "Ah, pobre niña, has venido a una cueva de asesinos; Tu prometido vive aquí, pero te matará sin piedad y después te cocinará y comerá".

"Mi amor, esto es solo un sueño".

La vieja me escondió detrás de un gran tonel, y apenas lo había hecho, cuando los ladrones regresaron a casa, arrastrando consigo a una joven. Le dieron a beber tres clases de vino, blanco, rojo y amarillo, y con él murió".

"Mi amor, esto es solo un sueño".

"Entonces le arrancaron sus delicadas ropas, cortaron su hermoso cuerpo en pedazos y le rociaron sal".

"Mi amor, esto es solo un sueño".

Y uno de los ladrones vio que aún le quedaba un anillo de oro en el dedo, y como era difícil sacarlo, tomó un hacha y le cortó el dedo; Pero el dedo saltó en el aire y cayó detrás del gran tonel en mi regazo. Y aquí está el dedo con el anillo. Y con estas palabras, la novia sacó el dedo y se lo mostró a los invitados reunidos.

El novio, que durante este relato se había puesto mortalmente pálido, se levantó y trató de escapar, pero los invitados lo agarraron y lo sujetaron. Lo entregaron a la justicia, y él y toda su banda asesina fueron condenados a muerte por sus malas acciones.

EL NOVIO LADRÓN

PULGARCITO

Un pobre leñador estaba una noche en su cabaña, fumando su pipa junto a la chimenea, mientras su esposa se sentaba a su lado a hilar. —¡Qué solitario es, esposa —dijo, mientras exhalaba una larga bocanada de humo—, que tú y yo estemos aquí sentados solos, sin ningún niño que juegue y nos entretenga, mientras que otras personas parecen tan felices y alegres con sus hijos! -Lo que decís es muy cierto -dijo la mujer, suspirando y volviendo su rueda-; ¡Qué feliz sería yo si tuviera un solo hijo! Si alguna vez fuera tan pequeño, es más, si no fuera más grande que mi pulgar, sería muy feliz y lo querría entrañablemente. Ahora bien, por extraño que te parezca, sucedió que el deseo de esta buena mujer se cumplió, exactamente de la manera en que lo había deseado; Porque, poco después, tuvo un niño, que era bastante sano y fuerte, pero no era mucho más grande que mi pulgar. Y ellos dijeron: "Bueno, no podemos decir que no hemos conseguido lo que deseábamos, y que, por pequeño que sea, le querremos entrañablemente". Y le pusieron el nombre de Tomás Pulgarcito.

Le dieron mucha comida, pero a pesar de todo lo que pudieron hacer, nunca creció, sino que se mantuvo del mismo tamaño que cuando nació. Aun así, sus ojos eran agudos y brillantes, y pronto demostró ser un hombrecito inteligente, que siempre supo bien de qué se trataba.

Un día, mientras el leñador se preparaba para ir al bosque a cortar combustible, dijo: "Desearía tener a alguien que trajera el carro detrás de mí, porque quiero darme prisa". —¡Oh, padre! —exclamó Tom—, yo me encargaré de eso; El carro estará en el bosque para cuando lo necesites. Entonces el leñador se echó a reír y dijo: "¿Cómo puede ser eso? no puedes llegar hasta la brida del caballo'. —No importa eso, padre —dijo Tom—; "Si mi madre sólo quiere enjaezar el caballo, me meteré en su oído y le diré qué camino tomar". —Bueno —dijo el padre—, lo intentaremos por una vez.

Cuando llegó el momento, la madre enganchó el caballo a la carreta y le puso a Tom en la oreja; y mientras estaba allí sentado, el hombrecillo le dijo a la bestia cómo ir, gritando: «¡Sigue!' y «¡Detente!», como él quería: y así el caballo siguió tan bien como si el leñador lo hubiera conducido él mismo al bosque. Sucedió que cuando el caballo iba demasiado rápido, Tom gritaba: «¡Suavemente! ¡Suavemente!", se acercaron dos desconocidos. «¡Qué cosa tan extraña es esa!», dijo uno: «hay un carro que va y oigo a un carretero hablar con el caballo, pero sin embargo no puedo ver a nadie». -Eso es raro, en verdad -dijo el otro-; Sigamos el carro y veamos a dónde va. Así que se adentraron en el bosque, hasta que por fin llegaron al lugar donde estaba el leñador. Entonces Pulgarcito, al ver a su padre, exclamó: "¡Mira, padre, aquí estoy con el carro, bien y a salvo! ¡Ahora bájame!' Entonces su padre agarró el caballo con una mano, y con la otra sacó a su hijo de la oreja del caballo, y lo puso sobre una paja, donde se sentó tan alegremente como se quiere.

Los dos desconocidos estuvieron todo este tiempo mirando, y no supieron qué decir para asombrarse. Al fin, uno llevó al otro aparte y dijo: "Ese pequeño pilluelo hará nuestra fortuna, si podemos atraparlo, y llevarlo de ciudad en ciudad como un espectáculo; Tenemos que comprarlo. Se acercaron, pues, al leñador y le preguntaron qué quería por el hombrecillo, y le dijeron: "Estará mejor con nosotros que contigo". -No lo venderé en absoluto -dijo el padre-; "Mi propia carne y mi sangre me son más queridas que toda la plata y el oro del mundo". Pero Tom, al enterarse del trato que querían hacer, se arrastró por el abrigo de su padre hasta el hombro y le susurró al oído: «Toma el dinero, padre, y que me tengan; Pronto volveré contigo'.

Así que el leñador dijo al final que vendería a Tom a los extraños por una gran pieza de oro, y pagaron el precio. "¿Dónde te gustaría sentarte?", dijo uno de ellos. 'Oh, ponme en el borde de tu sombrero; Esa será una bonita galería para mí; Puedo caminar por allí y ver el campo a medida que avanzamos". Y así hicieron lo que él quiso; y cuando Tom se hubo despedido de su padre, se lo llevaron consigo.

Continuaron su viaje hasta que comenzó a oscurecer, y entonces el hombrecillo dijo: 'Déjame bajar, estoy cansado'. Entonces el hombre se quitó el sombrero y lo puso sobre un terrón de tierra, en un campo arado junto al camino. Pero Tom corrió entre los surcos y por fin se metió en una vieja ratonera. -¡Buenas noches, señores! -dijo-. ¡Me voy! y mírame bien la próxima vez'. Entonces corrieron inmediatamente al lugar y metieron los extremos de sus palos en la madriguera del ratón, pero todo fue en vano; Tom no hacía más que arrastrarse más y más adentro; Y, al fin, oscureció del todo, de modo que se vieron obligados a seguir su camino sin su premio, tan malhumorados como podían estar.

Cuando Tom se dio cuenta de que se habían ido, salió de su escondite. -¡Qué peligroso es andar —dijo— en este campo arado! Si me cayera de uno de estos grandes terrones, sin duda me rompería el cuello. Por fin, por suerte, encontró una gran concha de caracol vacía. -Es una suerte -dijo-, puedo dormir aquí muy bien; Y se arrastró dentro.

Justo cuando se estaba quedando dormido, oyó que pasaban dos hombres que charlaban entre sí; Y uno le dijo al otro: '¿Cómo vamos a robar la plata y el oro de la casa de ese rico párroco?' —¡Te lo diré! —exclamó Tom—. -¿Qué ruido era ese? -dijo el ladrón, asustado-; – Estoy seguro de que oí hablar a alguien. Se quedaron quietos escuchando, y Tom dijo: "Llévame contigo, y pronto te mostraré cómo conseguir el dinero del párroco". «¿Y dónde estás?», le dijeron. — Mira a tu alrededor en el suelo —respondió él—, y escucha de dónde viene el sonido. Al fin, los ladrones lo descubrieron y lo levantaron en sus manos. «¡Pilluelo!», le dijeron, «¿qué puedes hacer por nosotros?» —Vaya, puedo meterme entre los barrotes de hierro de la casa del párroco y echarte lo que quieras. -Es una buena idea -dijeron los ladrones-; —Vamos, veremos qué puedes hacer.

Cuando llegaron a la casa del párroco, Tom se deslizó a través de los barrotes de la ventana hasta la habitación, y luego gritó tan alto como pudo: —¿Queréis todo lo que hay aquí? Al oír esto, los ladrones se asustaron y dijeron: "¡Suavemente, suavemente! Habla en voz baja, para que no despiertes a nadie'. Pero Tom parecía no entenderlos, y volvió a gritar: «¿Cuánto tendrás? ¿Voy a tirarlo todo? Ahora el cocinero yacía en la habitación contigua; y, al oír un ruido, se incorporó en la cama y escuchó. Mientras tanto, los ladrones se asustaron y huyeron un poco; pero al fin se arrancaron el corazón y dijeron: 'El pequeño pilluelo solo está tratando de burlarnos'. Volvieron, pues, y le susurraron en voz baja, diciendo: "Ahora no dejemos más de tus bromas pícaras; pero échanos algo del dinero'. Entonces Tom gritó tan alto como pudo: —¡Muy bien! ¡Toma tus manos! Aquí viene'.

La cocinera oyó esto muy claramente, así que saltó de la cama y corrió a abrir la puerta. Los ladrones huyeron como si un lobo les pisara los talones, y la criada, después de andar a tientas y no encontrar nada, se fue a buscar una luz. Cuando regresó, Tom se había metido en el granero; Y después de haber mirado a su alrededor y buscado por todos los agujeros y rincones, y no encontrar a nadie, se fue a la cama, pensando que debía de estar soñando con los ojos abiertos.

El hombrecillo se arrastró por el pajar, y por fin encontró un lugar acogedor para terminar su descanso nocturno; Así que se acostó, con la intención de dormir hasta el amanecer, y luego encontrar el camino a casa con su padre y su madre. Pero, ¡ay! ¡Cuán desgraciadamente se deshizo! ¡Cuántas cruces y tristezas nos suceden a todos en este mundo! El cocinero se levantaba temprano, antes del amanecer, para dar de comer a las vacas; Y, yendo directamente al pajar, se llevó un gran manojo de heno, con el hombrecillo en medio, profundamente dormido. Sin embargo, siguió durmiendo, y no despertó hasta que se encontró en la boca de la vaca; porque el cocinero había puesto el heno en el junco de la vaca, y la vaca se había llevado a Tom en un bocado. -¡Buen día! -dijo-, ¿cómo he llegado a caer en el molino? Pero pronto se enteró de dónde estaba realmente; y se vio obligado a tener todo su ingenio sobre sí, para no meterse entre los dientes de la vaca, y así morir aplastado. Al fin, bajó y entró en su estómago. -Está bastante oscuro -dijo-; "Se olvidaron de construir ventanas en esta habitación para que entrara el sol; Una vela no sería algo malo.

Aunque aprovechó al máximo su mala suerte, no le gustaban nada sus cuartos; Y lo peor de todo era que cada vez caía más y más heno, y el espacio que le quedaba era cada vez más pequeño. Al final gritó tan fuerte como pudo: «¡No me traigas más heno! ¡No me traigas más heno!'.

Sucedió que la criada estaba en ese momento ordeñando la vaca; Y oyendo hablar a alguien, pero no viendo a nadie, y estando segura de que era la misma voz que había oído en la noche, se asustó tanto que se cayó del taburete y volcó el cubo de leche. Tan pronto como pudo levantarse de la tierra, corrió lo más rápido que pudo hacia su amo el párroco, y dijo: '¡Señor, señor, la vaca está hablando!' Pero el párroco le dijo: "Mujer, ¡estás loca!" Sin embargo, fue con ella al establo de las vacas para tratar de ver qué pasaba.

Apenas habían puesto pie en el umbral, cuando Tom gritó: «¡No me traigas más heno!» Entonces el mismo párroco se asustó; y pensando que la vaca seguramente estaba embrujada, le dijo a su hombre que la matara en el acto. Y la vaca fue muerta y descuartizada; y el estómago, en el que yacía Tom, fue arrojado sobre un estercolero.

Tom pronto se puso manos a la obra para salir, lo que no fue una tarea muy fácil; Pero al fin, justo cuando había hecho sitio para sacar la cabeza, le sobrevino una nueva mala suerte. Un lobo hambriento saltó y se tragó todo el estómago, con Tom dentro, de un solo trago, y huyó.

Tom, sin embargo, todavía no estaba desanimado; y pensando que al lobo no le disgustaría charlar con él mientras caminaba, exclamó: "Mi buen amigo, puedo mostrarte un regalo famoso". —¿Dónde está eso? —preguntó el lobo. —En tal o cual casa —dijo Tom, describiendo la casa de su propio padre—. Puedes arrastrarte por el desagüe hasta la cocina y luego hasta la despensa, y allí encontrarás pasteles, jamón, carne de res, pollo frío, cerdo asado, albóndigas de manzana y todo lo que tu corazón pueda desear.

El lobo no quería que se lo preguntaran dos veces; Así que esa misma noche fue a la casa y se arrastró por el desagüe hasta la cocina, y luego a la despensa, y comió y bebió allí hasta quedar satisfecho. Tan pronto como se hartó, quiso escapar; Pero había comido tanto que no podía salir por el mismo camino por el que entró.

Esto era exactamente lo que Tom había contado; Y entonces comenzó a lanzar un gran grito, haciendo todo el ruido que podía. -¿Queréis ser fáciles? -dijo el lobo-. Despertarás a todos en la casa si haces semejante estrépito. -¿Qué me importa a mí? -dijo el hombrecillo-. 'Has tenido tu retozo, ahora tengo ganas de ser feliz yo mismo'; Y comenzó, cantando y gritando tan fuerte como podía.

El leñador y su mujer, despertados por el ruido, se asomaron por una rendija de la puerta; pero cuando vieron que había allí un lobo, bien se puede suponer que estaban tristemente asustados; Y el leñador corrió a buscar su hacha y le dio a su mujer una guadaña. -Quédate -dijo el leñador-, y cuando le haya dado un golpe en la cabeza, lo despedazarás con la guadaña. Tom oyó todo esto y exclamó: "¡Padre, padre! Estoy aquí, el lobo me ha tragado'. Y su padre dijo: "¡Alabado sea el cielo! hemos vuelto a encontrar a nuestro querido hijo'; Y le dijo a su esposa que no usara la guadaña por temor a que le hiciera daño. Entonces dio un gran golpe, golpeó al lobo en la cabeza y lo mató en el acto. y cuando murió, le abrieron el cuerpo y dejaron en libertad a Tommy. -¡Ah! -exclamó el padre-, ¡qué temores hemos tenido por ti! -Sí, padre -respondió él-; "Creo que he viajado por todo el mundo, de una forma u otra, desde que nos separamos; y ahora estoy muy contento de volver a casa y tomar aire fresco de nuevo". —¿Dónde has estado? —preguntó su padre. "He estado en una madriguera de ratón, y en una concha de caracol, y en la garganta de una vaca, y en el vientre del lobo; y, sin embargo, aquí estoy de nuevo, sano y salvo".

"Bien", le dijeron, "has vuelto, y no te venderemos más por todas las riquezas del mundo".

Luego abrazaron y besaron a su querido hijito, y le dieron mucho de comer y beber, porque tenía mucha hambre; Y luego le trajeron ropa nueva, porque la vieja se había estropeado bastante en su viaje. Así que el Maestro Pulgarcito se quedó en casa con su padre y su madre, en paz; porque aunque había sido un gran viajero, y había hecho y visto tantas cosas hermosas, y era bastante aficionado a contar toda la historia, siempre estaba de acuerdo en que, después de todo, ¡no hay lugar como el hogar!

RUMPELSTILTSKIN

Al lado de un bosque, en un país muy lejano, corría un hermoso arroyo de agua; Y sobre el arroyo había un molino. La casa del molinero estaba cerca, y el molinero, como debes saber, tenía una hija muy hermosa. Era, además, muy astuta y astuta; Y el molinero estaba tan orgulloso de ella, que un día le dijo al rey de la tierra, que solía venir a cazar al bosque, que su hija sabía hilar oro con paja. Ahora bien, este rey era muy aficionado al dinero; Y cuando oyó la jactancia del molinero, su codicia se disparó, y mandó llamar a la muchacha para que la trajeran ante él. Luego la llevó a una cámara de su palacio donde había un gran montón de paja, le dio una rueca y le dijo: "Todo esto debe convertirse en oro antes de que amanezca, porque amas tu vida". Fue en vano que la pobre doncella dijera que no era más que una tontería de su padre, porque no podía hacer tal cosa como convertir la paja en oro: la puerta de la habitación estaba cerrada con llave, y ella se quedó sola.

Se sentó en un rincón de la habitación y comenzó a lamentar su duro destino; cuando de repente se abrió la puerta, y un hombrecillo de aspecto gracioso entró cojeando y dijo: «Buenos días, mi buena muchacha; ¿Por qué lloras?'. -¡Ay! -exclamó ella-, tengo que convertir esta paja en oro, y no sé cómo. —¿Qué me darás —dijo el duende— para que lo haga por ti? —Mi collar —respondió la doncella—. Le tomó la palabra, se sentó al volante y silbó y cantó:

'Alrededor, alrededor,

¡Y he aquí!

Enrolla, enrolla,

¡Paja en oro!'

Y la rueda daba vueltas alegremente; El trabajo se hizo rápidamente y la paja se convirtió en oro.

Cuando el rey llegó y vio esto, quedó muy asombrado y complacido; Pero su corazón se volvió aún más ávido de ganancia, y volvió a encerrar a la hija del pobre molinero con una nueva tarea. Entonces no supo qué hacer, y se sentó una vez más a llorar; pero el enano no tardó en abrir la puerta y dijo: «¿Qué me darás para que haga tu tarea?» —

El anillo que llevo en el dedo —dijo ella—. Así que su amiguita tomó el anillo y comenzó a trabajar de nuevo en la rueda, silbando y cantando:

'Alrededor, alrededor,

¡Y he aquí!

Enrolla, enrolla,

¡Paja en oro!'

Hasta que, mucho antes de que amaneciera, todo se hizo de nuevo.

El rey estaba muy contento de ver todo este tesoro resplandeciente; Pero todavía no tenía suficiente: así que llevó a la hija del molinero a un montón aún más grande, y dijo: 'Todo esto debe ser hilado esta noche; y si lo es, tú serás mi reina. Tan pronto como se quedó sola, el enano entró y dijo: '¿Qué me darás para que te hielve oro esta tercera vez?' —No me queda nada —dijo ella—. —Entonces di que me darás —dijo el hombrecillo— el primer niño que tengas cuando seas reina. «Puede que nunca suceda», pensó la hija del molinero, y como no conocía otra manera de hacer su tarea, dijo que haría lo que él le pidiera. La rueda volvió a girar al compás de la vieja canción, y el maniquí volvió a convertir el montón en oro. El rey llegó por la mañana y, encontrando todo lo que quería, se vio obligado a cumplir su palabra; Así que se casó con la hija del molinero, y ella realmente se convirtió en reina.

Al nacer su primer hijito se alegró mucho, y se olvidó del enano y de lo que había dicho. Pero un día entró en su habitación, donde estaba sentada jugando con su bebé, y se lo pidió. Entonces ella se entristeció mucho por su desgracia, y dijo que le daría todas las riquezas del reino si él la dejaba, pero en vano; hasta que al fin sus lágrimas lo suavizaron, y él dijo: "Te daré tres días de gracia, y si durante ese tiempo me dices mi nombre, te quedarás con tu hijo".

Ahora la reina permaneció despierta toda la noche, pensando en todos los nombres extraños que había oído jamás; Y envió mensajeros por toda la tierra para descubrir otros nuevos. Al día siguiente llegó el hombrecillo, y ella comenzó con TIMOTEO, ICABOD, BENJAMÍN,

JEREMÍAS y todos los nombres que podía recordar; pero a todos y a cada uno de ellos les dijo: "Señora, ese no es mi nombre".

El segundo día empezó con todos los nombres cómicos que pudo oír, BANDY-LEGS, JOROBADO, CROOK-SHANKS, etcétera; pero el caballerocillo seguía diciendo a cada uno de ellos: "Señora, ese no es mi nombre".

Al tercer día, uno de los mensajeros regresó y dijo: "He viajado dos días sin oír ningún otro nombre; pero ayer, subiendo una colina alta, entre los árboles del bosque, donde el zorro y la liebre se dan las buenas noches, vi una pequeña choza; y delante de la choza ardía una hoguera; Y alrededor del fuego, un gracioso enano bailaba sobre una pierna y cantaba:

"Feliz el festín que haré.

Hoy prepararé, mañana hornearé;

Alegremente bailaré y cantaré,

Porque al día siguiente vendrá un extraño.

Poco sueña mi señora

¡Rumpelstiltskin es mi nombre!"

Al oír esto la reina, saltó de alegría, y en cuanto llegó su amiguito, se sentó en su trono y llamó a toda su corte para que disfrutara de la diversión; Y la enfermera se quedó a su lado con el bebé en brazos, como si estuviera a punto de ser entregado. Entonces el hombrecillo comenzó a reírse ante la idea de tener al pobre niño, para llevárselo a su cabaña en el bosque; Y él exclamó: 'Ahora, señora, ¿cómo me llamo?' —¿Es Juan? —preguntó ella. —¡No, señora! – ¿Es TOM? —¡No, señora! – ¿Es JEMMY? —¿Puede llamarse usted Rumpelstiltskin? —dijo la dama con picardía. -¡Alguna bruja te ha dicho eso!... ¡Alguna bruja te ha dicho eso! -exclamó el hombrecillo, y estrelló su pie derecho con una rabia tan profunda en el suelo, que se vio obligado a agarrarlo con ambas manos para sacarlo.

Luego se alejó lo mejor que pudo, mientras la enfermera reía y el bebé cantaba; y toda la corte se burló de él por haber tenido tantos problemas en vano, y dijo: «¡Le deseamos unos muy buenos días y una feliz fiesta, señor RUMPLESTILTSKIN!»

GRETEL INTELIGENTE

Había una vez una cocinera llamada Gretel, que usaba zapatos con tacones rojos, y cuando salía con ellos puestos, se volteaba de un lado a otro, estaba muy contenta y pensaba: «¡Ciertamente eres una chica bonita!» Y cuando llegó a casa, bebió, con la alegría de su corazón, un trago de vino, y como el vino excita el deseo de comer, probó lo mejor de lo que estaba cocinando hasta quedar satisfecha, y dijo: 'El cocinero debe saber cómo es la comida'.

Sucedió que un día el amo le dijo: "Gretel, esta noche viene un invitado; Prepárame dos aves con mucho delicadeza. —Yo me encargaré de ello, señor —respondió Gretel—. Mató dos aves, las escaldó, las desplumó, las puso en el asador y, al anochecer, las puso al fuego para que se asaran. Las aves comenzaron a ponerse marrones y estaban casi listas, pero el huésped aún no había llegado. Entonces Gretel gritó a su amo: "Si el huésped no viene, tengo que quitar las aves del fuego, pero será un pecado y una vergüenza si no se comen en el momento en que están más jugosas". El maestro dijo: 'Correré yo mismo y buscaré al huésped'. Cuando el amo le dio la espalda, Gretel colocó el asador con las aves a un lado, y pensó: «Estar tanto tiempo allí junto al fuego hace sudar y tener sed; ¿Quién sabe cuándo vendrán? Mientras tanto, correré a la bodega y tomaré un trago. Bajó corriendo, colocó una jarra, dijo: «Que Dios te la bendiga, Gretel», y bebió un buen trago, y pensó que el vino debía fluir y no interrumpirse, y dio otro buen trago.

Luego fue y volvió a poner las aves al fuego, las roció y condujo el asador alegremente. Pero como la carne asada olía tan bien, Gretel pensó: «¡Algo puede estar mal, hay que probarlo!» Lo tocó con el dedo y dijo: '¡Ah! ¡Qué buenas son las aves! ¡Ciertamente es un pecado y una vergüenza que no se coman en el momento adecuado!" Corrió a la ventana, para ver si el amo no venía con su invitado, pero no vio a nadie, y volvió a las aves y pensó: '¡Una de las alas está ardiendo! Será mejor que me lo quite y me lo coma. Así que lo cortó, se lo comió y lo disfrutó, y cuando terminó, pensó: "El otro tiene que bajar también, o de lo contrario el amo observará que falta algo". Cuando se comieron las dos alas, fue a buscar a su señor, y no lo vio. De repente se le ocurrió: '¿Quién sabe? A lo mejor no van a venir y se han vuelto a alguna parte. Entonces ella dijo: 'Bueno, Gretel, diviértete, un ave ha sido cortada, toma otro trago y cómelo entero; cuando se coma tendréis un poco de paz, ¿por qué se han de echar a perder los buenos dones de Dios?'. Así que corrió a la bodega de nuevo, tomó un gran trago y se comió el único pollo con gran alegría. Cuando una de las gallinas fue tragada, y su amo seguía sin venir, Gretel miró a la otra y dijo: "Lo que es uno, el otro debe ser igual, los dos van juntos; Lo que es correcto para uno es correcto para el otro; Creo que si tuviera que tomar otro trago, no me haría ningún daño. Así que tomó otro trago abundante y dejó que el segundo pollo siguiera al primero.

Mientras lo aprovechaba al máximo, su amo se acercó y gritó: «¡Apúrate, Gretel, que el huésped viene directamente a por mí!» —Sí, señor, pronto serviré —respondió Gretel—. Mientras tanto, el amo miró para ver que la mesa estaba bien puesta, y tomó el gran cuchillo con el que iba a trinchar las gallinas, y lo afiló en los escalones. Al poco rato llegó el huésped y llamó cortés y cortésmente a la puerta de la casa. Gretel corrió y miró para ver quién estaba allí, y cuando vio al invitado, se llevó el dedo a los labios y dijo: "¡Silencio! ¡silencio! Vete lo más rápido que puedas, que si mi amo te atrapa, será peor para ti. Ciertamente te invitó a cenar, pero su intención es cortarte las dos orejas. ¡Escucha cómo está afilando el cuchillo para ello! El huésped oyó el afilado y se apresuró a bajar los escalones lo más rápido que pudo. Gretel no estaba ociosa; corrió gritando a su amo y gritó: '¡Has invitado a un buen invitado!' – ¿Por qué, Gretel? ¿Qué quieres decir con eso? —Sí —dijo ella—, ha cogido del plato los pollos que iba a servir, y se ha escapado con ellos. -¡Es un buen truco! -dijo su amo, y se lamentó de las gallinas finas. Si me hubiera dejado una, para que me quedara algo de comer. Le llamó para que se detuviera, pero el huésped fingió no escucharlo. Luego corrió tras él con el cuchillo todavía en la mano, gritando: "Solo uno, solo uno", queriendo decir que el huésped debía dejarle solo un pollo, y no tomar los dos. El huésped, sin embargo, no pensó otra cosa que en que iba a entregar una de sus orejas, y corrió como si el fuego ardiera debajo de él, para llevárselas a las dos.

THE OLD MAN AND HIS GRANDSON

Había una vez un hombre muy viejo, cuyos ojos se habían oscurecido, sus oídos embotados, sus rodillas temblaban, y cuando se sentaba a la mesa apenas podía sostener la cuchara, y derramaba el caldo sobre el mantel o dejaba que se le escapara de la boca. Su hijo y la esposa de su hijo se disgustaron por esto, por lo que el anciano abuelo finalmente tuvo que sentarse en un rincón detrás de la estufa, y le dieron su comida en un cuenco de barro, y ni siquiera lo suficiente. Y solía mirar hacia la mesa con los ojos llenos de lágrimas. Una vez, también, sus manos temblorosas no pudieron sostener el cuenco, y cayó al suelo y se rompió. La joven esposa lo regañó, pero él no dijo nada y solo suspiró. Luego le trajeron un cuenco de madera por unos pocos medios peniques, del que tuvo que comer.

Una vez estaban sentados así cuando el nietito de cuatro años comenzó a recoger algunos trozos de madera en el suelo. '¿Qué haces ahí?', preguntó el padre. "Estoy haciendo un pequeño abrevadero", respondió el niño, "para que papá y mamá coman cuando yo sea grande".

El hombre y su esposa se miraron durante un rato y pronto comenzaron a llorar. Entonces llevaron al anciano abuelo a la mesa, y a partir de entonces siempre le dejaron comer con ellos, y tampoco dijeron nada si derramaba un poco de algo.

EL PEQUEÑO CAMPESINO

Había una aldea en la que no vivía nadie más que campesinos realmente ricos, y sólo uno pobre, al que llamaban el campesino pequeño. Ni siquiera tenía una vaca, y menos aún dinero para comprarla, y sin embargo, él y su esposa deseaban tenerla. Un día le dijo: "Escucha, tengo una buena idea, ahí está nuestro chismoso el carpintero, nos hará un ternero de madera, y lo pintará de marrón, para que se parezca a cualquier otro, y con el tiempo seguramente se hará grande y será una vaca". A la mujer también le gustó la idea, y su chisme el carpintero cortó y cepilló el ternero, y lo pintó como debía ser, y lo hizo con la cabeza caída como si estuviera comiendo.

A la mañana siguiente, cuando estaban sacando las vacas, el campesino llamó al rebaño y dijo: "Miren, tengo un ternero allí, pero todavía es pequeño y hay que cargarlo". El pastor de vacas dijo: "Está bien", y lo tomó en sus brazos, lo llevó al pasto y lo puso entre la hierba. El becerro permanecía siempre de pie, como quien está comiendo, y el rebaño de vacas decía: «¡Pronto correrá solo, mira cómo come ya!» Por la noche, cuando iba a llevar el rebaño de nuevo a casa, le dijo al ternero: "Si puedes quedarte allí y comer hasta saciarte, también puedes ir sobre tus cuatro patas; No me importa arrastrarte a casa de nuevo en mis brazos. Pero el campesino se quedó a la puerta de su casa y esperó a su ternero, y cuando el rebaño las condujo por el pueblo y el ternero desapareció, preguntó dónde estaba. El rebaño de vacas respondió: "Todavía está ahí afuera comiendo. No se detendría y vendría con nosotros". Pero el campesino dijo: 'Oh, pero tengo que recuperar mi bestia'. Luego regresaron juntos al prado, pero alguien había robado el ternero y se había ido. El pastor de vacas dijo: "Debe haberse escapado". El campesino, sin embargo, dijo: "No me digas eso", y condujo el rebaño de vacas ante el alcalde, quien por su negligencia lo condenó a darle al campesino una vaca para el ternero que se había escapado.

Y ahora el pequeño campesino y su esposa tenían la vaca que habían deseado durante tanto tiempo, y se alegraron de todo corazón, pero no tenían alimento para ella y no podían darle nada de comer, por lo que pronto tuvieron que matarla. Salaron la carne, y el campesino entró en la ciudad y quiso vender allí la piel, para poder comprar un nuevo ternero con el producto. En el camino pasó junto a un molino, y allí estaba sentado un cuervo con las alas rotas, y por piedad lo tomó y lo envolvió en la piel. Pero como el tiempo se puso tan malo y hubo una tormenta de lluvia y viento, no pudo ir más lejos, y se volvió al molino y suplicó refugio. La mujer del molinero estaba sola en la casa, y le dijo al campesino: "Túmbate allí sobre la paja", y le dio una rebanada de pan y queso. El campesino se lo comió y se acostó con la piel a su lado, y la mujer pensó: "Está cansado y se ha dormido". Mientras tanto, llegó el párroco; La mujer del molinero lo recibió bien y le dijo: "Mi marido ha salido, así que vamos a hacer un banquete". El campesino escuchó, y cuando los oyó hablar de banquetes, se molestó de que se hubiera visto obligado a cambiar con una rebanada de pan y queso. Luego, la mujer sirvió cuatro cosas diferentes: carne asada, ensalada, pasteles y vino.

Justo cuando estaban a punto de sentarse a comer, se oyó un golpe fuera. La mujer dijo: '¡Oh, cielos! ¡Es mi marido! Rápidamente escondió la carne asada dentro de la estufa de azulejos, el vino debajo de la almohada, la ensalada en la cama, los pasteles debajo y el párroco en el armario del porche. Entonces le abrió la puerta a su marido y le dijo: "¡Gracias a Dios, has vuelto! Hay tal tormenta que parece que el mundo está llegando a su fin". El molinero vio al campesino acostado sobre la paja y preguntó: "¿Qué hace ese hombre allí?" -¡Ah! -dijo la mujer-, el pobre bribón llegó en medio de la tormenta y la lluvia, y suplicó refugio, así que le di un poco de pan y queso, y le mostré dónde estaba la paja. El hombre dijo: 'No tengo nada que objetar, pero date prisa y tráeme algo de comer'. La mujer dijo: 'Pero yo no tengo nada más que pan y queso'. "Me contento con cualquier cosa", respondió el marido, "en lo que a mí respecta, el pan y el queso son suficientes", y miró al campesino y dijo: "Ven a comer un poco más conmigo". El campesino no necesitó que lo invitaran dos veces, sino que se levantó y comió. Después de esto, el molinero vio la piel en la que estaba el cuervo, tirada en el suelo, y preguntó: "¿Qué tienes ahí?" El campesino respondió: "Tengo un adivino dentro". —¿Puede predecirme algo? —preguntó el molinero. -¿Por qué no? -respondió el labrador-, pero sólo dice cuatro cosas, y la quinta se la guarda para sí. El molinero sintió curiosidad y dijo: "Que prediga algo por una vez". Entonces el campesino pellizcó la cabeza del cuervo, de modo que graznó e hizo un ruido como krr, krr. El molinero dijo: '¿Qué dijo?' El campesino respondió: "En primer lugar, dice que hay algo de vino escondido debajo de la almohada". -¡Bendíceme! -exclamó el molinero, y fue allí a buscar el vino. —Ahora sigue —dijo—. El campesino hizo croar de nuevo al cuervo y dijo: "En segundo lugar, dice que hay algo de carne asada en la estufa de azulejos". -¡Te lo prometo! -exclamó el molinero, y fue allí a buscar la carne asada. El campesino hizo profetizar aún más al cuervo y dijo: "En tercer lugar, dice que hay un poco de ensalada en la cama". -¡Eso sería una cosa estupenda! -exclamó el molinero, y fue allí a buscar la ensalada. Por fin, el campesino volvió a pellizcar el cuervo hasta que graznó, y dijo: —En cuarto lugar, dice que hay unos pasteles debajo de la cama. -¡Eso sería una cosa estupenda! -exclamó el molinero, y miró allí y encontró los pasteles.

Y entonces los dos se sentaron juntos a la mesa, pero la mujer del molinero estaba muerta de miedo, se fue a la cama y se llevó todas las llaves. Al molinero le hubiera gustado mucho saber la quinta, pero el campesino dijo: "Primero, comeremos rápidamente las cuatro cosas, porque la quinta es algo malo". Así que comieron, y después de eso negociaron cuánto iba a dar el molinero por la quinta profecía, hasta que se pusieron de acuerdo en trescientos táleros. Entonces el campesino volvió a pellizcar la cabeza del cuervo hasta que graznó fuertemente. El molinero preguntó: '¿Qué dijo?' El campesino respondió: "Dice que el Diablo está escondido allá afuera, en el armario del porche". El molinero dijo: "El diablo tiene que salir", y abrió la puerta de la casa; Entonces la mujer se vio obligada a entregar las llaves y el campesino abrió el armario. El párroco salió corriendo lo más rápido que pudo, y el molinero dijo: 'Era verdad; Vi al bribón negro con mis propios ojos. El campesino, sin embargo, partió a la mañana siguiente al amanecer con los trescientos táleros.

En su casa, el pequeño campesino se lanzó poco a poco; Construyó una hermosa casa, y los campesinos dijeron: "El pequeño campesino ha estado ciertamente en el lugar donde cae la nieve dorada y la gente lleva el oro a casa en palas". Entonces el pequeño campesino fue llevado ante el alcalde y se le pidió que dijera de dónde provenía su riqueza. Él respondió: "Vendí mi piel de vaca en la ciudad, por trescientos tálares". Al oír esto, los campesinos también quisieron disfrutar de esta gran ganancia, y corrieron a casa, mataron todas sus vacas y les quitaron la piel para venderlas en la ciudad con el mayor beneficio. El alcalde, sin embargo, dijo: 'Pero mi siervo debe ir primero'. Cuando ella llegó al comerciante de la ciudad, él no le dio más que dos táleros por piel, y cuando llegaron los demás, no les dio tanto, y dijo: '¿Qué puedo hacer con todas estas pieles?'

Entonces los campesinos se sintieron molestos de que el pequeño campesino los hubiera burlado de esa manera, quisieron vengarse de él y lo acusaron de esta traición ante el alcalde. El inocente campesino fue condenado unánimemente a muerte, y debía ser arrojado al agua, en un barril lleno de agujeros. Lo sacaron y trajeron a un sacerdote que iba a decir una misa por su alma. Todos los demás se vieron obligados a retirarse a cierta distancia, y cuando el campesino miró al sacerdote, reconoció al hombre que había estado con la mujer del molinero. Le dijo: 'Te liberé del armario, me liberé del barril'. En ese mismo momento llegó, con un rebaño de ovejas, el mismo pastor que el campesino sabía que hacía mucho tiempo que deseaba ser alcalde, por lo que gritó con todas sus fuerzas: 'No, no lo haré; si todo el mundo insiste en ello, ¡no lo haré!' Al oír esto, el pastor se acercó a él y le preguntó: "¿Qué haces tú? ¿Qué es lo que no harás?'. El campesino dijo: "Quieren hacerme alcalde, si me meto en el barril, pero no lo haré". El pastor dijo: "Si no se necesita nada más que eso para ser alcalde, me metería en el barril de inmediato". El campesino le dijo: 'Si entras, serás alcalde'. El pastor quiso, y subió, y el campesino le cerró la capota; Luego tomó para sí el rebaño del pastor y lo ahuyentó. El párroco se acercó a la multitud y declaró que la misa había sido dicha. Luego vinieron y rodaron el barril hacia el agua. Cuando el barril comenzó a rodar, el pastor exclamó: "Estoy muy dispuesto a ser alcalde". No creyeron otra cosa que el de que era el campesino el que decía esto, y respondieron: "Eso es lo que pretendemos, pero primero mirarás a tu alrededor un poco más abajo", y bajaron el barril al agua.

Después de esto, los campesinos se fueron a sus casas, y cuando entraban en el pueblo, el pequeño campesino también entró silenciosamente, conduciendo un rebaño de ovejas y luciendo bastante contento. Entonces los campesinos se asombraron y dijeron: "Campesino, ¿de dónde vienes? ¿Has salido del agua? -Sí, en verdad -respondió el campesino-, me hundí profundamente, muy profundamente, hasta que por fin llegué al fondo; Empujé el fondo del barril y me arrastré hacia afuera, y había hermosos prados en los que se alimentaban varios corderos, y de allí me llevé este rebaño conmigo. Dijeron los campesinos: '¿Hay más allí?' —Oh, sí —dijo—, más de lo que yo podría desear. Entonces los campesinos decidieron que ellos también irían a buscar ovejas para ellos, un rebaño cada uno, pero el alcalde dijo: "Yo soy el primero". Así que fueron juntos al agua, y justo en ese momento aparecieron algunas de las pequeñas nubes de lana en el cielo azul, que se llaman corderitos, y se reflejaron en el agua, ante lo cual los campesinos gritaron: '¡Ya vemos las ovejas abajo!' El alcalde se adelantó y dijo: "Yo bajaré primero y miraré a mi alrededor, y si las cosas prometen bien, te llamaré". Así que saltó; ¡salpicar! se fue el agua; Sonó como si los estuviera llamando, y toda la multitud se lanzó tras él como un solo hombre. Entonces todo el pueblo murió, y el pequeño campesino, como único heredero, se convirtió en un hombre rico.

EL ANCIANO Y SU NIETO

FEDERICO Y CATALINA

Había una vez un hombre llamado Federico, que tenía una mujer que se llamaba Catalina, y no llevaban mucho tiempo casados. Un día dijo Frederick. —¡Kate! Voy a trabajar en el campo; cuando regrese tendré hambre, así que déjame que me cocinen algo rico y un buen trago de cerveza. —Muy bien —dijo ella—, todo estará listo. Cuando se acercó la hora de la cena, Catalina tomó un buen filete, que era toda la carne que tenía, y lo puso al fuego para freírlo. El bistec pronto comenzó a verse marrón y a crujir en la sartén; y Catalina se acercó con un tenedor y lo giró: entonces se dijo a sí misma: «El filete está casi listo, más vale que vaya a la bodega a por la cerveza». Así que dejó la sartén al fuego, tomó una jarra grande, entró en la bodega y golpeó el barril de cerveza. La cerveza entró en la jarra y Catherine se quedó mirando. Al final se le ocurrió que el perro no está callado, puede que se esté escapando con el filete; Eso está bien pensado'. Así que salió corriendo del sótano; Y, efectivamente, el bribón se había metido el filete en la boca y se lo llevaba.

Catalina echó a correr, y el perro corrió a través del campo, pero él corrió más deprisa que ella y se quedó pegado al filete. —Todo ha pasado, y "lo que no se puede curar hay que soportarlo", dijo Catherine. Así que se dio la vuelta; Y como había corrido un buen trecho y estaba cansada, caminó tranquilamente a su casa para refrescarse.

Ahora bien, durante todo este tiempo la cerveza también corría, porque Catalina no había girado el gallo; Y cuando la jarra estaba llena, el licor corría por el suelo hasta que el barril quedaba vacío. Cuando llegó a la escalera del sótano vio lo que había sucedido. -¡Estrellas mías! -dijo ella-, ¿qué voy a hacer para que Federico no vea todo esto que se desordena? Así que pensó un rato; Y, por último, recordó que en la última feria se había comprado un saco de buena comida, y que si lo esparcía por el suelo absorbería la cerveza muy bien. —¡Qué suerte —dijo ella— que nos hayamos quedado con esa comida! Ahora tenemos un buen uso para él'. De modo que fue a por ella, pero se las arregló para dejarla justo encima de la gran jarra llena de cerveza, y la volcó; Y así, toda la cerveza que se había salvado también se puso a nadar en el suelo. —¡Ah! Bueno -dijo ella-, cuando uno se va, es mejor que le siga otro. Luego esparció la comida por todo el sótano, y quedó muy satisfecha con su astucia, y dijo: '¡Qué limpio y ordenado se ve!'

Al mediodía Federico llegó a casa. —Y ahora, esposa —exclamó—, ¿qué quieres de cenar? -¡Oh Federico! -respondió ella-, te estaba cocinando un filete; pero mientras bajaba a sacar la cerveza, el perro se escapó con ella; y mientras corría tras él, se acabó la cerveza; y cuando fui a secar la cerveza con el saco de harina que conseguimos en la feria, volcé la jarra: ¡pero la bodega está ahora bastante seca, y parece tan limpia! —Kate, Kate —dijo—, ¿cómo has podido hacer todo esto? ¿Por qué dejaste freír el filete y correr la cerveza, y luego echarás a perder toda la comida? —Vaya, Federico —dijo ella—, yo no sabía que estaba haciendo mal; Tendrías que habérmelo dicho antes.

El marido pensó para sí mismo: "Si mi esposa maneja las cosas de esta manera, yo mismo debo parecer astuto". Ahora bien, tenía una gran cantidad de oro en la casa, así que le dijo a Catalina: "¡Qué bonitos botones amarillos son éstos! Los pondré en una caja y los enterraré en el jardín; pero ten cuidado de no acercarte a ellos ni meterte con ellos". —No, Frederick —dijo ella—, eso no lo haré nunca. Tan pronto como se fue, se acercaron unos buhoneros con platos y fuentes de barro, y le preguntaron si quería comprar. —Oh, querida mía, me gustaría mucho comprar, pero no tengo dinero: si tuvieras algún uso para los botones amarillos, podría arreglártelo. «¡Botones amarillos!», dijeron, «vamos a echarles un vistazo». Ve al jardín y cava donde te digo, y encontrarás los botones amarillos: yo no me atrevo a ir. Así que los pícaros se fueron, y cuando vieron lo que eran los botones amarillos, se los llevaron todos y le dejaron muchos platos y fuentes. Luego los puso a todos por la casa para un espectáculo, y cuando Frederick regresó, gritó: "Kate, ¿qué has estado haciendo?" -Mira -dijo ella-, he comprado todo esto con tus botones amarillos, pero no los he tocado yo misma; Los buhoneros fueron ellos mismos y los desenterraron. —Esposa, esposa —dijo Federico—, ¡qué hermosa obra has hecho! Esos botones amarillos eran todo mi dinero: ¿cómo llegaste a hacer tal cosa? 'Pues', respondió ella, 'no sabía que había algún daño en ello; Tendrías que habérmelo dicho.

Catalina se quedó pensativa un rato, y al fin dijo a su marido: -Oye, Federico, pronto recuperaremos el oro: corramos tras los ladrones. - Pues lo intentaremos -respondió él-; Pero llévate un poco de mantequilla y queso, para que comamos algo de paso. -Muy bien -dijo ella-; Y como Federico caminaba más deprisa, dejó a su mujer un poco atrás. «No importa», pensó ella, «cuando volvamos, yo estaré mucho más cerca de casa que él».

De pronto llegó a la cima de una colina, por cuya ladera había un camino tan estrecho que las ruedas de los carros siempre rozaban los árboles a ambos lados al pasar. -¡Ah!, mira ahora -dijo ella- cómo han magullado y herido a esos pobres árboles; nunca se van a curar'. Así que se compadeció de ellos y aprovechó la mantequilla para engrasarlos a todos, para que las ruedas no les hicieran tanto daño. Mientras hacía esta amable oficina, uno de sus quesos se cayó de la cesta y rodó colina abajo. Catalina miró, pero no pudo ver adónde había ido; así que ella dijo: 'Bueno, supongo que el otro irá por el mismo camino y te encontrará; tiene las piernas más jóvenes que yo. Luego enrolló el otro queso detrás; Y se fue, nadie sabe dónde, colina abajo. Pero ella dijo que suponía que conocían el camino y la seguirían, y que no podía quedarse allí todo el día esperándolos.

Al fin alcanzó a Federico, que le pedía que le diera de comer. Luego le dio el pan seco. —¿Dónde están la mantequilla y el queso? — preguntó. -¡Oh! -respondió ella-, he usado la mantequilla para engrasar esos pobres árboles que tanto rozaban las ruedas, y uno de los quesos se escapó, así que envié al otro tras él para que lo buscara, y supongo que los dos están juntos en el camino en alguna parte. -¡Qué ganso eres para hacer semejantes tonterías! -exclamó el marido-. - ¿Cómo puedes decir eso? -dijo ella-. Estoy seguro de que nunca me dijiste que no.

Comieron juntos el pan seco; y Frederick dijo: 'Kate, espero que hayas cerrado la puerta con llave cuando te hayas ido'. —No —respondió ella—, no me lo dijiste. —Entonces vete a tu casa, y hazlo ahora antes de que vayamos más lejos —dijo Federico—, y trae contigo algo de comer.

Catalina hizo lo que él le dijo, y a paso pensó para sí misma: «Federico quiere algo de comer; pero no creo que sea muy aficionado a la mantequilla y al queso: le llevaré una bolsa de nueces finas y el vinagre, porque a menudo le he visto tomar un poco.

Cuando llegó a casa, echó el cerrojo a la puerta trasera, pero a la puerta principal le quitó las bisagras y dijo: "Frederick me dijo que cerrara la puerta con llave, pero seguramente en ningún lugar puede ser tan segura si la llevo conmigo". Así que, por cierto, se tomó su tiempo; y cuando alcanzó a su marido, gritó: 'Ahí, Federico, ahí está la puerta misma, puedes vigilarla con todo el cuidado que quieras'. —¡Ay! ¡Ay! -exclamó-, ¡qué esposa tan inteligente tengo! Yo te envié a hacer la casa, y tú quitas la puerta, para que cada uno entre y salga como quiera, pero como has traído la puerta, la llevarás contigo para tus dolores. -Muy bien -respondió ella-, yo llevaré la puerta; pero no llevaré también la botella de nueces y vinagre, eso sería una carga demasiado pesada; así que, si quieres, los amarraré a la puerta.

Federico, por supuesto, no puso ninguna objeción a ese plan, y se adentraron en el bosque para buscar a los ladrones; Pero no los encontraron, y cuando oscureció, se subieron a un árbol para pasar allí la noche. Apenas se habían levantado, cuando no eran los mismos pícaros que buscaban. Eran, en verdad, grandes bribones, y pertenecían a esa clase de gente que encuentra las cosas antes de que se pierdan; Estaban cansados; así que se sentaron y encendieron una hoguera debajo del árbol donde estaban Federico y Catalina. Frederick se deslizó hacia el otro lado y recogió algunas piedras. Entonces volvió a subir y trató de golpear a los ladrones en la cabeza con ellos, pero ellos se limitaron a decir: "Debe ser casi de mañana, porque el viento sacude los manzanos de abeto".

Catalina, que tenía la puerta al hombro, empezó a estar muy cansada; pero ella pensó que eran las nueces las que estaban en él las que eran tan pesadas, así que dijo en voz baja: 'Frederick, tengo que soltar las nueces'. —No —respondió él—, ahora no, nos descubrirán. – No puedo evitarlo: tienen que irse. —Bien, entonces, date prisa y échalos abajo, si quieres. Entonces las nueces repiquetearon entre las ramas, y uno de los ladrones gritó: "¡Bendíceme, es granizo!"

Poco después, Catalina pensó que la puerta seguía siendo muy pesada, así que le susurró a Federico: «Tengo que tirar el vinagre». —Te ruego que no lo hagas —respondió él—, nos descubrirá. —No puedo evitarlo

—dijo ella—, tiene que irse. Así que vertió todo el vinagre; Y los ladrones dijeron: "¡Qué rocío tan pesado hay!"

Por fin, a Catherine se le ocurrió que era la puerta misma la que estaba tan pesada todo el tiempo, así que susurró: «Frederick, tengo que tirar la puerta abajo, pronto». Pero él le rogó y le rogó que no lo hiciera, porque estaba seguro de que los traicionaría. -Pero ahí va -dijo ella. Y la puerta bajó con tal estrépito sobre los ladrones, que gritaron: «¡Asesinato!», y, sin saber lo que venía, huyeron lo más rápido que pudieron y dejaron todo el oro. Así que cuando Federico y Catalina bajaron, allí encontraron todo su dinero sano y salvo.

QUERIDO ROLAND

Érase una vez una mujer que era una bruja de verdad y tenía dos hijas, una fea y malvada, y a esta la amaba porque era su propia hija, y a otra hermosa y buena, y a esta la odiaba, porque era su hijastra. La hijastra tenía una vez un bonito delantal, que a la otra le gustó tanto que le dio envidia, y le dijo a su madre que debía tener y tendría ese delantal. -Cállate, hija mía -dijo la anciana-, y lo tendrás. Tu hermanastra ha merecido la muerte durante mucho tiempo; Esta noche, cuando ella esté dormida, vendré y le cortaré la cabeza. Solo ten cuidado de estar en el otro lado de la cama y empújala bien hacia el frente. Todo habría terminado para la pobre muchacha si no hubiera estado en un rincón y lo hubiera oído todo. Durante todo el día no se atrevió a salir a la calle, y cuando llegó la hora de acostarse, la hija de la bruja se metió primero en la cama para acostarse al otro lado, pero cuando estaba dormida, la otra la empujó suavemente hacia el frente y tomó para sí el lugar del fondo, cerca de la pared. Por la noche, la anciana entró arrastrándose, sostenía un hacha en la mano derecha y palpó con la izquierda para ver si había alguien acostado en el exterior, y luego agarró el hacha con ambas manos y le cortó la cabeza a su propio hijo.

Cuando se hubo marchado, la muchacha se levantó y fue a ver a su amado, que se llamaba Roland, y llamó a su puerta. Cuando salió, ella le dijo: "Escucha, querido Roldán, tenemos que huir a toda prisa; Mi madrastra quería matarme, pero ha golpeado a su propio hijo. Cuando llegue la luz del día y ella vea lo que ha hecho, estaremos perdidos. —Pero —dijo Roland—, te aconsejo que primero le quites su varita mágica, o no podremos escapar si ella nos persigue. La doncella fue a buscar la varita mágica, tomó la cabeza de la niña muerta y dejó caer tres gotas de sangre en el suelo, una frente a la cama, otra en la cocina y otra en las escaleras. Luego se apresuró a irse con su amante.

Cuando la vieja bruja se levantó a la mañana siguiente, llamó a su hija y quiso darle el delantal, pero no acudió. Entonces la bruja gritó: '¿Dónde estás?' —Aquí, en la escalera, estoy barriendo —respondió la primera gota de sangre—. La anciana salió, pero no vio a nadie en la escalera, y volvió a gritar: "¿Dónde estás?" —Aquí, en la cocina, me estoy calentando —exclamó la segunda gota de sangre—. Entró en la cocina, pero no encontró a nadie. Entonces volvió a gritar: '¿Dónde estás?' —Ah, aquí, en la cama, estoy durmiendo —exclamó la tercera gota de sangre—. Entró en la habitación hasta la cama. ¿Qué vio allí? Su propio hijo, a quien le había cortado la cabeza, se bañó en su sangre. La bruja se enfureció, saltó a la ventana y, como podía mirar muy lejos en el mundo, vio a su hijastra alejarse apresuradamente con su amado Roland. —Eso no te servirá de nada —exclamó ella—, aunque te hayas alejado mucho, no escaparás de mí. Se calzó sus botas de muchas leguas, con las que recorría una hora de caminata a cada paso, y no tardó mucho en alcanzarlas. La muchacha, sin embargo, cuando vio a la anciana que se dirigía hacia ella, se transformó, con su varita mágica, a su amado Roland en un lago, y ella misma en un pato que nadaba en medio de él. La bruja se colocó en la orilla, arrojó migas de pan y se tomó la molestia de seducir al pato; Pero el pato no se dejó seducir, y la vieja tuvo que volver a su casa por la noche, como había venido. Al oír esto, la muchacha y su amado Roland recobraron sus formas naturales, y caminaron toda la noche hasta el amanecer. Entonces la doncella se transformó en una hermosa flor que se alzaba en medio de un seto de brezos, y su amado Roland en un violinista. No pasó mucho tiempo antes de que la bruja se acercara a ellos y le dijera al músico: "Querido músico, ¿puedo arrancar esa hermosa flor para mí?" 'Oh, sí', respondió, 'te tocaré mientras lo haces'. Como ella se arrastraba apresuradamente hacia el seto y se disponía a arrancar la flor, sabiendo perfectamente quién era la flor, él se puso a jugar, y lo quisiera o no, se vio obligada a bailar, porque era una danza mágica. Cuanto más rápido jugaba, más violentos saltos se veía obligada a dar, y las espinas le arrancaban las ropas del cuerpo, la pinchaban y la herían hasta sangrar, y como él no paraba, tenía que bailar hasta quedar muerta en el suelo.

Al ser puestos en libertad, Roldán dijo: "Ahora iré a ver a mi padre y organizaré la boda". —Entonces, mientras tanto, me quedaré aquí y te esperaré —dijo la muchacha—, y para que nadie me reconozca, me convertiré en un de piedra roja. Entonces Roland se marchó, y la muchacha se quedó como un hito rojo en el campo y esperó a su amado. Pero cuando Roland llegó a casa, cayó en las trampas de otro, que le fascinó tanto que olvidó a la doncella. La pobre muchacha permaneció allí mucho tiempo, pero al fin, como él no volvía en absoluto, se entristeció, se transformó en una flor y pensó: "Seguro que alguien vendrá por aquí y me pisoteará".

Sin embargo, sucedió que un pastor guardaba sus ovejas en el campo y vio la flor, y como era tan hermosa, la arrancó, la llevó consigo y la guardó en su pecho. A partir de ese momento, sucedieron cosas extrañas en la casa del pastor. Cuando se levantó por la mañana, todo el trabajo ya estaba hecho, se barrió la habitación, se limpiaron la mesa y los bancos, se encendió el fuego de la chimenea y se trajo el agua, y al mediodía, cuando llegó a casa, la mesa estaba puesta y se servía una buena cena. No podía concebir cómo había sucedido esto, porque nunca había visto a un ser humano en su casa, y nadie podría haberse ocultado en ella. Ciertamente estaba complacido con esta buena asistencia, pero al final estaba tan asustado que fue a ver a una mujer sabia y le pidió consejo. La mujer sabia dijo: "Hay algún encanto detrás de esto, escucha muy temprano una mañana si algo se está moviendo en la habitación, y si ves algo, no importa lo que sea, échale un paño blanco, y entonces la magia se detendrá".

El pastor hizo lo que ella le ordenó, y a la mañana siguiente, al amanecer, vio que se abría el cofre y salía la flor. Saltó rápidamente hacia ella y le echó un paño blanco. Al instante la transformación llegó a su fin, y una hermosa muchacha se presentó ante él, quien le admitió que ella había sido la flor, y que hasta ese momento se había ocupado de sus tareas domésticas. Ella le contó su historia, y como le agradó, él le preguntó si quería casarse con él, pero ella respondió: "No", porque quería permanecer fiel a su amado Roland, aunque él la hubiera abandonado. Sin embargo, ella prometió no irse, sino seguir cuidando la casa para el pastor.

Y ahora se acercaba el momento en que se iba a celebrar la boda de Roland, y entonces, según una antigua costumbre en el país, se anunció que todas las muchachas iban a estar presentes y cantar en honor de la pareja nupcial. Cuando la fiel doncella se enteró de esto, se puso tan triste que pensó que se le rompería el corazón y no quiso ir allí, pero las otras niñas vinieron y se la llevaron. Cuando le tocó cantar, dio un paso atrás, hasta que por fin fue la única que quedó, y entonces no pudo negarse. Pero cuando ella comenzó su canción, y llegó a los oídos de Roland, él se levantó de un salto y exclamó:

'¡Conozco la voz, esa es la verdadera novia, no tendré otra!' Todo lo que había olvidado y que se había desvanecido de su mente, de repente había vuelto a su corazón. Entonces la fiel doncella celebró su boda con su amado Roldán, y el dolor llegó a su fin y comenzó la alegría.

CAMPANA DE FEBRERO

Era pleno invierno, cuando caían los amplios copos de nieve, cuando la reina de un país a miles de millas de distancia se sentó a trabajar en su ventana. El marco de la ventana era de ébano negro y fino, y mientras estaba sentada mirando la nieve, se pinchó el dedo y tres gotas de sangre cayeron sobre él. Luego miró pensativamente las gotas rojas que salpicaban la nieve blanca, y dijo: "¡Ojalá que mi hijita fuera tan blanca como esa nieve, tan roja como esa sangre y tan negra como el marco de esta ventana de ébano!" Y así la niña realmente creció; Su piel era blanca como la nieve, sus mejillas sonrosadas como la sangre y su cabello negro como el ébano; y se llamaba Campanilla de Invierno.

Pero esta reina murió; Y el rey se casó pronto con otra mujer, que llegó a ser reina, y era muy hermosa, pero tan vanidosa que ella no podía soportar pensar que alguien pudiera ser más guapo que ella. Tenía un espejo de hadas, al que solía ir, y luego se miraba en él y decía:

—¡Dime, vidrio, dime la verdad!

De todas las damas de la tierra,

¿Quién es el más hermoso, dime, quién?

Y el vaso siempre había respondido:

Tú, reina, eres la más hermosa de toda la tierra.

Pero Campanilla de Invierno se volvió cada vez más hermosa; Y a los siete años era tan brillante como el día, y más hermosa que la misma reina. Entonces el espejo respondió un día a la reina, cuando fue a mirarlo como de costumbre:

Tú, reina, hermosa y hermosa de ver,

¡Pero Campanilla de Invierno es más hermosa que tú!

Al oír esto, palideció de rabia y de envidia, y llamó a uno de sus criados y le dijo: "Llévate a Campanilla de Invierno al ancho bosque, para que no la vuelva a ver". Entonces el criado se la llevó; pero su corazón se derritió cuando Campanilla de Invierno le rogó que le perdonara la vida, y él dijo: 'No te haré daño, niña linda'. Así que la dejó sola; Y aunque pensó que lo más probable era que las bestias salvajes la hicieran pedazos, sintió como si se le quitara un gran peso de encima cuando se decidió a no matarla, sino a abandonarla a su suerte, con la posibilidad de que alguien la encontrara y la salvara.

Entonces la pobre Campanilla de Invierno vagó por el bosque con gran miedo; Y las bestias salvajes rugían a su alrededor, pero ninguna le hacía daño. Al anochecer llegó a una cabaña entre las colinas y se fue a descansar, porque sus pequeños pies no la llevaban más lejos. En la cabaña todo era elegante y pulcro: sobre la mesa había un mantel blanco, y había siete platos, siete panes y siete vasos con vino; y siete cuchillos y tenedores dispuestos en orden; y junto a la pared había siete lechitas. Como tenía mucha hambre, cogió un pedacito de cada pan y bebió un poquito de vino de cada copa; Y después de eso pensó que se acostaría y descansaría. Así que probó todas las camitas; Pero uno era demasiado largo y otro demasiado corto, hasta que al fin el séptimo le convenía, y allí se acostó y se durmió.

Poco a poco llegaron los dueños de la cabaña. Eran siete enanitos que vivían entre las montañas, cavando y buscando oro. Encendieron sus siete lámparas y vieron al instante que no todo estaba bien. El primero dijo: '¿Quién se ha sentado en mi taburete?' El segundo, '¿Quién ha estado comiendo de mi plato?' La tercera: '¿Quién ha estado recogiendo mi pan?' La cuarta: '¿Quién se ha entrometido con mi cuchara?' La quinta, '¿Quién ha estado manejando mi tenedor?' El sexto: '¿Quién ha estado cortando con mi cuchillo?' La séptima: '¿Quién ha bebido mi vino?' Entonces el primero miró a su alrededor y dijo: "¿Quién se ha acostado en mi cama?" Y los demás corrieron hacia él, y todos gritaban que alguien había estado en su cama. Pero el séptimo vio a Campanilla de Invierno, y llamó a todos sus hermanos para que vinieran a verla; y ellos gritaron de asombro y asombro, y trajeron sus lámparas para mirarla, y dijeron: '¡Dios mío! ¡Qué niña tan encantadora es! Y se alegraron mucho de verla, y se cuidaron de no despertarla; Y el séptimo enano durmió una hora con cada uno de los otros enanos por turno, hasta que se fue la noche.

Por la mañana, Blancanieves les contó toda su historia; Y se compadecieron de ella, y dijeron que si ella mantenía todas las cosas en orden, y cocinaba y lavaba y tejía para ellos, podría quedarse donde estaba, y ellos la cuidarían bien. Y salían todo el día a su trabajo, buscando oro y plata en los montes, pero Campanilla de Invierno se quedó en casa; Y le advirtieron, y le dijeron: "La reina pronto sabrá dónde estás, así que ten cuidado y no dejes entrar a nadie".

Pero la reina, ahora que creía que Campanilla de Invierno estaba muerta, creyó que debía ser la dama más hermosa de la tierra; Y se acercó a su vaso y dijo:

—¡Dime, vidrio, dime la verdad!

De todas las damas de la tierra,

¿Quién es el más hermoso, dime, quién?

Y el vaso respondió:

"Tú, reina, eres la más hermosa de toda esta tierra;

Pero sobre las colinas, a la sombra del verde,

Donde los siete enanos han hecho su morada,

Allí Campanilla de Invierno esconde la cabeza; Y ella

¡Es más hermoso lejos, oh reina! que tú'.

Entonces la reina se asustó mucho; porque sabía que el espejo siempre decía la verdad, y estaba segura de que el criado la había traicionado. Y no podía soportar la idea de que viviera alguien más hermoso que ella; Así que se vistió como un viejo buhonero y se fue por las colinas hasta el lugar donde vivían los enanos. Entonces llamó a la puerta y exclamó: "¡Buena mercancía para vender!" Campanilla de Invierno miró por la ventana y dijo: —¡Buenos días, buena mujer! ¿Qué tienes que vender?'. -Buenas mercancías, buenas mercancías -dijo ella-; 'Cordones y bolillos de todos los colores'. —Dejaré entrar a la anciana; parece ser un cuerpo muy bueno «pensó Blancanieves, mientras bajaba corriendo y abría la puerta-. -¡Bendito sea! -dijo la vieja-, ¡qué mal están tus estancias! Déjame atártelos con uno de mis bonitos cordones nuevos. Campanilla de Invierno no soñaba con ninguna travesura; De modo que se detuvo delante de la anciana; pero se puso a trabajar con tanta agilidad, y tiró del cordón tan apretado, que la respiración de Campanilla de Invierno se detuvo, y cayó como si estuviera muerta. —Se acaba toda tu belleza —dijo la rencorosa reina, y se fue a su casa.

Al anochecer, los siete enanitos regresaron a casa; y no hace falta que diga cuánto se entristecieron al ver a su fiel Campanilla de Invierno tendida en el suelo, como si estuviera completamente muerta. Sin embargo, la levantaron, y cuando encontraron lo que la afligía, cortaron el cordón; Y al poco tiempo empezó a respirar, y muy pronto volvió a la vida. Entonces dijeron: "La vieja era la reina misma; Cuídate otra vez, y no dejes entrar a nadie cuando no estemos.

Cuando la reina llegó a casa, se dirigió directamente a su vaso y le habló como antes; pero, con gran pesar de ella, todavía decía:

"Tú, reina, eres la más hermosa de toda esta tierra;

Pero sobre las colinas, a la sombra del verde,

Donde los siete enanos han hecho su morada,

Allí Campanilla de Invierno esconde la cabeza; Y ella

¡Es más hermoso lejos, oh reina! que tú'.

Entonces la sangre se le heló en el corazón de rencor y malicia, al ver que Campanilla de Invierno aún vivía; Y se vistió de nuevo, pero con un vestido muy diferente del que llevaba antes, y se llevó un peine envenenado. Cuando llegó a la cabaña de los enanos, llamó a la puerta y gritó: «¡Buena mercancía para vender!» Pero Campanilla de Invierno dijo: 'No me atrevo a dejar entrar a nadie'. Entonces la reina le dijo: «¡Mira mis hermosos peines!», y le dio el envenenado. Y se veía tan bonito, que lo tomó y se lo metió en el pelo para probarlo; Pero en el momento en que tocó su cabeza, el veneno fue tan poderoso que cayó sin sentido. —Allí puedes quedarte —dijo la reina, y se fue—. Pero, por suerte, los enanos llegaron muy temprano esa noche; y cuando vieron a Campanilla de Invierno tirada en el suelo, pensaron lo que había sucedido, y pronto encontraron el peine envenenado. Y cuando se la quitaron, ella sanó, y les contó todo lo que había pasado; Y le advirtieron una vez más que no abriera la puerta a nadie.

Mientras tanto, la reina se fue a su casa con su vaso, y tembló de rabia al leer la misma respuesta que antes; y ella dijo: 'Campanilla de invierno morirá, aunque me cueste la vida'. Así que se fue sola a su aposento y preparó una manzana envenenada: el exterior parecía muy rosado y tentador, pero quien la probara estaba seguro de morir. Luego se vistió como la mujer de un campesino, y cruzó las colinas hasta la cabaña de los enanos, y llamó a la puerta; pero Campanilla de Invierno asomó la cabeza por la ventana y dijo: -No me atrevo a dejar entrar a nadie, porque los enanos no me lo han dicho. -Haz lo que quieras -dijo la vieja-, pero al menos llévate esta hermosa manzana; Te lo daré'. —No —dijo Campanilla de Invierno—, no me atrevo a tomarlo. -¡Tonta! -respondió la otra-, ¿de qué tienes miedo? ¿Crees que está envenenado? ¡Venirse! tú comes una parte, y yo comeré la otra'. Ahora bien, la manzana estaba hecha de tal manera que un lado era bueno, aunque el otro lado estaba envenenado. Entonces Campanilla de Invierno se sintió muy tentada de probar, porque la manzana se veía muy bonita; Y cuando vio a la vieja comer, no pudo esperar más. Pero apenas se había metido el pedazo en la boca, cuando cayó muerta al suelo. -Esta vez nada te salvará -dijo la reina-; Y se fue a su casa a su vaso, y al fin dijo:

—Tú, reina, eres la más bella de todas las bellas.

Y entonces su corazón malvado se alegró, y tan feliz como podía serlo un corazón así.

Cuando llegó la noche y los enanos se fueron a casa, encontraron a Campanilla de Invierno tendida en el suelo: no salía aliento de sus labios, y temían que estuviera completamente muerta. La levantaron, le peinaron el cabello y le lavaron la cara con vino y agua; Pero todo fue en vano, porque la niña parecía muerta. Así que la acostaron sobre un féretro, y los siete la velaron y lloraron tres días enteros; y entonces pensaron que la iban a enterrar: pero sus mejillas seguían sonrosadas; y su rostro se veía igual que cuando estaba viva; Y ellos dijeron: "No la enterraremos en la tierra fría". Hicieron un cofre de cristal para poder mirarla todavía, y escribieron en él con letras de oro cómo se llamaba, y que era hija de un rey. Y el ataúd fue colocado entre las colinas, y uno de los enanos siempre se sentaba junto a él y miraba. Y vinieron también las aves del cielo, y se lamentaron Campanilla de Invierno; Y primero vino una lechuza, luego un cuervo, y por último una paloma, y se sentó a su lado.

Y así, Campanilla de Invierno permaneció tendida durante mucho, mucho tiempo, y todavía parecía estar dormida; porque ya era blanca como la nieve, y roja como la sangre, y negra como el ébano. Por fin, un príncipe llegó y llamó a la casa de los enanos; y vio Campanilla de Invierno, y leyó lo que estaba escrito en letras de oro. Entonces ofreció dinero a los enanos, y oró y les rogó que le permitieran llevársela; pero ellos dijeron: "No nos desprenderemos de ella por todo el oro del mundo". Al fin, sin embargo, se compadecieron de él y le entregaron el ataúd; pero en el momento en que la levantó para llevársela a casa, el pedazo de manzana cayó de entre sus labios, y Blancanieves se despertó y dijo: «¿Dónde estoy?» Y el príncipe le dijo: "Conmigo estás muy a salvo".

Entonces él le contó todo lo que había sucedido, y le dijo: 'Te amo mucho más que a todo el mundo; Ven, pues, conmigo al palacio de mi padre, y serás mi mujer. Y Campanilla de Invierno consintió, y se fue a su casa con el príncipe; y todo quedó preparado con gran pompa y esplendor para su boda.

Al festín se le invitó, entre los demás, a la antigua enemiga de Campanilla de Invierno, la reina; Y mientras se vestía con ropas finas y ricas, miró en el espejo y dijo:

—¡Dime, vidrio, dime la verdad!

De todas las damas de la tierra,

¿Quién es el más hermoso, dime, quién?

Y el vaso respondió:

-Tú, señora, eres la más hermosa aquí, me deseo;

Pero mucho más hermosa es la nueva reina.

Al oír esto, se puso furiosa; Pero su envidia y curiosidad eran tan grandes, que no pudo menos de salir a ver a la novia. Y cuando llegó allí, y vio que no era otra que Campanilla de Invierno, que, según ella pensaba, había estado muerta mucho tiempo, se ahogó de rabia, y cayó y murió: pero Campanilla de Invierno y el príncipe vivieron y reinaron felices sobre esa tierra muchos, muchos años; y a veces subían a las montañas y visitaban a los enanitos, que habían sido tan amables con Campanilla en su momento de necesidad.

EL ROSA

Érase una vez una reina a la que Dios no le había dado hijos. Todas las mañanas salía al jardín y rezaba a Dios en el cielo para que le concediera un hijo o una hija. Entonces un ángel del cielo se le acercó y le dijo: "Descansa, tendrás un hijo con el poder de desear, de modo que todo lo que él quiera, eso lo tendrá". Entonces ella fue a ver al rey y le contó la buena nueva, y cuando llegó el momento, dio a luz un hijo, y el rey se llenó de alegría.

Todas las mañanas iba con el niño al jardín donde se guardaban las bestias salvajes, y allí se lavaba en un arroyo claro. Sucedió una vez, cuando la niña era un poco mayor, que estaba acostada en sus brazos y se quedó dormida. Entonces llegó el viejo cocinero, que sabía que el niño tenía el poder de desear, y se lo robó, y tomó una gallina, la cortó en pedazos y dejó caer un poco de su sangre en el delantal de la reina y en su vestido. Luego se llevó al niño a un lugar secreto, donde una nodriza estaba obligada a amamantarlo, y corrió hacia el rey y acusó a la reina de haber permitido que las bestias salvajes le arrebataran a su hijo. Cuando el rey vio la sangre en su delantal, lo creyó, cayó en tal pasión que ordenó que se construyera una torre alta, en la que no se podía ver ni el sol ni la luna, e hizo que su esposa fuera puesta en ella, y tapiada. Allí permanecería siete años sin comer ni beber, y moriría de hambre. Pero Dios envió dos ángeles del cielo en forma de palomas blancas, que volaban hacia ella dos veces al día, y llevaban su alimento hasta que se cumplieron los siete años.

El cocinero, sin embargo, pensó para sí mismo: "Si el niño tiene el poder de desear, y yo estoy aquí, podría muy fácilmente meterme en problemas". Así que salió del palacio y se acercó al muchacho, que ya era lo suficientemente grande como para hablar, y le dijo: "Desea un hermoso palacio para ti con jardín, y todo lo que le pertenece". Apenas habían salido las palabras de la boca del muchacho, cuando allí estaba todo lo que había deseado. Al cabo de un rato el cocinero le dijo: "No es bueno que estés tan solo, desea una chica bonita como compañera". Entonces el hijo del rey deseó una, y ella se presentó inmediatamente ante él, y era más hermosa de lo que cualquier pintor podría haberla pintado. Los dos jugaron juntos y se amaron con todo su corazón, y el viejo cocinero salió a cazar como un noble. Sin embargo, se le ocurrió la idea de que el hijo del rey podría desear algún día estar con su padre, y así ponerlo en gran peligro. Salió, tomó aparte a la muchacha y le dijo: "Esta noche, cuando el muchacho esté dormido, ve a su cama y céntale este cuchillo en el corazón, y tráeme su corazón y su lengua, y si no lo haces, perderás la vida". Entonces él se marchó, y cuando volvió al día siguiente, ella no lo había hecho, y dijo: «¿Por qué he de derramar la sangre de un niño inocente que nunca ha hecho daño a nadie?» El cocinero dijo una vez más: "Si no lo haces, te costará la vida". Cuando él se fue, ella mandó que le trajeran una cierva y ordenó que la mataran, y tomó su corazón y su lengua, y los puso en un plato, y cuando vio venir al anciano, le dijo al niño: "Acuéstate en tu cama y cúbrete con la ropa". Entonces entró el malvado y dijo: '¿Dónde están el corazón y la lengua del muchacho?' La muchacha se acercó al plato, pero el hijo del rey tiró la colcha y le dijo: "Viejo pecador, ¿por qué querías matarme? Ahora pronunciaré tu sentencia. Te convertirás en un caniche negro y tendrás un collar de oro alrededor de tu cuello, y comerás brasas ardientes, hasta que las llamas broten de tu garganta. Y cuando hubo dicho estas palabras, el viejo se transformó en un perro caniche, y se le colocó un collar de oro alrededor del cuello, y se ordenó a los cocineros que trajeran algunas brasas, y las comió, hasta que las llamas brotaron de su garganta. El hijo del rey permaneció allí poco tiempo más, y pensó en su madre, y se preguntó si aún estaría viva. Al fin le dijo a la doncella: "Me iré a mi tierra; si quieres ir conmigo, yo te proveeré'. —Ah —respondió ella—, el camino es tan largo, ¿y qué haré yo en una tierra extraña donde soy desconocida? Como ella no parecía muy dispuesta, y como no podían separarse el uno del otro, deseó que ella se transformara en un hermoso color rosa, y se la llevó consigo. Luego se fue a su país, y el caniche tuvo que correr tras él. Se acercó a la torre en la que estaba encerrada su madre y, como era tan alta, deseó una escalera que llegara hasta la cima. Entonces montó, miró dentro y exclamó: "Querida madre, señora reina, ¿sigues viva o estás muerta?" Ella respondió: 'Acabo de comer, y todavía estoy satisfecha', porque pensó que los ángeles estaban allí. Dijo: 'Soy tu querido hijo, a quien se decía que las bestias salvajes habían arrancado de tus brazos; pero yo sigo vivo, y pronto os haré libres. Luego descendió de nuevo, fue a ver a su padre, se hizo anunciar como un cazador extraño y le preguntó si podía ofrecerle un servicio. El rey dijo que sí, que si era hábil y podía conseguirle caza, que acudiera a él, pero que el ciervo nunca se había alojado en ninguna parte del distrito o del país. Entonces el cazador prometió procurarle toda la caza que pudiera usar en la mesa real. Entonces convocó a todos los cazadores y les ordenó que salieran con él al bosque. Y fue con ellos y les hizo formar un gran círculo, abierto en un extremo donde él se había colocado, y comenzó a desear. Doscientos ciervos y más entraron corriendo en el círculo a la vez, y los cazadores les dispararon. Luego los colocaron a todos en sesenta carros rurales y los llevaron a casa del rey, y por una vez pudo adornar su mesa con caza, después de no haber tenido nada en años sin tenerla.

El rey se llenó de alegría al oír esto, y mandó que al día siguiente comiera con él toda su casa, e hizo un gran banquete. Cuando todos estuvieron reunidos, le dijo al cazador: "Como eres tan astuto, te sentarás a mi lado". Él respondió: "Señor Rey, Su Majestad debe disculparme, soy un pobre cazador". Pero el rey insistió en ello, y dijo: 'Te sentarás a mi lado', hasta que lo hizo. Mientras estaba allí sentado, pensó en su querida madre, y deseó que uno de los principales sirvientes del rey empezara a hablar de ella y le preguntara cómo le iba a la reina en la torre, y si aún estaba viva o había perecido. Apenas hubo formulado el deseo, cuando el mariscal comenzó a decir: "Majestad, aquí vivimos alegres, pero ¿cómo vive la reina en la torre? ¿Sigue viva o ha muerto? Pero el rey respondió: 'Dejó que mi querido hijo fuera despedazado por las bestias salvajes; No quiero que la nombren. Entonces el cazador se levantó y dijo: "Bondadoso señor padre, ella aún vive, y yo soy su hijo, y no me dejé llevar por las bestias salvajes, sino por ese miserable que la vieja cocinera, que me arrancó de sus brazos cuando estaba dormida, y roció su delantal con la sangre de una gallina". Entonces tomó al perro con el collar de oro y dijo: '¡Ese es el desgraciado!' e hizo que trajeran brasas encendidas, y el perro se vio obligado a devorarlas a la vista de todos, hasta que las llamas brotaron de su garganta. Al oír esto, el cazador preguntó al rey si le gustaría ver al perro en su verdadera forma, y le deseó que volviera a la forma de cocinero, en la que se puso de pie inmediatamente, con su delantal blanco y su cuchillo a su lado. Cuando el rey lo vio, cayó en una pasión y ordenó que lo arrojaran al calabozo más profundo. Entonces el cazador siguió hablando y dijo: "Padre, ¿quieres ver a la doncella que me crió con tanta ternura y que después iba a matarme, pero no lo hizo, aunque su propia vida dependía de ello?" El rey respondió: 'Sí, me gustaría verla'. El hijo dijo: "Padre misericordioso, te la mostraré en forma de una hermosa flor", y metió la mano en su bolsillo y sacó la rosa, y la colocó sobre la mesa real, y era tan hermosa que el rey nunca había visto una que la igualara. Entonces el hijo dijo: "Ahora te la mostraré en su propia forma", y deseó que se convirtiera en una doncella, y se quedó allí con un aspecto tan hermoso que ningún pintor podría haberla hecho parecer más.

Y el rey envió a dos criadas y dos sirvientes a la torre, para que trajeran a la reina y la llevaran a la mesa real. Pero cuando la llevaron dentro, no comió nada, y dijo: "El Dios misericordioso y misericordioso que me ha sostenido en la torre, pronto me hará libre". Vivió tres días más, y luego murió feliz, y cuando fue enterrada, las dos palomas blancas que le habían traído comida a la torre, y que eran ángeles del cielo, siguieron su cuerpo y se sentaron en su tumba. El anciano rey ordenó que el cocinero fuera despedazado en cuatro pedazos, pero el dolor consumió el corazón del propio rey, y pronto murió. Su hijo se casó con la hermosa doncella que había traído consigo como una flor en su bolsillo, y si todavía están vivas o no, es algo que Dios sabe.

ELSIE SMART

Había una vez un hombre que tenía una hija que se llamaba Clever Elsie. Y cuando creció, su padre le dijo: 'Vamos a casarla'. —Sí —dijo la madre—, con tal de que venga alguien que la quiera. Al fin, un hombre llegó de lejos y la cortejó, que se llamaba Hans; pero estipuló que la inteligente Elsie debería ser realmente inteligente. -¡Oh! -dijo el padre-, tiene mucho sentido común; y la madre dijo: 'Oh, ella puede ver el viento que viene por la calle, y oír el tos de las moscas'. —Bueno —dijo Hans—, si ella no es realmente inteligente, no la aceptaré. Cuando estaban sentados a la hora de la cena y hubieron comido, la madre dijo: "Elsie, ve a la bodega a buscar un poco de cerveza". Entonces, la astuta Elsie cogió la jarra de la pared, entró en el sótano y golpeó la tapa con fuerza a medida que avanzaba, para que el tiempo no pareciera largo. Cuando estuvo abajo, fue a buscar una silla y la colocó delante del barril para no tener necesidad de agacharse y no lastimarse la espalda ni hacerse ningún daño inesperado. Luego colocó la lata delante de ella y abrió el grifo, y mientras la cerveza corría no dejó que sus ojos estuvieran ociosos, sino que miró hacia la pared y, después de mucho mirar aquí y allá, vio un pico exactamente encima de ella, que los albañiles habían dejado allí accidentalmente.

Entonces la astuta Elsie se echó a llorar y dijo: "Si consigo a Hans, y tenemos un hijo, y él crece, y lo enviamos a la bodega a sacar cerveza, entonces el pico caerá sobre su cabeza y lo matará". Entonces se sentó, lloró y gritó con todas las fuerzas de su cuerpo por la desgracia que le esperaba. Los de arriba esperaban la bebida, pero la astuta Elsie seguía sin llegar. Entonces la mujer le dijo a la criada: "Baja al sótano y mira dónde está Elsie". La criada fue y la encontró sentada frente al barril, gritando fuerte. "Elsie, ¿por qué lloras?", preguntó la criada. «Ah», respondió ella, «¿no tengo motivos para llorar? Si consigo a Hans, y tenemos un hijo, y él crece y tiene que sacar cerveza aquí, tal vez el pico caiga sobre su cabeza y lo mate. Entonces la criada dijo: «¡Qué Elsie tan inteligente tenemos!», y se sentó a su lado y comenzó a llorar en voz alta por la desgracia. Al cabo de un rato, como la criada no volvía y los de arriba estaban sedientos de cerveza, el hombre le dijo al muchacho: "Baja a la bodega y mira dónde están Elsie y la niña". El chico bajó, y allí se sentaron Clever Elsie y la chica, llorando juntas. Luego le preguntó: '¿Por qué lloras?' —Ah —dijo Elsie—, ¿no tengo motivos para llorar? Si consigo a Hans, y tenemos un hijo, y él crece y tiene que sacar cerveza aquí, el pico caerá sobre su cabeza y lo matará. Entonces el muchacho dijo: «¡Qué Elsie tan inteligente tenemos!», y se sentó a su lado, y también comenzó a aullar fuertemente. Arriba esperaron al niño, pero como todavía no regresaba, el hombre le dijo a la mujer: "¡Baja al sótano y mira dónde está Elsie!" La mujer bajó, y encontró a los tres en medio de sus lamentos, y preguntó cuál era la causa; entonces Elsie le dijo también que su futuro hijo iba a ser asesinado por el pico, cuando éste creciera y tuviera que sacar cerveza, y el pico cayó. Entonces la madre dijo de la misma manera: '¡Qué Elsie tan inteligente tenemos!' y se sentó y lloró con ellos. El hombre del piso de arriba esperó un rato, pero como su mujer no volvía y su sed era cada vez mayor, dijo: —Tengo que ir yo mismo al sótano y ver dónde está Elsie. Pero cuando entró en el sótano, y estaban todos sentados juntos llorando, y oyó la razón, y que el hijo de Elsie era la causa, y que la Elsie tal vez traería uno al mundo algún día, y que podría ser asesinado por el pico, si por casualidad estaba sentado debajo de él, Sacando cerveza justo en el momento en que caía, exclamó: «¡Oh, qué Elsie tan lista!», y se sentó, y también lloró con ellos. El novio se quedó solo en el piso de arriba durante mucho tiempo; luego, como nadie iba a volver, pensó: 'Deben estar esperándome abajo: yo también tengo que ir allí y ver de qué se trata'. Cuando bajó, los cinco estaban sentados gritando y lamentándose lastimosamente, cada uno superando al otro. -¿Qué desgracia ha ocurrido entonces? -preguntó. —Ah, querido Hans —dijo Elsie—, si nos casamos y tenemos un hijo, y él es grande, y tal vez lo enviemos aquí a sacar algo de beber, entonces el pico que se ha dejado allí arriba podría romperle los sesos si se cayera, así que ¿no tenemos motivos para llorar? —Ven —dijo Hans—, no se necesita más comprensión que esa para mi casa, ya que eres una Elsie tan inteligente, te tendré —y la tomó de la mano, la llevó consigo al piso de arriba y se casó con ella.

Después de que Hans la hubo tenido algún tiempo, le dijo: "Esposa, voy a salir a trabajar y ganar algo de dinero para nosotros; Ve al campo y corta el trigo para que tengamos pan. —Sí, querido Hans, lo haré. Después de que Hans se hubo marchado, ella se cocinó un buen caldo y se lo llevó al campo. Cuando llegó al campo, se dijo a sí misma:

'¿Qué voy a hacer? ¿cortaré yo primero, o comeré primero? Oh, comeré primero'. Luego bebió su taza de caldo y, cuando estuvo completamente satisfecha, dijo una vez más: '¿Qué debo hacer? ¿Cortaré primero o dormiré primero? Yo dormiré primero'. Luego se acostó entre el maíz y se durmió. Hans llevaba mucho tiempo en casa, pero Elsie no llegó; entonces dijo: '¡Qué Elsie tan inteligente tengo! Es tan laboriosa que ni siquiera viene a casa a comer". Pero cuando llegó la noche y ella todavía se había ausentado, Hans salió a ver lo que había cortado, pero no había cortado nada, y ella estaba dormida entre el trigo. Entonces Hans se apresuró a volver a su casa, trajo una red de cazador con campanillas y la colgó alrededor de ella, y ella siguió durmiendo. Luego corrió a su casa, cerró la puerta de la casa, se sentó en su silla y se puso a trabajar. Al fin, cuando ya había oscurecido, la astuta Elsie se despertó y, cuando se levantó, se oyó un tintineo a su alrededor, y las campanas sonaban a cada paso que daba. Entonces se alarmó, y no se preguntó si realmente era Elsie la Inteligente o no, y dijo: «¿Soy yo, o no soy yo?» Pero ella no supo qué responder a esto, y permaneció un tiempo en duda; Al final pensó: "Iré a casa y preguntaré si soy yo, o si no soy yo, seguro que lo sabrán". Corrió a la puerta de su casa, pero estaba cerrada; luego llamó a la ventana y gritó: —Hans, ¿está Elsie dentro? —Sí —respondió Hans—, está dentro. Entonces ella se aterrorizó y dijo: '¡Ah, cielos! Entonces no soy yo', y se fue a otra puerta; Pero cuando la gente oyó el tintineo de las campanas, no la abrieron, y ella no pudo entrar en ninguna parte. Luego salió corriendo del pueblo, y nadie la ha visto desde entonces.

EL AVARO EN EL MONTE

Un granjero tenía un siervo fiel y diligente, que había trabajado duro para él durante tres años, sin que se le hubiera pagado ningún salario. Al fin se le ocurrió al hombre que no seguiría así sin paga por más tiempo; Así que fue a su señor y le dijo: "He trabajado duro para ti durante mucho tiempo, confiaré en ti para que me des lo que merezco por mi dolor". El granjero era un triste avaro, y sabía que su hombre era muy sencillo de corazón; Así que sacó tres denarios, y le dio un denario por cada año de servicio. El pobre hombre pensó que era mucho dinero, y se dijo a sí mismo: «¿Por qué he de trabajar duro y seguir viviendo aquí con mala comida? Ahora puedo viajar por el ancho mundo y hacerme feliz. Dicho esto, metió el dinero en la bolsa y se puso en camino, vagando por colinas y valles.

Mientras corría por los campos, cantando y bailando, un pequeño enano se encontró con él y le preguntó qué lo hacía tan feliz. -¿Por qué, qué es lo que me ha de desanimar? -dijo él-; "Tengo buena salud y dinero rico, ¿qué debo cuidar? He ahorrado las ganancias de mis tres años y lo tengo todo a salvo en mi bolsillo". -¿Cuánto puede llegar? -preguntó el hombrecillo. -Tres peniques -respondió el paisano-. -Quisiera que me las dieras -dijo el otro-; 'Soy muy pobre'. Entonces el hombre se compadeció de él y le dio todo lo que tenía; y el enanito le dijo: "Como tienes un corazón tan amable y honesto, te concederé tres deseos, uno por cada centavo; Así que elige lo que quieras'. Entonces el paisano se regocijó de su buena suerte, y dijo: "Me gustan muchas cosas más que el dinero: primero, tendré un arco que derribará todo lo que dispare; en segundo lugar, un violín que pondrá a bailar a todos los que me escuchen tocar con él; y en tercer lugar, me gustaría que todos accedieran a lo que pido". El enano dijo que debía tener sus tres deseos; Así que le dio el arco y el violín, y se fue.

Nuestro honrado amigo también siguió su camino; Y si antes era alegre, ahora lo era diez veces más. No había andado mucho cuando se encontró con un viejo avaro: cerca de ellos había un árbol, y en la rama más alta se sentaba un tordo que cantaba alegremente. -¡Oh, qué pájaro tan bonito! -exclamó el avaro-; "Daría una gran cantidad de dinero por tener uno así". —Si eso es todo —dijo el paisano—, pronto lo derribaré. Entonces tomó su arco, y el tordo cayó entre los arbustos al pie del árbol. El avaro se arrastró entre los arbustos para encontrarlo; Pero en cuanto se hubo metido en el medio, su compañero tomó su violín y se alejó, y el avaro comenzó a bailar y a saltar, saltando más y más alto en el aire. Las espinas pronto comenzaron a rasgar sus vestiduras hasta que todas colgaban en harapos alrededor de él, y él mismo quedó todo arañado y herido, de modo que la sangre corrió. -¡Oh, por el amor de Dios! -exclamó el avaro-, ¡Maestro! ¡maestro! Por favor, deja el violín en paz. ¿Qué he hecho yo para merecer esto?'. -Has afeitado a más de una pobre alma bastante cerca -dijo el otro-; "Solo estás encontrando tu recompensa": así que tocó otra melodía. Entonces el avaro comenzó a mendigar y a prometer, y ofreció dinero por su libertad; Pero no llegó a pagar el precio del músico durante algún tiempo, y lo hizo bailar con Brisker y Brisker, y el avaro pujaba más y más, hasta que al final ofreció alrededor de cien florines que tenía en su bolsa, y que acababa de ganar engañando a un pobre hombre. Cuando el paisano vio tanto dinero, le dijo: 'Aceptaré tu propuesta'. Así que tomó la bolsa, guardó su violín y siguió su camino muy satisfecho con su trato.

Mientras tanto, el avaro salió del arbusto medio desnudo y en un aprieto lastimoso, y comenzó a pensar en cómo vengarse y servirle algún truco a su difunto compañero. Al fin fue a ver al juez y se quejó de que un bribón le había robado su dinero y le había hecho el trato a golpes; y que el hombre que lo hacía llevaba un lazo a la espalda y un violín colgado del cuello. Entonces el juez envió a sus oficiales para que llevasen al acusado dondequiera que lo encontraran; Y pronto fue capturado y llevado para ser juzgado.

El avaro comenzó a contar su historia y dijo que le habían robado su dinero. -No, me lo diste por tocarte una melodía -dijo el paisano-; Pero el juez le dijo que eso no era probable, y cortó el asunto ordenándole que se fuera a la horca.

Y así se lo llevaron; pero mientras estaba en la escalera, dijo: 'Mi señor juez, concédeme una última petición'. —Cualquier cosa menos tu vida —replicó el otro—. —No —dijo él—, no pido mi vida; sólo para dejarme tocar mi violín por última vez. El avaro exclamó: "¡Oh, no! ¡No! ¡Por el amor de Dios, no lo escuches! ¡No le hagas caso!'. Pero el juez dijo: 'Es solo por esta vez, pronto lo habrá hecho'. El hecho era que no podía negarse a la petición, a causa del tercer regalo del enano.

Entonces el avaro dijo: "Átame fuerte, átame fuerte, por el amor de Dios". Pero el paisano agarró su violín y tocó una melodía, y a la primera nota el juez, los secretarios y el carcelero se pusieron en movimiento; Todos comenzaron a dar cabriolas y nadie pudo contener al avaro. A la segunda nota, el verdugo soltó a su prisionero y bailó también, y cuando hubo tocado el primer compás de la melodía, todos estaban bailando juntos: el juez, el tribunal y el avaro, y toda la gente que lo había seguido para mirar. Al principio la cosa fue bastante alegre y agradable; Pero cuando ya había pasado un rato, y parecía que no había fin de jugar ni de bailar, comenzaron a gritar y a rogarle que se fuera; Pero no se detuvo un ápice más por sus súplicas, hasta que el juez no sólo le dio la vida, sino que prometió devolverle los cien florines.

Entonces llamó al avaro y le dijo: "Dinos ahora, vagabundo, de dónde has sacado ese oro, o seguiré jugando solo para tu diversión". "Lo robé", dijo el avaro en presencia de todo el pueblo; Reconozco que lo robé y que te lo has ganado con justicia. Entonces el paisano dejó su violín y dejó que el avaro ocupara su lugar en la horca.

ASHPUTTEL

La esposa de un hombre rico cayó enferma; y cuando sintió que su fin se acercaba, llamó a su única hija a su cabecera y le dijo: "Sé siempre una buena niña, y yo miraré desde el cielo y te cuidaré". Poco después cerró los ojos y murió, y fue enterrada en el jardín; Y la niña iba todos los días a su tumba y lloraba, y siempre era buena y amable con todos los que la rodeaban. Y la nieve cayó y extendió una hermosa cubierta blanca sobre el sepulcro; Pero cuando llegó la primavera, y el sol la había derretido de nuevo, su padre se había casado con otra mujer. Esta nueva esposa tenía dos hijas propias, que trajo a casa consigo; Eran rubios en su rostro, pero asquerosos en su corazón, y ahora era un momento triste para la pobre niña. «¿Qué es lo que quiere el inútil en el salón?», dijeron; "Los que quieran comer pan, que primero se lo ganen; ¡Fuera con la criada de la cocina! Luego le quitaron sus ropas finas, le dieron un viejo vestido gris para que se lo pusiera, se rieron de ella y la llevaron a la cocina.

Allí se vio obligada a realizar trabajos duros; levantarse temprano antes de que amanezca, traer el agua, hacer el fuego, cocinar y lavarse. Además de eso, las hermanas la acosaban de muchas maneras y se reían de ella. Por la noche, cuando estaba cansada, no tenía cama donde acostarse, sino que la hacían acostarse junto al hogar entre las cenizas; y como esto, por supuesto, la hacía siempre polvorienta y sucia, la llamaron Asputtel.

Sucedió una vez que el padre iba a la feria y preguntó a las hijas de su esposa qué debía llevarles. -Ropa fina -dijo el primero-; —Perlas y diamantes —exclamó el segundo—. "Ahora, niña", le dijo a su propia hija, "¿qué quieres?" —La primera ramita, querido padre, que roza tu sombrero cuando vuelves la cara para volver a casa —dijo ella—. Luego compró para los dos primeros las ropas finas, las perlas y los diamantes que le habían pedido: y en el camino a su casa, mientras cabalgaba a través de un bosquecillo verde, una ramita de avellano lo rozó y casi le arrancó el sombrero, así que se lo rompió y se lo llevó; Y cuando llegó a su casa se lo dio a su hija. Entonces ella lo tomó, fue al sepulcro de su madre y lo plantó allí; y lloró tanto que se regó con sus lágrimas; Y allí creció y se convirtió en un hermoso árbol. Tres veces al día iba a ella y lloraba; Y pronto llegó un pajarito y construyó su nido en el árbol, y habló con ella, y la cuidó, y le trajo todo lo que ella deseaba.

Sucedió que el rey de aquella tierra celebró una fiesta que debía durar tres días; y de los que acudían a ella, su hijo debía escoger una novia para sí. A las dos hermanas de Asputtel se les pidió que vinieran; Entonces la llamaron y le dijeron: "Ahora, péinanos el cabello, límpianos los zapatos y átanos las fajas, porque vamos a bailar en la fiesta del rey". Entonces hizo lo que se le dijo; Pero cuando todo estuvo hecho, no pudo menos de llorar, porque pensó para sí misma, le hubiera gustado tanto ir con ellos al baile; Y, por último, rogó mucho a su madre que la dejara ir. -¡Tú, Asputtel! -dijo ella-. "Tú, que no tienes nada que ponerte, ni ropa en absoluto, y que ni siquiera sabes bailar, ¿quieres ir al baile? Y como ella siguió suplicando, dijo al fin, para deshacerse de ella: "Voy a tirar este plato lleno de guisantes en el montón de cenizas, y si dentro de dos horas los has recogido todos, irás también a la fiesta".

Luego arrojó los guisantes entre las cenizas, pero la doncella salió corriendo por la puerta trasera al jardín y gritó:

"Aquí, aquí, por el cielo,

¡Tórtolas y pardillos, vuelan!

Mirlo, tordo y pinzón gay,

¡Acá, acá, apresúrate!

¡Todos y cada uno de ustedes vengan a ayudarme, rápido!

Haste ye, haste ye!—pick, pick, pick!'

Entonces llegaron dos palomas blancas, volando por la ventana de la cocina; luego vinieron dos tórtolas; Y tras ellos vinieron todos los pajarillos bajo el cielo, cantando y revoloteando, y volaron sobre las cenizas. Y las palomas agacharon la cabeza y se pusieron a trabajar, picar, picar, picar; Y entonces los otros comenzaron a recoger, recoger, recoger, y entre todos ellos pronto sacaron todo el grano bueno, y lo pusieron en un plato, pero dejaron las cenizas. Mucho antes de que terminara la hora, el trabajo estaba completamente hecho, y todos volaron de nuevo por las ventanas.

Entonces Asputtel le llevó el plato a su madre, llena de alegría ante la idea de que ahora debía ir al baile. Pero la madre dijo: '¡No, no! Zorra, no tienes ropa y no sabes bailar; no irás'. Y cuando Asputtel le rogó mucho que se fuera, le dijo: "Si dentro de una hora puedes recoger de entre las cenizas dos de esos platos de guisantes, tú también irás". Y por eso pensó que al menos debía deshacerse de ella. Así que sacudió dos platos de guisantes hasta convertirlos en cenizas.

Pero la doncella salió al jardín, en la parte trasera de la casa, y gritó como antes:

"Aquí, aquí, por el cielo,

¡Tórtolas y pardillos, vuelan!

Mirlo, tordo y pinzón gay,

¡Acá, acá, apresúrate!

¡Todos y cada uno de ustedes vengan a ayudarme, rápido!

Haste ye, haste ye!—pick, pick, pick!'

Entonces entraron por primera vez dos palomas blancas por la ventana de la cocina; luego vinieron dos tórtolas; Y tras ellos venían todos los pajarillos bajo el cielo, cantando y saltando. Y volaron hacia las cenizas; y las palomas bajaron la cabeza y se pusieron a trabajar, picar, picar, picar; Y entonces los demás empezaron a escoger, escoger, escoger; Y echaron todo el buen grano en los platos, y dejaron toda la ceniza. Antes de que transcurriera media hora todo estaba hecho, y volvieron a volar. Y entonces Asputtel llevó los platos a su madre, regocijándose al pensar que ahora debía ir al baile. Pero su madre le dijo: "De nada sirve, no puedes ir; No tienes ropa, y no sabes bailar, y lo único que harías es avergonzarnos»: y se fue con sus dos hijas al baile.

Cuando todos se hubieron ido y ya no quedaba nadie en casa, Asputel se fue triste, se sentó bajo el avellano y exclamó:

'Sacude, tiembla, avellano,

¡Oro y plata sobre mí!'

Entonces su amigo el pájaro voló del árbol y le trajo un vestido de oro y plata, y zapatillas de seda con lentejuelas; Y se los puso, y siguió a sus hermanas a la fiesta. Pero ellos no la conocían, y pensaron que debía ser alguna princesa extraña, que se veía tan hermosa y hermosa con sus ricos vestidos; y nunca pensaron en Ashputtel, dando por sentado que estaba a salvo en casa en la tierra.

El hijo del rey se acercó pronto a ella, la tomó de la mano y bailó con ella, y con nadie más, y nunca se separó de su mano; pero cuando alguien más venía a invitarla a bailar, él decía: 'Esta señora está bailando conmigo'.

Así bailaron hasta altas horas de la noche; y entonces ella quiso volver a su casa, y el hijo del rey le dijo: "Iré y te cuidaré en tu casa"; porque quería ver dónde vivía la hermosa doncella. Pero ella se escapó de él, sin darse cuenta, y corrió hacia su casa; Y como el príncipe la siguió, ella saltó al palomar y cerró la puerta. Luego esperó a que su padre volviera a casa y le contara que la doncella desconocida, que había estado en la fiesta, se había escondido en el palomar. Pero cuando rompieron la puerta, no encontraron a nadie dentro; y cuando regresaron a la casa, Asputtel yacía, como siempre, en su vestido sucio junto a las cenizas, y su pequeña lámpara tenue ardía en la chimenea. Porque había corrido lo más rápido que pudo a través del palomar hasta el avellano, y allí se había quitado sus hermosas ropas y las había puesto debajo del árbol, para que el pájaro se las llevara, y se había acostado de nuevo entre las cenizas en su pequeño vestido gris.

Al día siguiente, cuando se celebró de nuevo la fiesta y su padre, su madre y sus hermanas se habían ido, Asputel se acercó al avellano y dijo:

'Sacude, tiembla, avellano,

¡Oro y plata sobre mí!'

Y el pájaro vino y trajo un vestido aún más fino que el que había llevado el día anterior. Y cuando ella entró en ella al baile, todos se maravillaron de su hermosura: pero el hijo del rey, que la estaba esperando, la tomó de la mano y bailó con ella; y cuando alguien le pedía que bailara, él decía como antes: 'Esta señora está bailando conmigo'.

Cuando llegó la noche, quiso volver a casa; Y el hijo del rey la siguió como antes, para ver a qué casa se había metido, pero ella se apartó de él de un salto y se fue al jardín, detrás de la casa de su padre. En este jardín había un hermoso peral grande lleno de frutos maduros; y Asputtel, sin saber dónde esconderse, saltó a ella sin ser vista. Entonces el hijo del rey la perdió de vista, y no pudo averiguar adónde se había ido, sino que esperó hasta que su padre llegó a casa y le dijo: "La dama desconocida que bailaba conmigo se ha escapado, y creo que debe haber saltado al peral". El padre pensó: «¿Puede ser Asputtel?». Así que mandó traer un hacha; Y cortaron el árbol, pero no encontraron a nadie en él. Y cuando volvieron a la cocina, allí yacía Asputtel entre las cenizas; Porque se había deslizado al otro lado del árbol, y había llevado sus hermosas ropas al pájaro del avellano, y luego se había puesto su pequeño vestido gris.

Al tercer día, cuando su padre, su madre y sus hermanas se fueron, ella volvió al jardín y dijo:

'Sacude, tiembla, avellano,

¡Oro y plata sobre mí!'

Entonces su amable amiga el pájaro trajo un vestido aún más hermoso que el anterior, y unas zapatillas que eran todas de oro, de modo que cuando llegó a la fiesta nadie supo qué decir, maravillado de su hermosura. Y el hijo del rey bailaba con nadie más que con ella. Y cuando alguien más le pedía que bailara, él dijo: 'Esta señora es *mi* compañera, señor'.

Cuando llegó la noche, quiso volver a casa; y el hijo del rey iba con ella, y se decía a sí mismo: 'No la perderé esta vez'; Pero, sin embargo, ella volvió a escabullirse de él, aunque con tanta prisa que dejó caer su zapatilla dorada izquierda sobre la escalera.

El príncipe tomó el zapato y al día siguiente fue a ver al rey su padre, y le dijo: "Tomaré por esposa a la dama que le queda bien con este zapato de oro". Entonces las dos hermanas se llenaron de alegría al oírlo; porque tenían unos pies hermosos, y no dudaban de que podían llevar la zapatilla de oro. El mayor entró primero en la habitación donde estaba la zapatilla y quiso probársela, y la madre se quedó a su lado. Pero el dedo gordo del pie no podía entrar, y el zapato era demasiado pequeño para ella. Entonces la madre le dio un cuchillo y le dijo: "No importa, córtalo; Cuando seas reina no te importarán los dedos de los pies; no querrás andar'. Así que la niña tonta se cortó el dedo gordo del pie, y así apretó el zapato, y fue a ver al hijo del rey. Entonces la tomó por esposa, la puso a su lado en su caballo y se fue con ella a su casa.

Pero en el camino de vuelta a casa tuvieron que pasar por el avellano que Asputel había plantado; Y en la rama se sentó una pequeña paloma que cantaba:

—¡Otra vez otra vez! ¡De vuelta otra vez! ¡Mira el zapato!

¡El zapato es demasiado pequeño y no está hecho para ti!

¡Príncipe! ¡príncipe! Vuelve a buscar a tu esposa,

Porque ella no es la verdadera que está sentada a tu lado.

Entonces el príncipe se bajó y le miró el pie; Y vio, por la sangre que manaba de ella, la mala pasada que ella le había hecho. Así que dio la vuelta a su caballo, y llevó a la falsa novia a su casa, y dijo: 'Esta no es la novia correcta; Que la otra hermana intente ponerse la zapatilla. Luego entró en la habitación y metió el pie en el zapato, todo menos el tacón, que era demasiado grande. Pero su madre la exprimió hasta que le salió la sangre, y la llevó al hijo del rey, y él la puso a su lado en su caballo, y se fue con ella.

Pero cuando llegaron al avellano, la paloma se quedó quieta y cantó:

—¡Otra vez otra vez! ¡De vuelta otra vez! ¡Mira el zapato!

¡El zapato es demasiado pequeño y no está hecho para ti!

¡Príncipe! ¡príncipe! Vuelve a buscar a tu esposa,

Porque ella no es la verdadera que está sentada a tu lado.

Luego miró hacia abajo y vio que la sangre brotaba tanto del zapato, que sus medias blancas eran completamente rojas. Así que dio la vuelta a su caballo y la trajo de vuelta. -No es ésta la verdadera novia -dijo al padre-; —¿No tienes otras hijas? -No -dijo él-; "Aquí no hay más que un pequeño y sucio Ashputtel, el hijo de mi primera esposa; Estoy seguro de que ella no puede ser la novia. El príncipe le dijo que la enviara. Pero la madre dijo: 'No, no, está demasiado sucia; No se atreverá a mostrarse. Sin embargo, el príncipe quería que ella viniera; Y ella primero se lavó la cara y las manos, y luego entró y le hizo una reverencia, y él le alcanzó la zapatilla de oro. Luego se quitó el torpe zapato del pie izquierdo y se puso la zapatilla de oro; Y le quedaba como si hubiera sido hecho para ella. Y cuando se acercó y la miró a la cara, la reconoció, y dijo: "Esta es la esposa correcta". Pero la madre y las dos hermanas se asustaron y palidecieron de ira cuando él montó a Asputtel en su caballo y se fue con ella. Y cuando llegaron al avellano, la paloma blanca cantó:

—¡A casa! ¡hogar! ¡Mira el zapato!

¡Princesa! ¡El zapato está hecho para ti!

¡Príncipe! ¡príncipe! llévate a casa a tu novia,

¡Porque ella es la verdadera que está sentada a tu lado!'

Y cuando la paloma hubo terminado su canto, vino volando y se posó en su hombro derecho, y así se fue a su casa con ella.

LA SERPIENTE BLANCA

Hace mucho tiempo vivió un rey que era famoso por su sabiduría en toda la tierra. Nada se le ocultaba, y parecía como si las noticias de las cosas más secretas le llegaran por el aire. Pero tenía una extraña costumbre; Todos los días, después de la cena, cuando la mesa estaba despejada y no había nadie más presente, un sirviente de confianza tenía que traerle un plato más. Sin embargo, estaba cubierta, y ni siquiera el criado sabía lo que contenía, ni nadie lo sabía, porque el rey nunca se quitaba la cubierta para comer de ella hasta que estaba completamente solo.

Esto había durado mucho tiempo, hasta que un día el criado, que se llevó el plato, se sintió tan atraído por la curiosidad que no pudo evitar llevarlo a su habitación. Cuando hubo cerrado cuidadosamente la puerta, levantó la tapa y vio una serpiente blanca tendida sobre el plato. Pero cuando lo vio, no pudo negarse el placer de probarlo, así que cortó un poco y se lo metió en la boca. Tan pronto como tocó su lengua, escuchó un extraño susurro de vocecitas fuera de su ventana. Fue y escuchó, y entonces se dio cuenta de que eran los gorriones los que parloteaban entre sí y se contaban unas a otras toda clase de cosas que habían visto en los campos y en los bosques. Comer la serpiente le había dado el poder de entender el lenguaje de los animales.

Sucedió que ese mismo día la reina perdió su anillo más hermoso, y la sospecha de haberlo robado recayó sobre este fiel sirviente, a quien se le permitió ir a todas partes. El rey ordenó que el hombre fuera llevado ante él, y amenazó con palabras airadas que, a menos que pudiera señalar al ladrón antes del día siguiente, él mismo sería considerado culpable y ejecutado. En vano declaró su inocencia; Fue despedido sin mejor respuesta.

En su angustia y miedo, bajó al patio y pensó cómo ayudarse a sí mismo a salir de su problema. Ahora bien, algunos patos estaban sentados tranquilamente junto a un arroyo y descansando; Y, mientras se alisaban las plumas con los picos, mantenían una conversación confidencial. El sirviente se quedó a su lado y escuchó. Se contaban unos a otros todos los lugares donde habían estado merodeando toda la mañana, y la buena comida que habían encontrado; y uno de ellos dijo en tono lastimero: 'Algo me pesa en el estómago; mientras comía a toda prisa, me tragué un anillo que yacía debajo de la ventana de la reina. El criado la agarró inmediatamente por el cuello, la llevó a la cocina y le dijo a la cocinera: "Aquí hay un buen pato; Reza, mátala'. -Sí -dijo el cocinero, y la pesó en su mano-; No ha escatimado esfuerzos para engordar, y ha estado esperando a ser asada el tiempo suficiente. Así que le cortó la cabeza, y mientras la vestían para el asador, se encontró el anillo de la reina dentro de ella.

El criado podía ahora demostrar fácilmente su inocencia; Y el rey, para enmendar el agravio, le permitió pedirle un favor, y le prometió el mejor lugar en la corte que pudiera desear. El criado se negó a todo, y sólo pidió un caballo y algo de dinero para el viaje, ya que tenía ganas de ver el mundo y andar un poco. Cuando su petición fue concedida, se puso en camino, y un día llegó a un estanque, donde vio tres peces atrapados entre los juncos y jadeando por agua. Ahora bien, aunque se dice que los peces son mudos, los oyó lamentarse de haber perecido tan miserablemente, y, como tenía un corazón bondadoso, se bajó de su caballo y volvió a poner a los tres prisioneros en el agua. Saltaron de alegría, sacaron la cabeza y le gritaron: '¡Nos acordaremos de ti y te recompensaremos por habernos salvado!'

Siguió cabalgando, y al cabo de un rato le pareció oír una voz en la arena a sus pies. Escuchó, y oyó a un rey hormiga quejarse: «¿Por qué la gente, con sus torpes bestias, no puede mantener alejados nuestros cuerpos? ¡Ese caballo estúpido, con sus pesados cascos, ha estado pisoteando a mi pueblo sin piedad! Así que se desvió hacia un camino lateral y el rey hormiga le gritó: '¡Te recordaremos, un buen giro merece otro!'

El sendero lo llevó a un bosque, y allí vio a dos cuervos viejos que estaban de pie junto a su nido y arrojaban a sus crías. «¡Fuera, criaturas ociosas y inútiles!», gritaron; "Ya no podemos encontrar comida para ti; Ustedes son lo suficientemente grandes y pueden proveerse a sí mismos'. Pero los pobres cuervos jóvenes yacían en el suelo, batiendo sus alas y gritando: '¡Oh, qué polluelos tan indefensos somos! ¡Debemos cambiar por nosotros mismos y, sin embargo, no podemos volar! ¿Qué podemos hacer, sino quedarnos aquí y morir de hambre?'. Entonces el buen joven se apeó, mató su caballo con su espada y se lo dio de comer. Entonces se acercaron saltando a ella, saciaron su hambre y gritaron: '¡Nos acordaremos de ti, un buen giro merece otro!'

Y ahora tenía que usar sus propias piernas, y después de haber caminado un largo trecho, llegó a una gran ciudad. Había un gran ruido y multitud en las calles, y un hombre se acercó a caballo, gritando en voz alta: 'La hija del rey quiere marido; Pero el que busque su mano debe realizar una tarea difícil, y si no lo consigue, perderá su vida". Muchos ya lo habían intentado, pero en vano; Sin embargo, cuando el joven vio a la hija del rey, quedó tan impresionado por su gran belleza que olvidó todo peligro, se presentó ante el rey y se declaró pretendiente.

Así que fue llevado al mar, y un anillo de oro fue arrojado en él, delante de sus ojos; Entonces el rey le ordenó que trajera este anillo del fondo del mar, y añadió: "Si vuelves a subir sin él, serás arrojado una y otra vez hasta que perezcas entre las olas". Todo el pueblo lloraba por el apuesto joven; Luego se fueron, dejándolo solo junto al mar.

Estaba en la orilla y pensaba en lo que debía hacer, cuando de repente vio tres peces que venían nadando hacia él, y eran los mismos peces a los que había salvado la vida. El que estaba en medio tenía un mejillón en la boca, que puso en la orilla a los pies del joven, y cuando lo tomó y lo abrió, allí estaba el anillo de oro en la concha. Lleno de alegría, se lo llevó al rey y esperaba que le concediera la recompensa prometida.

Pero cuando la orgullosa princesa se dio cuenta de que él no era su igual en nacimiento, lo despreció y le exigió que primero realizara otra tarea. Bajó al jardín y esparció con sus propias manos diez sacos llenos de semillas de mijo sobre la hierba; Entonces ella dijo: "Mañana por la mañana, antes de la salida del sol, hay que recogerlos, y no faltará ni un solo grano".

El joven se sentó en el jardín y pensó en cómo sería posible llevar a cabo esta tarea, pero no podía pensar en nada, y allí se sentó tristemente esperando el amanecer, cuando sería conducido a la muerte. Pero tan pronto como los primeros rayos del sol brillaron en el jardín, vio los diez sacos colocados uno al lado del otro, completamente llenos, y no faltaba ni un solo grano. El rey hormiguero había llegado por la noche con miles y miles de hormigas, y las criaturas agradecidas habían recogido con gran diligencia todas las semillas de mijo y las habían metido en los sacos.

Poco después, la hija del rey bajó al jardín, y se asombró al ver que el joven había hecho la tarea que ella le había encomendado. Pero ella aún no podía conquistar su orgulloso corazón, y dijo: 'Aunque él haya realizado ambas tareas, no será mi esposo hasta que me haya traído una manzana del Árbol de la Vida'. El joven no sabía dónde estaba el Árbol de la Vida, pero se puso en camino, y habría continuado para siempre, mientras sus piernas lo permitieran, aunque no tenía esperanzas de encontrarlo. Después de haber vagado por tres reinos, llegó una noche a un bosque y se acostó debajo de un árbol para dormir. Pero oyó un crujido en las ramas, y una manzana de oro cayó en su mano. Al mismo tiempo, tres cuervos volaron hacia él, se posaron en sus rodillas y dijeron: "Somos los tres cuervos jóvenes a quienes salvaste de morir de hambre; cuando nos hicimos grandes y oímos que buscabas la manzana de oro, volamos sobre el mar hasta el fin del mundo, donde está el árbol de la vida, y te hemos traído la manzana. El joven, lleno de alegría, se puso en camino hacia su casa y llevó la manzana de oro a la hermosa hija del rey, que ya no tenía más excusas que dar. Cortaron la manzana de la vida en dos y la comieron juntos; Y entonces su corazón se llenó de amor por él, y vivieron en una felicidad imperturbable hasta una gran edad.

EL LOBO Y LAS SIETE NIÑAS

Érase una vez una cabra vieja que tenía siete niños pequeños, y los amaba con todo el amor de una madre por sus hijos. Un día quiso ir al bosque a buscar algo de comida. Entonces llamó a los siete y les dijo: 'Queridos hijos, tengo que ir al bosque, estar en guardia contra el lobo; Si Él entra, los devorará a todos: piel, cabello y todo. El desgraciado se disfraza a menudo, pero lo reconocerás de inmediato por su voz áspera y sus pies negros. Los niños dijeron: 'Querida madre, nos cuidaremos bien; Puedes irte sin ninguna ansiedad'. Entonces la vieja baló y siguió su camino con la mente tranquila.

No pasó mucho tiempo antes de que alguien llamara a la puerta de la casa y llamara: 'Abran la puerta, queridos niños; Vuestra madre está aquí, y ha traído algo para cada uno de vosotros. Pero los niños pequeños sabían que era el lobo, por la voz áspera. —No abriremos la puerta —exclamaron—, tú no eres nuestra madre. Tiene una voz suave y agradable, pero tu voz es áspera; ¡Tú eres el lobo!' Entonces el lobo se fue a ver a un tendero y se compró un gran trozo de tiza, se lo comió y suavizó su voz con él. Luego regresó, llamó a la puerta de la casa y llamó: "Abran la puerta, queridos hijos, su madre está aquí y ha traído algo para cada uno de ustedes". Pero el lobo había puesto sus patas negras contra la ventana, y los niños las vieron y gritaron: "No abriremos la puerta, nuestra madre no tiene los pies negros como tú: ¡tú eres el lobo!" Entonces el lobo corrió hacia un panadero y le dijo: "Me he lastimado los pies, frota un poco de masa sobre ellos para mí". Y cuando el panadero se hubo frotado los pies, corrió hacia el molinero y le dijo: "Esparce un poco de harina blanca sobre mis pies". El molinero pensó para sí mismo: «El lobo quiere engañar a alguien», y se negó; pero el lobo dijo: 'Si no lo haces, te devoraré'. Entonces el molinero tuvo miedo y le blanqueó las patas. Verdaderamente, este es el camino de la humanidad.

Así que el desgraciado se acercó por tercera vez a la puerta de la casa, la llamó y dijo: "Abridme la puerta, hijos, vuestra querida madrecita ha vuelto a casa y os ha traído a cada uno algo del bosque". Los niños pequeños gritaron: 'Primero muéstranos tus patas para que sepamos si eres nuestra querida madrecita'. Luego metió las patas por la ventana y cuando los niños vieron que eran blancas, creyeron que todo lo que decía era verdad y abrieron la puerta. Pero, ¿quién debería entrar sino el lobo? Estaban aterrorizados y querían esconderse. Uno saltó debajo de la mesa, el segundo a la cama, el tercero a la estufa, el cuarto a la cocina, el quinto al armario, el sexto debajo del lavabo y el séptimo a la caja del reloj. Pero el lobo los encontró a todos, y no usó gran ceremonia; Uno tras otro se los tragó por la garganta. El más joven, que estaba en la caja del reloj, fue el único que no encontró. Cuando el lobo hubo satisfecho su apetito, se quitó, se acostó debajo de un árbol en el verde prado de afuera y comenzó a dormir. Poco después, la vieja cabra volvió a casa del bosque. ¡Ah! ¡Qué espectáculo vio allí! La puerta de la casa estaba abierta de par en par. La mesa, las sillas y los bancos fueron derribados, el lavabo quedó hecho pedazos y las colchas y almohadas fueron arrancadas de la cama. Buscó a sus hijos, pero no los encontró por ninguna parte. Los llamó uno tras otro por su nombre, pero nadie respondió. Por fin, cuando volvió en sí la más joven, una voz suave exclamó: "Querida madre, estoy en la caja del reloj". Sacó al cabrito y le dijo que el lobo había llegado y se había comido a todos los demás. Entonces te puedes imaginar cómo lloró por sus pobres hijos.

Al fin, en su dolor, salió, y el niño más pequeño corrió con ella. Cuando llegaron a la pradera, el lobo se acostó junto al árbol y roncó tan fuerte que las ramas temblaron. Lo miró a todos lados y vio que algo se movía y luchaba en su vientre hinchado. —¡Ah, cielos! —dijo ella—, ¿es posible que mis pobres hijos, a los que se ha tragado para cenar, puedan estar aún vivos? Entonces el cabrito tuvo que correr a su casa a buscar unas tijeras, una aguja y un hilo, y la cabra abrió el estómago del monstruo, y apenas hubo hecho un corte, cuando un cabrito sacó la cabeza, y cuando hubo cortado más, los seis saltaron uno tras otro, y todos quedaron aún vivos. y no habían sufrido daño alguno, porque en su codicia el monstruo se los había tragado enteros. ¡Qué regocijo hubo! Abrazaron a su querida madre y saltaron como un sastre en su boda. La madre, sin embargo, dijo: 'Ahora ve a buscar unas piedras grandes, y llenaremos con ellas el estómago de la bestia malvada mientras todavía está dormido'. Entonces los siete muchachos arrastraron las piedras allí a toda prisa, y metieron en el estómago todas las que pudieron entrar; Y la madre lo volvió a coser con la mayor prisa, de modo que él no se dio cuenta de nada y no se movió ni una sola vez.

Cuando el lobo se hubo saciado de dormir, se puso sobre sus piernas, y como las piedras en su estómago le daban mucha sed, quiso ir a un pozo a beber. Pero cuando empezó a caminar y a moverse, las piedras de su estómago se golpeaban unas contra otras y repiqueteaban. Entonces exclamó:

'Lo que retumba y se tambalea

¿Contra mis pobres huesos?

Pensé que eran seis niños,

Pero se siente como grandes piedras".

Y cuando llegó al pozo y se inclinó sobre el agua para beber, las pesadas piedras lo hicieron caer, y se ahogó miserablemente. Cuando los siete niños vieron eso, corrieron al lugar y gritaron en voz alta: '¡El lobo está muerto! ¡El lobo ha muerto!», y bailaban de alegría alrededor del pozo con su madre.

LA ABEJA REINA

Érase una vez los hijos de dos reyes que vinieron al mundo a buscar fortuna; Pero pronto cayeron en una forma de vida insensata y derrochadora, de modo que no pudieron volver a casa. Entonces su hermano, que era un enano insignificante, salió a buscar a sus hermanos; pero cuando los encontró, no hicieron más que reírse de él, pensando que él, que era tan joven y sencillo, intentara viajar por el mundo, cuando ellos, que eran mucho más sabios, no habían podido seguir adelante. Sin embargo, todos emprendieron su viaje juntos, y llegaron por fin a un hormiguero. Los dos hermanos mayores lo habrían derribado, para ver cómo las pobres hormigas, asustadas, corrían de un lado a otro y se llevaban sus huevos. Pero el enanito dijo: "Deja que los pobres se diviertan, no permitiré que los molestes".

Así que se fueron, y llegaron a un lago donde nadaban muchos, muchos patos. Los dos hermanos querían atrapar dos y asarlos. Pero el enano dijo: "Deja que los pobres se diviertan, no los matarás". Luego llegaron a un nido de abejas en un árbol hueco, y había tanta miel que corría por el tronco; Y los dos hermanos querían encender un fuego debajo del árbol y matar a las abejas, para obtener su miel. Pero el enano los detuvo y dijo: "Dejad que los hermosos insectos se diviertan, no puedo permitir que los queméis".

Al fin, los tres hermanos llegaron a un castillo, y al pasar por los establos, vieron allí hermosos caballos, pero todos eran de mármol y no se veía a nadie. Recorrieron todas las habitaciones hasta que llegaron a una puerta en la que había tres cerraduras, pero en medio de la puerta había una puerta para poder mirar a la habitación contigua. Allí vieron a un viejecito gris sentado a una mesa; Y le llamaron una o dos veces, pero él no oyó; pero llamaron por tercera vez, y entonces él se levantó y salió a ellos.

Él no dijo nada, sino que los tomó y los llevó a una hermosa mesa cubierta con toda clase de cosas buenas, y después de que hubieron comido y bebido, les mostró a cada uno de ellos un dormitorio.

A la mañana siguiente fue a ver al mayor y lo llevó a una mesa de mármol, donde había tres tablillas que contenían un relato de los medios por los cuales el castillo podría ser desencantado. La primera tablilla decía: 'En el bosque, bajo el musgo, yacen las mil perlas que pertenecen a la hija del rey; Es necesario encontrarlos todos, y si alguno falta al ponerse el sol, el que los busque se convertirá en mármol.

El hermano mayor se puso en camino y buscó las perlas todo el día, pero llegó la tarde y no había encontrado las cien primeras, y fue convertido en piedra, tal como lo había anunciado la tabla.

Al día siguiente, el segundo hermano emprendió la tarea; pero no lo consiguió mejor que el primero; porque sólo pudo encontrar el segundo centenar de las perlas; Y por lo tanto, él también fue convertido en piedra.

Por fin le tocó el turno al enanito; Y miró en el musgo; ¡Pero era tan difícil encontrar las perlas, y el trabajo era tan fatigoso!, así que se sentó sobre una piedra y lloró. Y mientras estaba allí sentado, el rey de las hormigas (a quien había salvado la vida) vino a ayudarle, con cinco mil hormigas; Y no pasó mucho tiempo antes de que encontraran todas las perlas y las pusieran en un montón.

La segunda tablilla decía: "La llave de la alcoba de la princesa debe ser sacada del lago". Y cuando el enano llegó al borde de la muerte, vio a los dos patos a los que había salvado la vida nadando de un lado a otro; Y se zambulleron y pronto trajeron la llave del fondo.

La tercera tarea fue la más difícil. Era para elegir a la más joven y a la mejor de las tres hijas del rey. Ahora bien, todos eran hermosos, y todos exactamente iguales: pero le dijeron que el mayor había comido un pedazo de azúcar, el siguiente un poco de almíbar dulce, y el menor una cucharada de miel; Así que tenía que adivinar quién era el que había comido la miel.

Entonces vino la reina de las abejas, que había sido salvada del fuego por el enanito, y probó los labios de las tres; Pero al fin se sentó sobre los labios del que había comido la miel, y así el enano supo cuál era el más joven. Así se rompió el hechizo, y todos los que habían sido convertidos en piedras despertaron y tomaron sus formas adecuadas. Y el enano se casó con la más joven y la mejor de las princesas, y fue rey después de la muerte de su padre; Pero sus dos hermanos se casaron con las otras dos hermanas.

LOS ELFOS Y EL ZAPATERO

Había una vez un zapatero, que trabajaba muy duro y era muy honrado: pero aún así no podía ganar lo suficiente para vivir; Y por fin todo lo que tenía en el mundo desapareció, excepto el cuero suficiente para hacer un par de zapatos.

Luego cortó su cuero, listo para recuperarse al día siguiente, con la intención de levantarse temprano en la mañana para su trabajo. Su conciencia estaba limpia y su corazón ligero en medio de todas sus tribulaciones; así que se fue tranquilamente a la cama, dejó todas sus preocupaciones al cielo y pronto se durmió. Por la mañana, después de haber rezado sus oraciones, se sentó a trabajar; cuando, para su gran asombro, estaban los zapatos ya hechos sobre la mesa. El buen hombre no sabía qué decir ni qué pensar ante algo tan extraño que sucedía. Miró la hechura; No había una sola puntada falsa en todo el trabajo; Todo era tan limpio y verdadero, que era toda una obra maestra.

El mismo día entró un cliente, y los zapatos le sentaron tan bien que pagó de buena gana un precio más alto de lo habitual por ellos; Y el pobre zapatero, con el dinero, compró cuero suficiente para hacer dos pares más. Por la noche dejó el trabajo y se acostó temprano, para levantarse y comenzar a trabajar al día siguiente; Pero se ahorró todo el trabajo, porque cuando se levantó por la mañana, el trabajo estaba listo para su mano. Pronto llegaron compradores, que le pagaron generosamente por sus mercancías, de modo que compró cuero suficiente para cuatro pares más. Volvió a cortar el trabajo durante la noche y lo encontró hecho por la mañana, como antes; Y así continuó durante algún tiempo: lo que se preparaba por la noche siempre se hacía al amanecer, y el buen hombre pronto volvía a ser próspero y acomodado.

Una noche, cerca de la época de Navidad, mientras él y su esposa estaban sentados junto al fuego charlando, él le dijo: "Me gustaría sentarme y mirar esta noche, para que veamos quién es el que viene y hace mi trabajo por mí". A la esposa le gustó la idea; Así que dejaron una luz encendida y se escondieron en un rincón de la habitación, detrás de una cortina que estaba colgada allí, y observaron lo que sucedía.

Tan pronto como llegó la medianoche, entraron dos enanitos desnudos; Y se sentaron en el banco del zapatero, recogieron todo el trabajo que se había cortado y comenzaron a trabajar con sus dedos meñiques, cosiendo, golpeando y golpeando a tal velocidad, que el zapatero estaba todo asombrado, y no podía quitarles los ojos de encima. Y así siguió, hasta que el trabajo estuvo completamente hecho, y los zapatos estuvieron listos para ser usados sobre la mesa. Esto fue mucho antes del amanecer; Y luego se alejaron a la velocidad de un rayo.

Al día siguiente, la mujer le dijo al zapatero: Estos pequeños espectros nos han hecho ricos, y debemos estarles agradecidos, y hacerles un bien si podemos. Lamento mucho verlos correr como lo hacen; Y, en verdad, no es muy decente, porque no tienen nada sobre sus espaldas para protegerse del frío. Te diré una cosa, haré a cada uno de ellos una camisa, y un abrigo y un chaleco, y un par de pantalones en el trato; ¿Y le haces a cada uno de ellos un par de zapatos?

La idea agradó mucho al buen zapatero; Y una noche, cuando todas las cosas estaban listas, las pusieron sobre la mesa, en lugar del trabajo que solían recortar, y luego fueron y se escondieron, para ver qué harían los duendes.

A eso de la medianoche llegaron, bailando y saltando, saltaron por la habitación y luego se fueron a sentar a su trabajo como de costumbre; Pero cuando vieron que la ropa estaba tendida para ellos, rieron y se rieron, y parecieron muy contentos.

Entonces se vistieron en un abrir y cerrar de ojos, y bailaron, brincaron y saltaron de un lado a otro, tan alegres como podían serlo; hasta que por fin salieron bailando a la puerta y se alejaron sobre el verde.

La buena pareja no los vio más; Pero todo les fue bien a partir de ese momento, mientras vivieron.

ENEBRO

Hace mucho, mucho tiempo, unos dos mil años más o menos, vivía un hombre rico con una buena y hermosa esposa. Se amaban mucho, pero se lamentaban mucho por no tener hijos. Deseaban tanto tener uno, que la esposa oraba por él día y noche, pero aun así seguían sin tener hijos.

Delante de la casa había un patio, en el que crecía un enebro. Un día de invierno, la esposa se paró debajo del árbol para pelar algunas manzanas, y mientras las pelaba, se cortó el dedo y la sangre cayó sobre la nieve. —¡Ah! —suspiró la mujer profundamente—, si yo tuviera un hijo, rojo como la sangre y blanco como la nieve. Y al pronunciar estas palabras, su corazón se iluminó dentro de ella, y le pareció que su deseo era concedido, y regresó a la casa sintiéndose feliz y reconfortada. Pasó un mes y toda la nieve había desaparecido; Pasó otro mes, y toda la tierra estaba verde. Así se sucedieron los meses, y primero brotaron los árboles en el bosque, y pronto las ramas verdes crecieron densamente entrelazadas, y luego las flores comenzaron a caer. Una vez más, la esposa se paró bajo el enebro, y estaba tan lleno de dulce aroma que su corazón saltó de alegría, y quedó tan abrumada por su felicidad, que cayó de rodillas. Al poco tiempo el fruto se volvió redondo y firme, y ella estaba contenta y en paz; Pero cuando estuvieron completamente maduras, recogió las bayas y comió de ellas con entusiasmo, y luego se puso triste y enferma. Poco después llamó a su marido y le dijo, llorando: Si muero, entiérrame debajo del enebro. Entonces volvió a sentirse reconfortada y feliz, y antes de que pasara otro mes tuvo un niño pequeño, y cuando vio que era tan blanco como la nieve y rojo como la sangre, su alegría fue tan grande que murió.

Su marido la enterró bajo el enebro y lloró amargamente por ella. Poco a poco, sin embargo, su tristeza fue disminuyendo, y aunque a veces todavía se lamentaba por su pérdida, pudo seguir adelante como de costumbre, y más tarde se casó de nuevo.

Ahora le había nacido una hijita; El hijo de su primera esposa era un niño, que era rojo como la sangre y blanco como la nieve. La madre amaba mucho a su hija, y cuando la miró y luego miró al niño, le traspasó el corazón pensar que él siempre se interpondría en el camino de su propio hijo, y continuamente pensaba cómo podría obtener toda la propiedad para ella. Este mal pensamiento se apoderó de ella cada vez más y la hizo comportarse de manera muy desagradable con el niño. Lo llevaba de un lugar a otro con esposas y bofetadas, de modo que el pobre niño anduvo con miedo y no tuvo paz desde el momento en que salió de la escuela hasta el momento en que regresó.

Un día, la hijita corrió hacia su madre en el almacén y le dijo: "Madre, dame una manzana". -Sí, hija mía -dijo la mujer, y le dio una hermosa manzana del cofre-; El cofre tenía una tapa muy pesada y una gran cerradura de hierro.

—Madre —dijo de nuevo la hijita—, ¿no puede el hermano tener uno también? La madre se enfadó por esto, pero respondió: "Sí, cuando salga de la escuela".

En ese momento miró por la ventana y lo vio venir, y pareció como si un espíritu maligno entrara en ella, porque arrebató la manzana de la mano de su hijita y dijo: "No tendrás una delante de tu hermano". Arrojó la manzana al cofre y lo cerró. Entonces entró el niño, y el espíritu maligno de la mujer le hizo decirle amablemente: «Hijo mío, ¿quieres una manzana?», pero ella le dirigió una mirada malvada. —Madre —dijo el niño—, ¡qué horrible pareces! Sí, dame una manzana. Le vino la impresión de que lo mataría. —Ven conmigo —dijo ella, y levantó la tapa del cofre—; 'Saca uno para ti'. Y cuando se inclinó para hacerlo, el espíritu maligno la instó, ¡y se estrelló! Bajó la tapa y se fue la cabeza del niño. Entonces se sintió abrumada por el miedo al pensar en lo que había hecho. «Ojalá pueda evitar que alguien sepa que lo hice», pensó. Así que subió a su habitación y sacó un pañuelo blanco de su cajón superior; Luego volvió a poner la cabeza del niño sobre sus hombros, la ató con el pañuelo para que no se viera nada, y lo colocó en una silla junto a la puerta con una manzana en la mano.

Poco después de esto, la pequeña Marleen se acercó a su madre, que estaba revolviendo una olla de agua hirviendo sobre el fuego, y le dijo: "Madre, el hermano está sentado junto a la puerta con una manzana en la mano, y se ve tan pálido; y cuando le pedí que me diera la manzana, no me respondió, y eso me asustó".

—Vuelve a verlo —dijo su madre—, y si no responde, dale una caja en la oreja. Así que la pequeña Marleen fue y dijo: 'Hermano, dame esa manzana', pero él no dijo una palabra; Luego le dio una caja en la oreja y su cabeza rodó. Estaba tan aterrorizada por esto, que corrió llorando y gritando a su madre. '¡Oh!', dijo ella, 'le he cortado la cabeza a mi hermano', y luego lloró y lloró, y nada la detuvo.

«¡Qué has hecho?», le dijo su madre, «pero nadie debe saberlo, así que debes guardar silencio; Lo que está hecho no se puede deshacer; Lo convertiremos en budines'. Y ella tomó al niño y lo cortó, lo convirtió en budines y lo puso en la olla. Pero Marleen se quedó mirando, y lloró y lloró, y sus lágrimas cayeron en la olla, de modo que no hubo necesidad de sal.

Al poco rato el padre llegó a casa y se sentó a cenar; él preguntó: '¿Dónde está mi hijo?' La madre no dijo nada, pero le dio un gran plato de morcilla, y Marleen siguió llorando sin cesar.

El padre volvió a preguntar: "¿Dónde está mi hijo?"

-¡Oh! -respondió la mujer-, se ha ido al campo con el tío abuelo de su madre; Se va a quedar allí algún tiempo.

¿A qué ha ido allí, y ni siquiera se ha despedido de mí?

—Bueno, a él le gusta estar allí, y me dijo que debería estar fuera seis semanas; Allí está bien atendido.

—Me siento muy descontento por ello —dijo el marido—, por si no todo iba bien y él debería haberse despedido de mí.

Con esto continuó con su cena, y dijo: "Pequeña Marleen, ¿por qué lloras? El hermano volverá pronto'. Luego le pidió a su esposa más pudín y, mientras comía, arrojó los huesos debajo de la mesa.

La pequeña Marleen subió las escaleras y sacó su mejor pañuelo de seda del cajón inferior, y en él envolvió todos los huesos de debajo de la mesa y los llevó fuera, y todo el tiempo no hizo más que llorar. Luego los colocó en la verde hierba bajo el enebro, y apenas lo hizo, toda su tristeza pareció abandonarla, y no volvió a llorar. Y entonces el enebro comenzó a moverse, y las ramas se agitaron hacia atrás y hacia adelante, primero alejándose unas de otras, y luego juntas de nuevo, como si se tratara de alguien que aplaude de alegría. Después de esto, una niebla rodeó el árbol, y en medio de ella hubo un ardor como de fuego, y del fuego voló un hermoso pájaro, que se elevó en el aire, cantando magníficamente, y cuando ya no se pudo ver más, el enebro se quedó allí como antes, y el pañuelo de seda y los huesos desaparecieron.

La pequeña Marleen se sentía ahora tan alegre y feliz como si su hermano aún estuviera vivo, y volvió a la casa, se sentó alegremente a la mesa y comió.

El pájaro voló y se posó en la casa de un orfebre y comenzó a cantar:

"Mi madre mató a su hijito;

Mi padre se afligió cuando yo me fui;

Mi hermana me quería más que a nadie;

Puso su pañuelo sobre mí,

Y tomé mis huesos para que mientan

Debajo del enebro

¡Kywitt, Kywitt, qué pájaro tan hermoso soy!

El orfebre estaba en su taller haciendo una cadena de oro, cuando escuchó el canto del pájaro en su techo. Le pareció tan hermoso que se levantó y salió corriendo, y al cruzar el umbral perdió una de sus zapatillas. Pero él corrió hacia el centro de la calle, con una zapatilla en un pie y un calcetín en el otro; Todavía tenía puesto el delantal, y todavía sostenía la cadena de oro y las tenazas en sus manos, y así se quedó mirando al pájaro, mientras el sol brillaba intensamente en la calle.

—Pájaro —dijo—, ¡qué bien cantas! Cántame esa canción otra vez'.

—No —dijo el pájaro—, no canto dos veces por nada. Da esa cadena de oro y te la volveré a cantar.

—Aquí tienes la cadena, tómala —dijo el orfebre—. 'Solo cántame eso otra vez'.

El pájaro voló y tomó la cadena de oro en su garra derecha, y luego se posó de nuevo frente al orfebre y cantó:

"Mi madre mató a su hijito;

Mi padre se afligió cuando yo me fui;

Mi hermana me quería más que a nadie;

Puso su pañuelo sobre mí,

Y tomé mis huesos para que mientan

Debajo del enebro

¡Kywitt, Kywitt, qué pájaro tan hermoso soy!

Luego se fue volando, se sentó en el tejado de la casa de un zapatero y cantó:

"Mi madre mató a su hijito;

Mi padre se afligió cuando yo me fui;

Mi hermana me quería más que a nadie;

Puso su pañuelo sobre mí,

Y tomé mis huesos para que mientan

Debajo del enebro

¡Kywitt, Kywitt, qué pájaro tan hermoso soy!

El zapatero lo oyó, y se levantó de un salto, salió corriendo en mangas de camisa y se quedó mirando al pájaro en el tejado con la mano sobre los ojos para no ser cegado por el sol.

—Pájaro —dijo—, ¡qué bien cantas! Luego llamó a su esposa a través de la puerta: "Esposa, sal fuera; Aquí hay un pájaro, ven y míralo y escucha lo bien que canta. Luego llamó a su hija y a los niños, luego a los aprendices, niñas y niños, y todos corrieron calle arriba para mirar el pájaro, y vieron lo espléndido que era con sus plumas rojas y verdes, y su cuello como oro bruñido, y ojos como dos estrellas brillantes en su cabeza.

—Pájaro —dijo el zapatero—, cántame otra vez esa canción.

-No -respondió el pájaro-, no canto dos veces por nada; Tienes que darme algo'.

—Mujer —dijo el hombre—, entra en la buhardilla; En el estante superior verás un par de zapatos rojos; Tráemelos a mí'. La esposa entró a buscar los zapatos.

-Oye, pájaro -dijo el zapatero-, ahora cántame otra vez esa canción.

El pájaro voló y tomó los zapatos rojos en su garra izquierda, y luego volvió al techo y cantó:

"Mi madre mató a su hijito;

Mi padre se afligió cuando yo me fui;

Mi hermana me quería más que a nadie;

Puso su pañuelo sobre mí,

Y tomé mis huesos para que mientan

Debajo del enebro

¡Kywitt, Kywitt, qué pájaro tan hermoso soy!

Cuando terminó, se fue volando. Tenía la cadena en su garra derecha y los zapatos en la izquierda, y voló de inmediato a un molino, y el molino dijo: 'Clic en clack, clic en clack, clic en clack'. Dentro del molino había veinte de los hombres del molinero cortando una piedra, y mientras decían: 'Hick hack, hick hack, hick hack', el molino decía: '¡Clic, clic, clic!'.

El pájaro se posó en un tilo frente al molino y cantó:

"Mi madre mató a su hijito;

Entonces uno de los hombres se detuvo:

Mi padre se afligió cuando yo me fui;

Dos hombres más se detuvieron y escucharon:

Mi hermana me quería más que a nadie;

luego se fueron cuatro más,

Puso su pañuelo sobre mí,

Y tomé mis huesos para que mientan

Ahora solo había ocho en el trabajo,

Debajo

y ahora solo cinco,

el enebro.

y ahora solo uno,

¡Kywitt, Kywitt, qué pájaro tan hermoso soy!

Luego alzó la vista y el último había dejado de trabajar.

—Pájaro —dijo—, ¡qué hermosa canción es la que cantas! Déjame escucharlo también; cántalo de nuevo'.

-No -respondió el pájaro-, no canto dos veces por nada; dame esa piedra de molino y la volveré a cantar'.

—Si me perteneciera solo a mí —dijo el hombre—, tú lo tendrías tú.

"Sí, sí", dijeron los otros, "si quiere cantar de nuevo, puede tenerlo".

El pájaro descendió, y los veinte molineros se pusieron a levantar la piedra con una viga; Entonces el pájaro metió la cabeza por el agujero y se puso la piedra al cuello como si fuera un collar, y voló con ella hasta el árbol y cantó:

"Mi madre mató a su hijito;

Mi padre se afligió cuando yo me fui;

Mi hermana me quería más que a nadie;

Puso su pañuelo sobre mí,

Y tomé mis huesos para que mientan

Debajo del enebro

¡Kywitt, Kywitt, qué pájaro tan hermoso soy!

Y cuando terminó su canto, extendió sus alas, y con la cadena en su garra derecha, los zapatos en su izquierda y la piedra de molino alrededor de su cuello, voló hacia la casa de su padre.

El padre, la madre y la pequeña Marleen estaban cenando.

-¡Qué alegre me siento! -dijo el padre-, tan contento y alegre.

—Y yo —dijo la madre—, me siento tan inquieta, como si se avecinase una fuerte tormenta.

Pero la pequeña Marleen se sentó y lloró y lloró.

Entonces el pájaro vino volando hacia la casa y se posó en el techo.

—Me siento tan feliz —dijo el padre—, y qué hermoso brilla el sol; Me siento como si fuera a volver a ver a un viejo amigo".

-¡Ah! -dijo la mujer-, y estoy tan llena de angustia y desasosiego que me castañetean los dientes y siento como si tuviera fuego en las venas, y se rasgó el vestido; y mientras tanto, la pequeña Marleen se sentaba en un rincón y lloraba, y el plato sobre sus rodillas estaba mojado por sus lágrimas.

El pájaro voló entonces hacia el enebro y comenzó a cantar:

"Mi madre mató a su hijito;

La madre cerró los ojos y los oídos para no ver ni oír nada, pero en sus oídos había un rugido como el de una tormenta violenta, y en sus ojos un ardor y un relámpago que relampagueaban.

Mi padre se afligió cuando yo me fui;

-Mira, madre -dijo el hombre-, el hermoso pájaro que canta tan magníficamente; ¡Y qué cálido y brillante es el sol, y qué delicioso aroma a especias en el aire!

Mi hermana me quería más que a nadie;

entonces la pequeña Marleen apoyó la cabeza en las rodillas y sollozó.

—Tengo que salir y ver el pájaro más cerca —dijo el hombre—.

-¡Ah, no te vayas! -exclamó la mujer-. "¡Siento como si toda la casa estuviera en llamas!"

Pero el hombre salió y miró al pájaro.

Puso su pañuelo sobre mí,

Y tomé mis huesos para que mientan

Debajo del enebro

¡Kywitt, Kywitt, qué pájaro tan hermoso soy!

Con esto, el pájaro soltó la cadena de oro, y ésta cayó justo alrededor del cuello del hombre, de modo que le quedaba exactamente.

Entró y dijo: 'Mira, qué pájaro tan espléndido es ese; Él me ha dado esta hermosa cadena de oro, y él mismo se ve tan hermoso".

Pero la mujer estaba tan asustada y preocupada, que cayó al suelo, y se le cayó la gorra de la cabeza.

Entonces el pájaro comenzó de nuevo:

"Mi madre mató a su hijito;

«¡Ah!», exclamó la esposa, «si estuviera a mil pies bajo la tierra, no podría oír esa canción».

Mi padre se afligió cuando yo me fui;

Entonces la mujer volvió a caer como muerta.

Mi hermana me quería más que a nadie;

—Bueno —dijo la pequeña Marleen—, yo también saldré a ver si el pájaro me da algo.

Así que salió.

Puso su pañuelo sobre mí,

Y tomé mis huesos para que mientan

Y le arrojó los zapatos,

Debajo del enebro

¡Kywitt, Kywitt, qué pájaro tan hermoso soy!

Y ahora se sentía muy feliz y alegre; Se puso los zapatos, bailó y saltó con ellos. "Me sentí tan miserable", dijo, "cuando salí, pero todo eso ya pasó; Es un pájaro espléndido, y me ha regalado un par de zapatos rojos.

La esposa se levantó de un salto, con los cabellos sobresaliendo de su cabeza como llamas de fuego. —Entonces yo también saldré —dijo ella—, a ver si eso alivia mi desdicha, porque siento como si el mundo se acabara.

Pero cuando cruzó el umbral, ¡choque! El pájaro arrojó la piedra de molino sobre su cabeza, y ella murió aplastada.

El padre y la pequeña Marleen oyeron el ruido y salieron corriendo, pero sólo vieron niebla, llamas y fuego que se elevaban desde el lugar, y cuando éstos pasaron, allí estaba el hermanito, y tomó al padre y a la pequeña Marleen de la mano; Entonces los tres se regocijaron, entraron juntos, se sentaron a cenar y comieron.

EL NABO.

Había dos hermanos que eran soldados; el uno era rico y el otro pobre. El pobre hombre pensó que trataría de mejorarse a sí mismo; Así que, quitándose la túnica roja, se hizo jardinero, cavó bien su tierra y sembró nabos.

Cuando brotó la semilla, había una planta más grande que todas las demás; y se hacía cada vez más grande, y parecía que nunca dejaría de crecer; de modo que podría haberse llamado el príncipe de los nabos, porque nunca antes se había visto uno así, ni se volverá a ver. Al fin fue tan grande que llenó un carro, y dos bueyes apenas podían tirar de él; Y el jardinero no sabía qué hacer con él, ni si sería una bendición o una maldición para él. Un día se dijo a sí mismo: "¿Qué voy a hacer con él? si lo vendo, no traerá más que otro; y para comer, los pequeños nabos son mejores que esto; Tal vez lo mejor sea llevarlo y dárselo al rey como señal de respeto.

Luego unció sus bueyes, llevó el nabo al patio y se lo dio al rey. -¡Qué cosa tan maravillosa! -exclamó el rey-; "He visto muchas cosas extrañas, pero nunca había visto un monstruo como este. ¿De dónde sacaste la semilla? ¿O es solo tu buena suerte? Si es así, eres un verdadero hijo de la fortuna. -¡Ah, no! -respondió el jardinero-, no soy hijo de la fortuna; Soy un pobre soldado, que nunca podría tener lo suficiente para vivir; así que dejé a un lado mi abrigo rojo y me puse a trabajar, labrando la tierra. Tengo un hermano que es rico, y Vuestra Majestad le conoce bien, y todo el mundo le conoce; pero por ser pobre, todo el mundo se olvida de mí".

Entonces el rey se compadeció de él y le dijo: "Ya no serás pobre. Te daré tanto que serás aún más rico que tu hermano". Luego le dio oro, tierras y ovejas, y lo hizo tan rico que la fortuna de su hermano no podía compararse con la suya.

Cuando el hermano se enteró de todo esto, y de cómo un nabo había hecho tan rico al jardinero, lo envidiaba amargamente, y pensó en cómo podría ingeniárselas para obtener la misma buena fortuna para él. Sin embargo, resolvió arreglárselas con más astucia que su hermano, y reunió un rico regalo de oro y finos caballos para el rey; y pensó que debía tener un regalo mucho mayor a cambio; Porque si su hermano había recibido tanto por un nabo, ¿cuánto valdría su presente?

El rey aceptó el regalo muy amablemente, y dijo que no sabía qué dar a cambio más valioso y maravilloso que el gran nabo; Así que el soldado se vio obligado a ponerlo en un carro y arrastrarlo a su casa. Cuando llegó a casa, no sabía sobre quién descargar su rabia y su despecho; Y al fin le vinieron a la cabeza malos pensamientos, y resolvió matar a su hermano.

Así que contrató a algunos villanos para que lo asesinaran; y habiéndoles mostrado dónde habían de tenderse en la emboscada, fue a su hermano y le dijo: "Querido hermano, he encontrado un tesoro escondido; Vayamos a desenterrarlo y compartámoslo entre nosotros. El otro no sospechaba nada de su travesura, así que salieron juntos, y mientras iban de camino, los asesinos se abalanzaron sobre él, lo ataron e iban a colgarlo de un árbol.

Pero mientras se preparaban, oyeron a lo lejos el pisoteo de un caballo, lo que los asustó tanto que metieron a su prisionero en un saco y lo metieron con una cuerda en el árbol, donde lo dejaron colgado y huyeron. Mientras tanto, trabajó y trabajó, hasta que hizo un agujero lo suficientemente grande como para sacarle la cabeza.

Cuando el jinete se acercó, resultó ser un estudiante, un tipo alegre, que iba de viaje en su mochila y cantaba mientras caminaba. Tan pronto como el hombre del saco lo vio pasar por debajo del árbol, gritó: "¡Buenos días! ¡Buenos días, amigo mío! El estudiante miraba a su alrededor por todas partes; y al no ver a nadie, y sin saber de dónde venía la voz, exclamó: '¿Quién me llama?'

Entonces el hombre del árbol respondió: "Alza tus ojos, porque he aquí que estoy sentado en el saco de la sabiduría; aquí he aprendido, en poco tiempo, cosas grandes y maravillosas. Comparado con este asiento, todo el aprendizaje de las escuelas es como aire vacío. Un poco más, y sabré todo lo que el hombre puede saber, y saldré más sabio que el más sabio de los hombres. Aquí discierno los signos y movimientos de los cielos y de las estrellas; las leyes que controlan los vientos; el número de arenas en la orilla del mar; la curación de los enfermos; las virtudes de todos los simples, de los pájaros y de las piedras preciosas. Si estuvieras aquí una sola vez, amigo mío, sintieras y poseyeras el poder del conocimiento.

El estudiante escuchó todo esto y se preguntó mucho; al fin dijo: 'Bendito sea el día y la hora en que te encontré; ¿No te las ingenias para dejarme entrar en el saco por un ratito? Entonces el otro respondió, como si quisiera muy a regañadientes: -Un poco de espacio te puedo permitir sentarte aquí, si me recompensas bien y me ruegas amablemente; pero tú tienes que quedarte todavía una hora más abajo, hasta que yo haya aprendido algunas pequeñas cosas que aún me son desconocidas.

Así que el estudiante se sentó y esperó un rato; Pero el tiempo se le venía encima, y rogó fervientemente que le permitieran ascender inmediatamente, porque su sed de conocimiento era grande. Entonces el otro fingió ceder el paso, y dijo: "Debes dejar descender el saco de la sabiduría, desatando esa cuerda, y entonces entrarás". Entonces el estudiante lo bajó, abrió el saco y lo dejó en libertad. —Ahora —exclamó—, déjame subir rápidamente. Cuando empezó a meterse primero en los tacones del saco, le dijo: —Espera un momento —dijo el jardinero—, ése no es el camino. Luego lo empujó de cabeza, ató el saco y pronto levantó al buscador de sabiduría que flotaba en el aire. «¿Cómo te va, amigo?», le dijo, «¿no sientes que la sabiduría viene a ti? Descansa allí en paz, hasta que seas un hombre más sabio de lo que eras.

Diciendo esto, se fue trotando en la cuerda floja del estudiante, y dejó que el pobre hombre recogiera sabiduría hasta que alguien viniera y lo defraudara.

HANS INTELIGENTE

La madre de Hans dijo: —¿A dónde vas, Hans? Hans respondió: —A Gretel. —Pórtate bien, Hans. – Oh, me portaré bien. Adiós, madre. – Adiós, Hans. Hans se acerca a Gretel. – Buenos días, Gretel. – Buenos días, Hans. ¿Qué es lo que traes que sea bueno?'. "No traigo nada, quiero que me regalen algo". Gretel le regala a Hans una aguja, Hans le dice: "Adiós, Gretel". – Adiós, Hans.

Hans toma la aguja, la mete en un carro de heno y sigue el carro a casa. – Buenas noches, madre. – Buenas noches, Hans. ¿Dónde has estado? – Con Gretel. – ¿Qué le llevaste? "No me llevé nada; tenía algo que me había dado'. – ¿Qué te dio Gretel? – Me dio una aguja. —¿Dónde está la aguja, Hans? – Atrapado en el carro de heno. – Ha sido un mal hecho, Hans. Tendrías que haberte metido la aguja en la manga. 'No importa, lo haré mejor la próxima vez'.

—¿A dónde, Hans? – A Gretel, madre. —Pórtate bien, Hans. – Oh, me portaré bien. Adiós, madre. – Adiós, Hans. Hans se acerca a Gretel. – Buenos días, Gretel. – Buenos días, Hans. ¿Qué es lo que traes que sea bueno?'. "No traigo nada. Quiero que me regalen algo'. Gretel le regala a Hans un cuchillo. – Adiós, Gretel. – Adiós, Hans. Hans coge el cuchillo, se lo mete en la manga y se va a casa. – Buenas noches, madre. – Buenas noches, Hans. ¿Dónde has estado? – Con Gretel. ¿Qué le llevaste? "No le llevé nada, ella me dio algo". – ¿Qué te dio Gretel? – Me dio un cuchillo. —¿Dónde está el cuchillo, Hans? – Atrapado en la manga. —Eso está mal hecho, Hans, deberías haberte metido el cuchillo en el bolsillo. 'No importa, lo haré mejor la próxima vez'.

—¿A dónde, Hans? – A Gretel, madre. —Pórtate bien, Hans. – Oh, me portaré bien. Adiós, madre. – Adiós, Hans. Hans se acerca a Gretel. – Buenos días, Gretel. – Buenos días, Hans. ¿Qué cosa buena traes?'. 'No traigo nada, quiero que me den algo'. Gretel le regala a Hans un cabrito. – Adiós, Gretel. – Adiós, Hans. Hans toma la cabra, le ata las patas y se la mete en el bolsillo. Cuando llega a casa está asfixiado. – Buenas noches, madre. – Buenas noches, Hans. ¿Dónde has estado? – Con Gretel. – ¿Qué le llevaste? "No se llevó nada, ella me dio algo". – ¿Qué te dio Gretel? – Me regaló una cabra. —¿Dónde está la cabra, Hans? – Métemelo en el bolsillo. —Ha sido un error, Hans, deberías haber puesto una soga alrededor del cuello de la cabra. 'No importa, lo haré mejor la próxima vez'.

—¿A dónde, Hans? – A Gretel, madre. —Pórtate bien, Hans. – Oh, me portaré bien. Adiós, madre. – Adiós, Hans. Hans se acerca a Gretel. – Buenos días, Gretel. – Buenos días, Hans. ¿Qué cosa buena traes?'. 'No traigo nada, quiero que me den algo'. Gretel le regala a Hans un trozo de tocino. – Adiós, Gretel. – Adiós, Hans.

Hans toma el tocino, lo ata a una cuerda y lo arrastra detrás de él. Los perros vienen y devoran el tocino. Cuando llega a casa, tiene la cuerda en la mano y ya no hay nada que se aferre a ella. – Buenas noches, madre. – Buenas noches, Hans. ¿Dónde has estado? – Con Gretel. – ¿Qué le llevaste? "Yo no le llevé nada, ella me dio algo". – ¿Qué te dio Gretel? – Me has dado un poco de tocino. —¿Dónde está el tocino, Hans? "Lo até a una cuerda, lo traje a casa, los perros se lo llevaron". —Eso ha sido muy mal, Hans, deberías haber llevado el tocino en la cabeza. 'No importa, lo haré mejor la próxima vez'.

—¿A dónde, Hans? – A Gretel, madre. —Pórtate bien, Hans. – Me portaré bien. Adiós, madre. – Adiós, Hans. Hans se acerca a Gretel. – Buenos días, Gretel. —Buenos días, Hans, ¿qué cosas buenas traes? "No traigo nada, pero me gustaría que me dieran algo". Gretel le regala a Hans una cría. – Adiós, Gretel. – Adiós, Hans.

Hans toma el ternero, se lo pone en la cabeza y el ternero le da una patada en la cara. – Buenas noches, madre. – Buenas noches, Hans. ¿Dónde has estado? – Con Gretel. – ¿Qué le llevaste? "No tomé nada, pero me dieron algo". – ¿Qué te dio Gretel? – Un ternero. —¿Dónde tienes el ternero, Hans? "Me lo puse en la cabeza y me pateó la cara". —Eso ha sido muy mal, Hans, deberías haber llevado al ternero y haberlo puesto en el establo. 'No importa, lo haré mejor la próxima vez'.

—¿A dónde, Hans? – A Gretel, madre. —Pórtate bien, Hans. – Me portaré bien. Adiós, madre. – Adiós, Hans.

Hans se acerca a Gretel. – Buenos días, Gretel. – Buenos días, Hans. ¿Qué cosa buena traes?'. "No traigo nada, pero me gustaría que me dieran algo". Gretel le dice a Hans: "Iré contigo".

Hans toma a Gretel, la ata a una cuerda, la lleva al potro y la ata fuertemente. Entonces Hans va a ver a su madre. – Buenas noches, madre. – Buenas noches, Hans. ¿Dónde has estado? – Con Gretel. – ¿Qué le llevaste? – No le llevé nada. – ¿Qué te dio Gretel? "No me dio nada, vino conmigo". – ¿Dónde has dejado a Gretel? "La llevé por la cuerda, la até al potro y le esparcí un poco de hierba". —Ha sido algo muy malo, Hans, deberías haberle echado una mirada amistosa. 'No importa, lo haré mejor'.

Hans entró en el establo, cortó todos los ojos de los terneros y de las ovejas y se los arrojó a la cara a Gretel. Entonces Gretel se enfadó, se soltó y huyó, y dejó de ser la esposa de Hans.

LOS TRES IDIOMAS

Vivía una vez en Suiza un anciano conde que tenía un único hijo, pero era estúpido y no podía aprender nada. Entonces dijo el padre: "Escúchate, hijo mío, por más que lo intente, no puedo meterte nada en la cabeza. Debes irte de aquí, te dejaré al cuidado de un maestro célebre, quien verá lo que puede hacer contigo. El joven fue enviado a una ciudad extraña y permaneció un año entero con el maestro. Al final de este tiempo, volvió a casa y su padre le preguntó: "Ahora, hijo mío, ¿qué has aprendido?" —Padre, he aprendido lo que dicen los perros cuando ladran. «¡Señor, ten piedad de nosotros!», exclamó el padre; —¿Es eso todo lo que has aprendido? Te enviaré a otra ciudad, a otro señor. El joven fue llevado allí, y se quedó un año con este señor de la misma manera. Cuando regresó, el padre volvió a preguntar: "Hijo mío, ¿qué has aprendido?" Él respondió: 'Padre, he aprendido lo que dicen los pájaros'. Entonces el padre se enfureció y dijo: 'Oh, hombre perdido, has gastado un tiempo precioso y no has aprendido nada; ¿No te avergüenzas de aparecer ante mis ojos? Te enviaré a un tercer maestro, pero si tampoco esta vez aprendes nada, ya no seré tu padre. El joven también permaneció un año entero con el tercer maestro, y cuando volvió a casa y su padre le preguntó: "Hijo mío, ¿qué has aprendido?", él respondió: "Querido padre, este año he aprendido lo que graznan las ranas". Entonces el padre se enfureció, se levantó, llamó a su gente y dijo: "Este hombre ya no es mi hijo, lo expulso y te ordeno que lo saques al bosque y lo mates". Lo sacaron, pero cuando debieron matarlo, no pudieron hacerlo por lástima, y lo dejaron ir, y le cortaron los ojos y la lengua a un ciervo para llevárselos al viejo como señal.

El joven siguió vagando, y después de algún tiempo llegó a una fortaleza donde pidió una noche de alojamiento. —Sí —dijo el señor del castillo—, si quieres pasar la noche allí abajo, en la vieja torre, vete allí; pero te advierto que es a riesgo de tu vida, porque está lleno de perros salvajes, que ladran y aúllan sin parar, y a ciertas horas se les tiene que dar un hombre, al que devoran en seguida. Todo el distrito estaba afligido y consternado por ellos, y sin embargo, nadie podía hacer nada para detenerlo. El joven, sin embargo, no tuvo miedo y dijo: 'Déjame bajar a los perros que ladran, y dame algo que pueda tirarles; no harán nada que me haga daño'. Como él mismo quería, le dieron algo de comer para los animales salvajes y lo llevaron a la torre. Cuando entró, los perros no le ladraron, sino que movieron la cola a su alrededor con bastante amabilidad, comieron lo que les puso delante y no le lastimaron ni un pelo de la cabeza. A la mañana siguiente, ante el asombro de todos, volvió a salir sano y salvo, y le dijo al señor del castillo: "Los perros me han revelado, en su propio idioma, por qué habitan allí y traen el mal a la tierra. Están hechizados y obligados a cuidar de un gran tesoro que está abajo en la torre, y no pueden descansar hasta que se lo quiten, y yo también he aprendido, por sus discursos, cómo se debe hacer eso. Entonces todos los que oyeron esto se regocijaron, y el señor del castillo dijo que lo adoptaría como hijo si lo lograba con éxito. Volvió a bajar, y como sabía lo que tenía que hacer, lo hizo a fondo, y sacó un cofre lleno de oro. A partir de entonces no se oyó más el aullido de los perros salvajes; Habían desaparecido y el país se había liberado del problema.

Al cabo de un tiempo se le metió en la cabeza que viajaría a Roma. En el camino pasó junto a un pantano, en el que varias ranas estaban sentadas croando. Los escuchó, y cuando se dio cuenta de lo que decían, se puso muy pensativo y triste. Por fin llegó a Roma, donde el Papa acababa de morir, y había grandes dudas entre los cardenales sobre a quién debían nombrar como su sucesor. Al final acordaron que se eligiera como papa a la persona que debía distinguirse por alguna señal divina y milagrosa. Y en el momento en que esto estaba decidido, el joven conde entró en la iglesia, y de repente dos palomas blancas como la nieve volaron sobre sus hombros y se quedaron allí sentadas. Los eclesiásticos reconocieron en ella la señal de lo alto, y le preguntaron en el acto si quería ser papa. Estaba indeciso, y no sabía si era digno de esto, pero las palomas le aconsejaron que lo hiciera, y al final dijo que sí. Entonces fue ungido y consagrado, y así se cumplió lo que había oído de las ranas en su camino, que le había afectado tanto, que iba a ser Su Santidad el Papa. Entonces tuvo que cantar una misa, y no supo ni una palabra de ella, pero las dos palomas se sentaban continuamente en sus hombros y se lo decían todo al oído.

EL ZORRO Y EL GATO

Sucedió que la gata se encontró con el zorro en un bosque, y mientras ella pensaba: "Es astuto y lleno de experiencia, y muy estimado en el mundo", le habló de manera amistosa. —Buenos días, querido señor Fox, ¿cómo está? ¿Cómo va todo contigo? ¿Cómo te va en estos tiempos difíciles? El zorro, lleno de todo tipo de arrogancia, miró al gato de pies a cabeza, y durante mucho tiempo no supo si le daría alguna respuesta o no. Al fin dijo: —¡Oh, miserable limpiador de barbas, tonto tonto, cazador de ratones hambriento!, ¿en qué puedes estar pensando? ¿Tienes el descaro de preguntarme cómo estoy? ¿Qué has aprendido? ¿Cuántas artes entiendes? —No entiendo más que una —respondió el gato con modestia—. —¿Qué arte es ese? —preguntó el zorro. "Cuando los sabuesos me siguen, puedo saltar a un árbol y salvarme". —¿Eso es todo? —preguntó el zorro. Soy maestro de cien artes, y tengo en el trato un saco lleno de astucia. Me haces sentir lástima por ti; ven conmigo, te enseñaré cómo la gente se escapa de los sabuesos'. En ese momento llegó un cazador con cuatro perros. La gata saltó ágilmente a un árbol y se sentó en la parte superior de él, donde las ramas y el follaje la ocultaban por completo. —Abra su saco, señor Fox, abra su saco —le gritó el gato, pero los perros ya lo habían agarrado y lo sujetaban fuertemente. -¡Ah, señor Fox! -exclamó el gato-. ¡Tú, con tus cien artes, te quedas en la estacada! Si hubieras podido escalar como yo, no habrías perdido la vida.

LOS CUATRO HERMANOS INTELIGENTES

"Queridos hijos", dijo un pobre hombre a sus cuatro hijos, "no tengo nada que darles; Debes salir al ancho mundo y probar suerte. Empieza por aprender un oficio u otro, y mira cómo te va bien. Así que los cuatro hermanos tomaron sus bastones en las manos y sus pequeños bultos al hombro, y después de despedirse de su padre, salieron juntos a la puerta. Cuando hubieron llegado a algún camino, llegaron a cuatro cruces, cada una de las cuales conducía a un país diferente. Entonces el mayor dijo: "Aquí tenemos que separarnos; Pero hoy, dentro de cuatro años, volveremos a este lugar, y mientras tanto, cada uno debe probar lo que puede hacer por sí mismo.

Y cada hermano siguió su camino; Y cuando el mayor se apresuraba, un hombre se encontró con él y le preguntó adónde iba y qué quería. —Voy a probar suerte en el mundo, y me gustaría empezar por aprender algún arte u oficio —respondió—. —Entonces —dijo el hombre—, ve conmigo, y te enseñaré a convertirte en el ladrón más astuto que jamás haya existido. —No —dijo el otro—, esa no es una vocación honesta, y ¿qué se puede ganar con ella al final sino la horca? —¡Oh! —dijo el hombre—, no tienes por qué temer a la horca; porque yo sólo te enseñaré a robar lo que sea presa limpia: no me meto en nada más que en lo que nadie más puede conseguir ni en lo que nadie te puede encontrar. Así que el joven accedió a seguir su oficio, y pronto demostró ser tan astuto, que no se le podía escapar nada de lo que una vez se había propuesto.

El segundo hermano también se encontró con un hombre que, cuando se enteró de lo que iba a hacer, le preguntó qué oficio pensaba seguir. —Todavía no lo sé —dijo—. —Entonces ven conmigo y sé un observador de estrellas. Es un arte noble, porque nada se te puede ocultar, una vez que entiendes las estrellas. El plan le agradó mucho, y pronto se convirtió en un observador de estrellas tan hábil, que cuando hubo cumplido su condena y quiso dejar a su amo, le dio un vaso y le dijo: "Con esto puedes ver todo lo que sucede en el cielo y en la tierra, y nada se te puede ocultar".

El tercer hermano se encontró con un cazador, que lo llevó consigo, y le enseñó tan bien todo lo que pertenecía a la caza, que llegó a ser muy diestro en el oficio del bosque; y cuando dejó a su señor, le dio un arco y le dijo: "Lo que sea que dispares con este arco, seguro que acertarás".

El hermano menor también se encontró con un hombre que le preguntó qué deseaba hacer: "¿No te gustaría —le dijo— ser sastre? -¡Oh, no! -exclamó el joven-; "Sentarme con las piernas cruzadas de la mañana a la noche, trabajando de atrás hacia adelante con una aguja y un ganso, nunca me conviene". —¡Oh! —respondió el hombre—, ésa no es mi sastrería; Ven conmigo, y aprenderás otro tipo de oficio a partir de eso. No sabiendo qué mejor hacer, entró en el plan y aprendió sastrería desde el principio; y cuando dejó a su amo, le dio una aguja y le dijo: "Con esto puedes coser cualquier cosa, ya sea suave como un huevo o tan dura como el acero; y la unión será tan fina que no se verá ninguna costura".

Después del espacio de cuatro años, en el tiempo acordado, los cuatro hermanos se encontraron en las cuatro encrucijadas; y habiéndose acogido unos a otros, se fueron a casa de su padre, donde le contaron todo lo que les había sucedido, y cómo cada uno había aprendido algún oficio.

Entonces, un día, mientras estaban sentados frente a la casa bajo un árbol muy alto, el padre dijo: 'Me gustaría probar lo que cada uno de ustedes puede hacer de esta manera'. Entonces alzó los ojos y dijo al segundo hijo: "En la copa de este árbol hay un nido de pinzón; Dime cuántos huevos tiene. El observador de estrellas tomó su vaso, miró hacia arriba y dijo: "Cinco". —Ahora —dijo el padre al hijo mayor—, llévate los huevos sin que el pájaro que está sentado sobre ellos y los incuba sepa algo de lo que estás haciendo. Entonces el astuto ladrón trepó al árbol y le llevó a su padre los cinco huevos de debajo del ave; Y nunca vio ni sintió lo que hacía, sino que se quedó sentado a sus anchas. Entonces el padre tomó los huevos y puso uno en cada esquina de la mesa, y el quinto en el medio, y dijo al cazador: "Corta todos los huevos en dos pedazos de un solo tiro". El cazador tomó su arco y, de un solo disparo, alcanzó los cinco huevos, como su padre deseaba.

-Ahora te toca a ti -dijo al joven sastre-; Cose de nuevo los huevos y los pichones que hay en ellos, tan cuidadosamente que el disparo no les haya hecho daño. Entonces el sastre tomó su aguja y cosió los huevos como le habían dicho; Y cuando terminó, el ladrón fue enviado para que los llevara de vuelta al nido, y los pusiera debajo del ave sin que él lo supiera. Y ella se fue sentada, y los incubó, y a los pocos días salieron arrastrándose, y sólo les quedaba un pequeño rayo rojo en el cuello, donde el sastre los había cosido.

-¡Bien hecho, hijos! -dijo el anciano-; "Has hecho buen uso de tu tiempo, y has aprendido algo que vale la pena saber; pero estoy seguro de que no sé cuál debe tener el premio. ¡Oh, si pronto llegara el momento en que pusieras en práctica tu habilidad!

No mucho después de esto hubo un gran bullicio en el país; Porque la hija del rey había sido raptada por un poderoso dragón, y el rey lloraba su pérdida día y noche, y daba a conocer que quien se la devolviera tendría por esposa. Entonces los cuatro hermanos se dijeron el uno al otro: "Esta es una oportunidad para nosotros; Y se pusieron de acuerdo para ver si podían liberar a la princesa. —Sin embargo, pronto sabré dónde está —dijo el observador de estrellas, mientras miraba a través de su espejo—; Y pronto exclamó: "La veo de lejos, sentada sobre una roca en el mar, y puedo ver al dragón que está cerca, que la guarda". Entonces fue a ver al rey y le pidió un barco para él y sus hermanos; Y navegaron juntos por el mar, hasta que llegaron al lugar correcto. Allí encontraron a la princesa sentada, como había dicho el observador de estrellas, en la roca; Y el dragón yacía dormido, con la cabeza sobre el regazo de ella. —No me atrevo a dispararle —dijo el cazador—, porque también mataría a la hermosa joven. —Entonces probaré mi habilidad —dijo el ladrón, y fue a robársela de debajo del dragón, tan tranquila y suavemente que la bestia no se dio cuenta, sino que siguió roncando.

Entonces se apresuraron con ella llenos de alegría en su barca hacia la nave; pero pronto llegó el dragón rugiendo detrás de ellos por el aire; porque despertó y echó de menos a la princesa. Pero cuando llegó a la barca y quiso abalanzarse sobre ellos y llevarse a la princesa, el cazador tomó su arco y le disparó directamente en el corazón, de modo que cayó muerto. Todavía no estaban a salvo; porque era una bestia tan grande que en su caída volcó la barca, y tuvieron que nadar en alta mar sobre unas pocas tablas. Así que el sastre tomó su aguja, y con unas grandes puntadas juntó algunas de las tablas; y se sentó sobre ellas, y navegó alrededor y recogió todos los pedazos de la barca; y luego los unieron tan rápidamente que el bote pronto estuvo listo, y luego llegaron al barco y regresaron a casa sanos y salvos.

Cuando trajeron a la princesa a su padre, hubo gran regocijo; Y dijo a los cuatro hermanos: "Uno de vosotros se casará con ella, pero tendréis que poneros de acuerdo entre vosotros sobre cuál ha de ser". Entonces surgió una disputa entre ellos; Y el observador de estrellas dijo: "Si no hubiera descubierto a la princesa, toda tu habilidad no habría servido de nada; por lo tanto, ella debería ser mía'. -De nada te habría servido verla -dijo el ladrón-, si no la hubiera quitado del dragón; por lo tanto, ella debería ser mía'. -No, es mía -dijo el cazador-; Porque si no hubiera matado al dragón, después de todo, él os habría hecho pedazos a ti y a la princesa. -Y si no hubiera vuelto a coser la barca -dijo el sastre-, os habríais ahogado todos, por lo tanto, es mía. Entonces el rey intervino una palabra y dijo: "Cada uno de vosotros tiene razón; Y como no todos pueden tener a la joven, lo mejor es que ninguno de los dos la tenga, porque la verdad es que hay alguien que le gusta mucho más. Pero para compensar su pérdida, les daré a cada uno de ustedes, como recompensa por su habilidad, medio reino". Así que los hermanos estuvieron de acuerdo en que este plan sería mucho mejor que pelear o casarse con una dama que no tenía intención de tenerlos. Y el rey dio a cada uno la mitad de un reino, como había dicho; y vivieron muy felices el resto de sus días, y cuidaron bien de su padre; Y alguien cuidó mejor de la joven que dejar que el dragón o uno de los artesanos la volviera a tener.

EL LIRIO Y EL LEÓN

Un comerciante, que tenía tres hijas, se embarcaba una vez en un viaje; Pero antes de irse, preguntó a cada una de las hijas qué regalo debía traerle a ella. El mayor deseaba perlas; el segundo para joyas; pero la tercera, que se llamaba Lily, dijo: 'Querido padre, tráeme una rosa'. Ahora bien, no era tarea fácil encontrar una rosa, porque estábamos en pleno invierno; Sin embargo, como era su hija más bonita y le gustaban mucho las flores, su padre dijo que intentaría lo que pudiera. Así que besó a los tres y se despidió de ellos.

Y cuando llegó el momento de volver a casa, había comprado perlas y joyas para los dos mayores, pero había buscado en vano la rosa por todas partes; Y cuando iba a cualquier jardín y pedía tal cosa, la gente se reía de él y le preguntaba si creía que las rosas crecían en la nieve. Esto le entristeció mucho, porque Lily era su hija más querida; Y yendo él a su casa, pensando lo que había de traerle, llegó a un hermoso castillo; Y alrededor del castillo había un jardín, en una mitad del cual parecía ser verano y en la otra mitad invierno. Por un lado, las flores más finas estaban en plena floración, y por el otro todo parecía lúgubre y enterrado en la nieve. -¡Un golpe de suerte! -exclamó mientras llamaba a su criado y le decía que fuera a un hermoso lecho de rosas que había allí y le trajera una de las flores más hermosas.

Hecho esto, cabalgaban muy contentos, cuando saltó un león feroz y gritó: "¡El que haya robado mis rosas será devorado vivo!" Entonces el hombre dijo: "No sabía que el jardín era tuyo; ¿Nada puede salvarme la vida? -¡No! -dijo el león-, nada, a menos que te comprometas a darme lo que encuentres a tu vuelta a casa; si estás de acuerdo con esto, te daré tu vida, y también la rosa por tu hija. Pero el hombre no estaba dispuesto a hacerlo y dijo: "Puede que sea mi hija menor, que es la que más me quiere y siempre corre a mi encuentro cuando vuelvo a casa". Entonces el criado se asustó mucho y dijo: "Tal vez sea solo un gato o un perro". Y al fin el hombre cedió con el corazón apesadumbrado, y tomó la rosa; y dijo que le daría al león lo que le encontrara primero a su regreso.

Y cuando se acercó a casa, fue Lily, su hija menor y más querida, la que lo encontró; Ella vino corriendo, lo besó y le dio la bienvenida a su casa; Y cuando vio que él le había traído la rosa, se alegró aún más.

Pero su padre comenzó a entristecerse mucho y a llorar, diciendo: "¡Ay, mi queridísima hija! He comprado esta flor a un precio alto, porque he dicho que te daría a un león salvaje; y cuando te tenga, te despedazará y te comerá. Entonces él le contó todo lo que había sucedido, y le dijo que no se fuera, que pasara lo que pasara.

Pero ella lo consoló y le dijo: "Querido padre, es necesario que se guarde la palabra que has dado; Iré a ver al león y lo tranquilizaré, y tal vez él me deje volver sano y salvo a casa.

A la mañana siguiente preguntó por dónde debía ir, se despidió de su padre y se fue al bosque con el corazón decidido. Pero el león era un príncipe encantado. Durante el día, él y toda su corte eran leones, pero al anochecer volvían a tomar sus formas correctas. Y cuando Lily llegó al castillo, él la recibió tan cortésmente que ella accedió a casarse con él. Se celebró el banquete de bodas y vivieron felices juntos durante mucho tiempo. El príncipe sólo se dejaba ver en cuanto llegaba la noche, y entonces celebraba su corte; Pero todas las mañanas dejaba a su esposa y se iba solo, ella no sabía a dónde, hasta que volvía la noche.

Al cabo de un rato él le dijo: "Mañana habrá una gran fiesta en la casa de tu padre, porque tu hermana mayor se va a casar; Y si quieres ir a visitarla, mis leones te llevarán allí. Entonces se regocijó mucho con la idea de ver a su padre una vez más, y se puso en camino con los leones; Y todos se alegraron mucho de verla, porque la habían creído muerta hacía mucho tiempo. Pero ella les dijo lo feliz que estaba, y se quedó hasta que terminó la fiesta, y luego volvió al bosque.

Su segunda hermana se casó poco después, y cuando le pidieron a Lily que fuera a la boda, le dijo al príncipe: "No iré sola esta vez, debes ir conmigo". Pero él no quiso, y dijo que sería una cosa muy peligrosa; porque si el menor rayo de la luz de la antorcha cayera sobre él, su encanto sería aún peor, porque se convertiría en una paloma y se vería obligado a vagar por el mundo durante siete largos años. Sin embargo, ella no le dio tregua y dijo que se cuidaría de que no cayera luz sobre él. Así que, por fin, se pusieron en camino juntos, y llevaron consigo a su hijito; y eligió un gran salón con paredes gruesas para que él se sentara mientras se encendían las antorchas de la boda; Pero, desafortunadamente, nadie vio que había una rendija en la puerta.

Entonces la boda se celebró con gran pompa, pero cuando el tren salía de la iglesia y pasaba con las antorchas delante de la sala, un pequeño rayo de luz cayó sobre el príncipe. En un momento desapareció, y cuando su esposa entró a buscarlo, solo encontró una paloma blanca; y le dijo: "Siete años tendré que volar arriba y abajo sobre la faz de la tierra, pero de vez en cuando dejaré caer una pluma blanca, que te mostrará el camino que voy a seguir; Síguelo, y al fin podrás alcanzarme y liberarme.

Dicho esto, salió volando a la puerta, y la pobre Lily lo siguió; Y de vez en cuando caía una pluma blanca que le indicaba el camino que debía seguir. Así siguió vagando por el ancho mundo, y no miró ni a la derecha ni a la izquierda, ni descansó, durante siete años. Entonces comenzó a alegrarse, y pensó para sí misma que se acercaba rápidamente el tiempo en que todos sus problemas terminarían; Sin embargo, el reposo estaba todavía lejos, porque un día, mientras viajaba, echó de menos la pluma blanca, y cuando alzó los ojos no pudo ver la paloma por ninguna parte. «Ahora», pensó para sí misma, «ninguna ayuda del hombre puede serme útil». Entonces ella se acercó al sol y le dijo: "Brillas en todas partes, en la cima de la colina y en la profundidad del valle, ¿has visto alguna parte mi paloma blanca?" —No —dijo el sol—, no lo he visto; pero yo te daré un cofre, ábrelo cuando llegue la hora de tu necesidad.

Así que dio gracias al sol, y siguió su camino hasta el atardecer; y cuando salió la luna, ella clamó a ella, y dijo: 'Brillas en la noche, sobre el campo y la arboleda, ¿no has visto en ninguna parte mi paloma blanca?' —No —dijo la luna—, no puedo ayudarte, pero te daré un huevo, y lo romperé cuando sea necesario.

Luego dio las gracias a la luna y siguió adelante hasta que sopló el viento de la noche; Y ella alzó su voz a ella, y dijo: 'Tú arrasas con todo árbol y debajo de toda hoja, ¿no has visto mi paloma blanca?' -No -dijo el viento de la noche-, pero pediré otros tres vientos; A lo mejor lo han visto. Entonces vinieron el viento del este y el viento del oeste, y dijeron que tampoco lo habían visto, pero el viento del sur dijo: "He visto a la paloma blanca, que ha huido al mar Rojo y se ha convertido una vez más en león, porque han pasado los siete años, y allí está peleando con un dragón; Y el dragón es una princesa encantada, que busca separarlo de ti. Entonces el viento de la noche dijo: "Te daré consejo. Ve al Mar Rojo; En la orilla derecha hay muchas varas, cuéntalas, y cuando llegues a la undécima, rómpela y hiere con ella al dragón; Y así el león tendrá la victoria, y ambos se os aparecerán en sus propias formas. Entonces mira a tu alrededor y verás un grifo, con alas como un pájaro, sentado junto al Mar Rojo; Súbete a su espalda con tu amado lo más rápido posible, y él te llevará sobre las aguas a tu hogar. Yo también te daré esta nuez -continuó el viento de la noche-. "Cuando estés a mitad de camino, tíralo al suelo, y de las aguas brotará inmediatamente un alto nogal en el que el grifo podrá descansar, de lo contrario no tendría fuerzas para llevarte todo el camino; Por tanto, si te olvidas de tirar la nuez, os dejará caer a los dos en el mar.

Partió, pues, nuestro pobre caminante y halló todo como el viento de la noche había dicho; Y ella arrancó la undécima vara, e hirió al dragón, y el león se convirtió en príncipe, y el dragón volvió a ser princesa. Pero tan pronto como la princesa se liberó del hechizo, agarró al príncipe por el brazo, saltó sobre el lomo del grifo y se fue llevándose al príncipe consigo.

De este modo, el infeliz viajero volvió a quedar desamparado y desamparado; pero ella se animó y dijo: "Hasta donde sople el viento, y mientras cante el gallo, seguiré viajando hasta que lo encuentre una vez más". Caminó un largo, largo camino, hasta que por fin llegó al castillo donde la princesa había llevado al príncipe; Y se preparó un banquete, y oyó que la boda estaba a punto de celebrarse. -¡Que el cielo me ayude ahora! -dijo ella-; Y tomó el ataúd que el sol le había dado, y descubrió que dentro de él yacía un vestido tan deslumbrante como el sol mismo. Así que se lo puso, y entró en el palacio, y todo el pueblo la miró; Y el vestido agradó tanto a la novia que preguntó si se vendía. —No por el oro y la plata —dijo ella—, sino por la carne y la sangre. La princesa le preguntó a qué se refería, y ella dijo: "Déjame hablar con el novio esta noche en su aposento, y te daré el vestido". Al final, la princesa accedió, pero le dijo a su chambelán que le diera al príncipe un somnífero, para que no la oyera ni la viera. Cuando llegó la noche, y el príncipe se durmió, la llevaron a su aposento, se sentó a sus pies y dijo: "Te he seguido siete años. He ido al sol, a la luna y al viento de la noche para buscarte, y al fin te he ayudado a vencer al dragón. ¿Te olvidarás, pues, de mí? Pero el príncipe dormía todo el tiempo tan profundamente, que su voz sólo pasaba por encima de él, y parecía el silbido del viento entre los abetos.

Entonces se llevaron a la pobre Lily y la obligaron a renunciar al vestido de oro; Y cuando vio que no había socorro para ella, salió a un prado, se sentó y lloró. Pero mientras estaba sentada, pensó en el huevo que la luna le había dado; Y cuando ella la rompió, salieron corriendo una gallina y doce gallinas de oro puro, que jugaban, y luego se acurrucaron debajo de las alas de la vieja, para formar el espectáculo más hermoso del mundo. Y ella se levantó y los llevó delante de sí, hasta que la novia los vio desde su ventana, y se alegró tanto que salió y le preguntó si quería vender la camada. "No por oro ni por plata, sino por carne y sangre: permíteme hablar esta noche con el novio en su aposento, y te daré toda la prole".

Entonces la princesa pensó en traicionarla como antes, y accedió a lo que ella le pidió; pero cuando el príncipe se fue a su aposento, preguntó al chambelán por qué el viento había silbado tanto en la noche. Y el eunuco le contó todo: cómo le había dado un somnífero, y cómo una pobre doncella había venido y le había hablado en su aposento, y que iba a volver esa noche. Entonces el príncipe se cuidó de tirar el somnífero; y cuando Lily llegó y comenzó a contarle las desgracias que le habían sobrevenido, y lo fiel y verdadera que le había sido, reconoció la voz de su amada esposa, y se levantó de un salto y dijo: «Me has despertado como de un sueño, porque la extraña princesa me había hechizado, de modo que te había olvidado por completo; pero el cielo te ha enviado a mí en una hora afortunada.

Y se escabulleron del palacio de noche, sin darse cuenta, y se sentaron en el grifo, que voló con ellos sobre el Mar Rojo. Cuando estuvieron a mitad de camino de Lily, dejó que la nuez cayera al agua, e inmediatamente un gran árbol de nueces surgió del mar, en el que el grifo descansó un rato y luego los llevó sanos y salvos a casa. Allí encontraron a su hijo, ya adulto para ser hermoso y hermoso; Y después de todos sus problemas, vivieron felices juntos hasta el fin de sus días.

EL ZORRO Y EL CABALLO

Un granjero tenía un caballo que le había sido un excelente y fiel sirviente: pero ya era demasiado viejo para trabajar; Entonces el labrador no le dio nada más de comer, y le dijo: "Ya no te quiero, así que sal de mi establo; No te llevaré de vuelta hasta que seas más fuerte que un león. Luego abrió la puerta y lo dejó a la deriva.

El pobre caballo estaba muy melancólico y vagaba de un lado a otro por el bosque, buscando algún pequeño refugio contra el viento frío y la lluvia. De pronto un zorro le salió al encuentro y le preguntó: «¿Qué te pasa, amigo mío?», ¿por qué agachas la cabeza y pareces tan solo y desdichado? -¡Ah! -replicó el caballo-, la justicia y la avaricia no habitan nunca en una misma casa; mi amo se ha olvidado de todo lo que he hecho por él tantos años, y porque ya no puedo trabajar, me ha dejado a la deriva, y dice que si no me hago más fuerte que un león, no me volverá a llevar; ¿Qué posibilidades tengo de eso? él sabe que no tengo ninguno, o no hablaría así.

Sin embargo, la zorra le pidió que tuviera buen ánimo y le dijo: "Te ayudaré; Acuéstate allí, estírate bien rígido y finge estar muerto. El caballo hizo lo que le dijeron, y el zorro se acercó al león que vivía en una cueva cercana y le dijo: "A un poco de distancia yace un caballo muerto; Ven conmigo y podrás hacer una excelente comida con su cadáver. El león quedó muy contento, y partió inmediatamente; Y cuando llegaron al caballo, el zorro dijo: "No podrás comértelo cómodamente aquí; Te diré una cosa: te ataré fuertemente a su cola, y luego podrás llevarlo a tu guarida y comértelo a tu gusto.

Este consejo agradó al león, así que se acostó tranquilamente para que el zorro lo atara al caballo. Pero el zorro logró atar sus piernas y ató todo tan fuerte y rápido que con todas sus fuerzas no pudo liberarse. Cuando terminó el trabajo, el zorro le dio una palmada en el hombro al caballo y le dijo: '¡Jip! ¡Jamelgo! ¡Jip!' Entonces se levantó de un salto y se alejó, arrastrando al león tras de sí. La bestia comenzó a rugir y a bramar, hasta que todas las aves del bosque huyeron volando de miedo; Pero el caballo le dejó seguir cantando, y se dirigió tranquilamente por los campos hasta la casa de su amo.

"Aquí está, señor", dijo, "lo he superado". Y cuando el labrador vio a su viejo criado, su corazón se arrepintió y dijo: 'Te quedarás en tu establo y serás bien atendido'. Y así, el pobre caballo tuvo suficiente para comer, y vivió, hasta que murió.

LA LUZ AZUL

Érase una vez un soldado que durante muchos años había servido fielmente al rey, pero cuando la guerra llegó a su fin no pudo servir más debido a las muchas heridas que había recibido. El rey le dijo: "Puedes volver a tu casa, ya no te necesito, y no recibirás más dinero, porque solo recibe salario quien me presta servicio para ellos". Entonces el soldado, que no sabía cómo ganarse la vida, se fue muy turbado y caminó todo el día, hasta que al atardecer entró en un bosque. Cuando oscureció, vio una luz, a la que subió, y llegó a una casa donde vivía una bruja. —Dame una noche de alojamiento y un poco de comer y beber —le dijo—, o me moriré de hambre. —¡Oh! —contestó ella—, ¿quién le da algo a un soldado que huye? Sin embargo, tendré compasión y te acogeré, si haces lo que yo quiero. —¿Qué es lo que quieres? —dijo el soldado. —Que mañana me caves por todo mi jardín. El soldado accedió, y al día siguiente trabajó con todas sus fuerzas, pero no pudo terminarlo por la noche. —Veo muy bien —dijo la bruja— que no puedes hacer más hoy, pero te guardaré una noche más, en pago de lo cual mañana tendrás que cortarme un montón de leña y cortarla en pedazos. El soldado pasó todo el día haciéndolo, y por la noche la bruja le propuso que se quedara una noche más. Mañana me harás un trabajo muy insignificante. Detrás de mi casa hay un viejo pozo seco, en el que ha caído mi luz, que arde azul y no se apaga jamás, y tú la sacarás de nuevo. Al día siguiente, la anciana lo llevó al pozo y lo metió en una canasta. Encontró la luz azul y le hizo una señal para que lo volviera a levantar. Lo acercó, pero cuando se acercó al borde, extendió la mano y quiso quitarle la luz azul. —No —dijo él, percibiendo su mala intención—, no te daré la luz hasta que esté con los dos pies en la tierra. La bruja cayó en una pasión, lo dejó caer de nuevo en el pozo y se fue.

El pobre soldado cayó sin daño sobre el suelo húmedo, y la luz azul siguió ardiendo, pero ¿de qué le servía eso? Vio muy bien que no podía escapar de la muerte. Se sentó un rato muy triste, hasta que de repente se metió la mano en el bolsillo y encontró su pipa de tabaco, que todavía estaba medio llena. «Este será mi último placer», pensó, lo sacó, lo encendió a la luz azul y empezó a fumar. Cuando el humo hubo volado alrededor de la caverna, de repente un pequeño enano negro se paró frente a él y dijo: 'Señor, ¿cuáles son tus órdenes?' —

¿Cuáles son mis órdenes? —replicó el soldado, bastante asombrado. -Debo hacer todo lo que me ordenéis -dijo el hombrecillo-. -Bien -dijo el soldado-. —Entonces, en primer lugar, ayúdame a salir de este pozo. El hombrecito lo tomó de la mano y lo condujo a través de un pasaje subterráneo, pero no se olvidó de llevar la luz azul con él. En el camino, el enano le mostró los tesoros que la bruja había recogido y escondido allí, y el soldado tomó todo el oro que pudo llevar. Cuando estuvo arriba, le dijo al hombrecillo: "Ahora ve y ata a la vieja bruja, y llévala ante el juez". Al poco rato pasó como el viento, montada en un gato salvaje y gritando espantosamente. No pasó mucho tiempo antes de que el hombrecillo reapareciera. —Ya está todo hecho —dijo—, y la bruja ya está colgada de la horca. ¿Qué otras órdenes tiene mi señor? -preguntó el enano. -En este momento, ninguno -respondió el soldado-; Puedes volver a casa, pero ten a mano inmediatamente, si te convoco. No hace falta nada más que encender tu pipa a la luz azul, y yo me presentaré ante ti de inmediato. Acto seguido, desapareció de su vista.

El soldado regresó a la ciudad de donde procedía. Fue a la mejor posada, se encargó ropa hermosa y luego ordenó al ventero que le proporcionara una habitación lo más hermosa posible. Cuando estuvo listo y el soldado tomó posesión de él, llamó al pequeño maniquí negro y le dijo: "He servido fielmente al rey, pero él me ha despedido y me ha dejado hambriento, y ahora quiero vengarme". -¿Qué voy a hacer? -preguntó el hombrecillo-. A altas horas de la noche, cuando la hija del rey esté en la cama, tráela aquí mientras duerme, para que me haga el trabajo de sirvienta. El maniquí dijo: "Eso es algo fácil de hacer para mí, pero muy peligroso para ti, porque si lo descubres, te irá mal". Cuando dieron las doce, la puerta se abrió de golpe y el maniquí llevó a la princesa. —¡Ajá! ¿Está usted ahí? -exclamó el soldado-. ¡Vaya a su trabajo de inmediato! Trae la escoba y barre la cámara. Cuando ella hubo hecho esto, él le ordenó que se acercara a su silla, y luego estiró los pies y dijo: 'Quítame las botas', y luego se las arrojó a la cara, y la hizo recogerlas de nuevo, limpiarlas y darles brillo. Ella, sin embargo, hizo todo lo que él le ordenó, sin oposición, en silencio y con los ojos entrecerrados. Cuando cantó el primer gallo, el maniquí la llevó de vuelta al palacio real y la acostó en su cama.

A la mañana siguiente, cuando la princesa se levantó, fue a ver a su padre y le contó que había tenido un sueño muy extraño. —Me llevaron por las calles con la rapidez de un rayo —dijo—, y me llevaron a la habitación de un soldado, y tuve que atenderlo como a un sirviente, barrer su habitación, limpiar sus botas y hacer toda clase de trabajos serviles. Era solo un sueño y, sin embargo, estoy tan cansada como si realmente lo hubiera hecho todo". —Es posible que el sueño haya sido cierto —dijo el rey—. – Te daré un consejo. Llena tu bolsillo de guisantes y haz un pequeño agujero en el bolsillo, y luego, si te llevan de nuevo, se caerán y dejarán una huella en las calles". Pero sin que el rey lo viera, el maniquí estaba de pie a su lado cuando dijo eso, y lo escuchó todo. Por la noche, cuando la princesa dormida fue llevada de nuevo por las calles, algunos guisantes se le cayeron del bolsillo, pero no dejaron rastro, porque el astuto maniquí había esparcido guisantes en todas las calles que había. Y de nuevo la princesa se vio obligada a hacer el trabajo de sirvienta hasta el canto del gallo.

A la mañana siguiente, el rey envió a su gente a buscar el camino, pero todo fue en vano, porque en todas las calles había niños pobres sentados, recogiendo guisantes y diciendo: "Debe haber llovido guisantes anoche". —Tenemos que pensar en otra cosa —dijo el rey—; Mantén los zapatos puestos cuando te vayas a la cama, y antes de que vuelvas del lugar donde te han llevado, esconde uno de ellos allí, pronto me las ingeniaré para encontrarlo. El maniquí negro oyó este complot, y por la noche, cuando el soldado le ordenó de nuevo que trajera a la princesa, se lo reveló y le dijo que no conocía ningún medio para contrarrestar esta estratagema, y que si el zapato se encontraba en la casa del soldado, le iría mal. -Haz lo que te ordeno -replicó el soldado, y esta tercera noche la princesa se vio obligada a trabajar como una sirvienta, pero antes de marcharse escondió el zapato debajo de la cama.

A la mañana siguiente, el rey mandó a toda la ciudad a buscar el zapato de su hija. Se encontró en casa del soldado, y el soldado mismo, que a la súplica del enano había salido de la puerta, pronto fue devuelto y arrojado a la cárcel. En su huida había olvidado las cosas más valiosas que tenía, la luz azul y el oro, y sólo tenía un ducado en el bolsillo. Y ahora, cargado de cadenas, estaba de pie junto a la ventana de su calabozo, cuando por casualidad vio pasar a uno de sus camaradas. El soldado golpeó el cristal y, cuando el hombre se acercó, le dijo: "Ten la bondad de traerme el pequeño bulto que he dejado en la posada, y te daré un ducado por hacerlo". Su camarada corrió hacia allí y le trajo lo que quería. Tan pronto como el soldado volvió a estar solo, encendió su pipa y llamó al maniquí negro. —No tengas miedo —dijo éste a su amo—. "Ve a donde sea que te lleven, y déjalos hacer lo que quieran, solo llévate contigo la luz azul". Al día siguiente, el soldado fue juzgado, y aunque no había hecho nada malo, el juez lo condenó a muerte. Cuando fue conducido a la muerte, suplicó un último favor al rey. —¿Qué pasa? —preguntó el rey. Para que pueda fumar una pipa más en el camino. —Puedes fumar tres —respondió el rey—, pero no pienses que te perdonaré la vida. Entonces el soldado sacó su pipa y la encendió a la luz azul, y tan pronto como ascendieron algunas coronas de humo, el maniquí estaba allí con un pequeño garrote en la mano, y dijo: '¿Qué manda mi señor?' Derriba a ese falso juez y a su alguacil, y no perdones al rey que me ha tratado tan mal. Entonces el maniquí cayó sobre ellos como un rayo, lanzándose de un lado a otro, y el que fue tocado por su garrote cayó a tierra, y no se atrevió a moverse de nuevo. El rey estaba aterrorizado; Se arrojó a la misericordia del soldado, y sólo para que se le permitiera vivir, le dio su reino por suyo y a su hija por esposa.

EL CUERVO

Había una vez una reina que tenía una hija pequeña, todavía demasiado pequeña para correr sola. Un día el niño era muy problemático, y la madre no podía calmarlo, hiciera lo que quisiera. Ella se impacientó y, al ver a los cuervos volando alrededor del castillo, abrió la ventana y dijo: "Desearía que fueras un cuervo y te fueras volando, entonces tendría un poco de paz". Apenas habían salido las palabras de su boca, cuando el niño que tenía en brazos se convirtió en un cuervo y se alejó volando de ella por la ventana abierta. El pájaro emprendió el vuelo hacia un bosque oscuro y permaneció allí durante mucho tiempo, mientras tanto los padres no podían oír nada de su hijo.

Mucho después de esto, un hombre se abría paso a través del bosque cuando escuchó el llamado de un cuervo, y siguió el sonido de la voz. Al acercarse, el cuervo dijo: "Soy hija de rey por nacimiento, pero ahora estoy bajo el hechizo de algún encantamiento; Puedes, sin embargo, liberarme'. '¿Qué voy a hacer?', preguntó. Ella le respondió: "Ve más adentro del bosque hasta que llegues a una casa en la que vive una anciana; Ella te ofrecerá comida y bebida, pero no debes tomar de ninguna de las dos; Si lo haces, caerás en un sueño profundo y no podrás ayudarme. En el jardín, detrás de la casa, hay un gran montón de bronceado, y en él debes estar de pie y vigilarme. Llegaré allí en mi carruaje a las dos de la tarde durante tres días sucesivos; el primer día será tirado por cuatro caballos blancos, el segundo por cuatro castaños, y el último por cuatro caballos negros; pero si no te despiertas y yo te encuentro durmiendo, no seré libre".

El hombre prometió hacer todo lo que ella quisiera, pero el cuervo dijo: '¡Ay! Sé incluso ahora que le quitarás algo a la mujer y no podrás salvarme. El hombre le aseguró de nuevo que de ninguna manera tocaría nada de comer o beber.

Cuando llegó a la casa y entró, la anciana lo encontró y le dijo: "¡Pobre hombre! ¡Qué cansado estás! Entra y descansa, y déjame que te dé de comer y de beber.

"No", respondió el hombre, "no comeré ni beberé".

Pero ella no lo dejaba solo, y le rogaba diciéndole: "Si no quieres comer nada, al menos puedes tomar un trago de vino; Un trago no vale nada», y al fin se dejó persuadir y bebió.

Al acercarse la hora señalada, salió al jardín y subió al montón para esperar al cuervo. De repente, un sentimiento de fatiga se apoderó de él, e incapaz de resistirlo, se acostó un rato, completamente decidido, sin embargo, a mantenerse despierto; Pero al cabo de un minuto sus ojos se cerraron por sí solos, y cayó en un sueño tan profundo, que todos los ruidos del mundo no le habrían despertado. A las dos de la tarde llegó el cuervo, tirado por sus cuatro caballos blancos; pero incluso antes de llegar al lugar, se dijo a sí misma, suspirando: «Sé que se ha dormido». Cuando entró en el jardín, allí lo encontró, como había temido, tendido en el montón, profundamente dormido. Bajó de su carruaje y se acercó a él; Ella lo llamó y lo zarandeó, pero todo fue en vano, él seguía durmiendo.

Al día siguiente, al mediodía, la anciana volvió a verlo con comida y bebida, que al principio rehuso. Por fin, abrumado por sus insistentes súplicas de que tomara algo, levantó el vaso y volvió a beber.

Hacia las dos de la tarde salió al jardín y se dirigió al montañés para vigilar al cuervo. No había pasado mucho tiempo allí cuando empezó a sentirse tan cansado que sus miembros parecían apenas capaces de sostenerlo, y ya no podía mantenerse en pie; Así que se acostó de nuevo y se durmió profundamente. Mientras el cuervo arremolinaba sus cuatro caballos castaños, se dijo a sí misma con tristeza: "Sé que se ha dormido". Ella fue como antes a buscarlo, pero él durmió y fue imposible despertarlo.

Al día siguiente, la anciana le dijo: "¿Qué es esto? No estás comiendo ni bebiendo nada, ¿quieres matarte?'.

Él respondió: "No puedo comer ni beber, ni quiero".

Pero ella dejó el plato de comida y la copa de vino delante de él, y cuando olió el vino, no pudo resistir la tentación y dio un trago profundo.

Cuando volvió a llegar la hora, se fue como de costumbre al montón del jardín para esperar a la hija del rey, pero se sintió aún más abrumado por el cansancio que en los dos días anteriores, y arrojándose al suelo, durmió como un tronco. A las dos de la tarde se vio acercarse el cuervo, y esta vez su cochero y todo lo que la rodeaba, así como sus caballos, eran negros.

Estaba más triste que nunca mientras conducía, y dijo con tristeza: "Sé que se ha dormido y no podrá liberarme". Lo encontró durmiendo profundamente, y todos sus esfuerzos por despertarlo fueron en vano. Luego colocó junto a él un pan, un poco de carne y un frasco de vino, de tal clase que, por mucho que él tomara de ellos, nunca disminuirían. Después de eso, sacó un anillo de oro, en el que estaba grabado su nombre, de su dedo, y lo puso sobre uno de los suyos. Por último, colocó una carta junto a él, en la que, después de darle detalles de la comida y la bebida que le había dejado, terminaba con las siguientes palabras: «Veo que mientras permanezcas aquí no podrás liberarme; sin embargo, si todavía desea hacerlo, venga al castillo dorado de Stromberg; Esto está dentro de tu poder lograrlo'. Luego regresó a su carruaje y se dirigió al castillo dorado de Stromberg.

Cuando el hombre se despertó y se dio cuenta de que había estado durmiendo, se entristeció en su corazón y dijo: "Sin duda ha estado aquí y se ha marchado de nuevo, y ahora es demasiado tarde para que yo la salve". Entonces sus ojos se posaron en las cosas que yacían a su lado; Leyó la carta y supo por ella todo lo que había sucedido. Se levantó sin demora, ansioso por ponerse en camino y llegar al castillo de Stromberg, pero no sabía en qué dirección debía ir. Viajó largo rato en su busca y llegó por fin a un bosque oscuro, a través del cual siguió caminando durante catorce días y todavía no pudo encontrar una salida. Una vez más llegó la noche y, agotado, se acostó bajo un arbusto y se durmió. Al día siguiente volvió a recorrer el bosque, y esa noche, pensando descansar de nuevo, se acostó como antes, pero oyó tales aullidos y lamentos que le resultó imposible dormir. Esperó a que oscureciera y la gente empezara a iluminar sus casas, y entonces, al ver un pequeño destello delante de él, se dirigió hacia él.

Descubrió que la luz provenía de una casa que parecía más pequeña de lo que realmente era, por el contraste de su altura con la de un inmenso gigante que estaba frente a ella. Pensó para sí mismo: "Si el gigante me ve entrar, mi vida no valdrá mucho". Sin embargo, después de un tiempo se armó de valor y siguió adelante. Cuando el gigante lo vio, exclamó: "Es una suerte que hayas venido, porque hace mucho tiempo que no como nada. Ahora puedo tenerte para mi cena. —Preferiría que lo dejaras en paz —dijo el hombre—, porque no me entrego de buena gana para que me coman; si quieres comida, tengo suficiente para saciar tu hambre'. -Si así es -replicó el gigante-, os dejaré en paz; Solo pensé en comerte porque no tenía nada más'.

Entraron, pues, juntos en la casa, y se sentaron, y el hombre sacó el pan, la carne y el vino que, aunque había comido y bebido de ellos, aún no se habían consumido. El gigante quedó complacido con el buen ánimo, y comió y bebió hasta saciarse. Cuando terminó de cenar, el hombre le preguntó si podía indicarle el castillo de Stromberg. El gigante dijo: 'Miraré en mi mapa; En él están marcados todos los pueblos, aldeas y casas. Así que tomó su mapa y buscó el castillo, pero no lo encontró. —No importa —dijo—, tengo mapas más grandes en el piso de arriba, en el armario, los miraremos, pero buscaron en vano, porque el castillo no estaba marcado ni siquiera en ellos. El hombre pensó entonces que le gustaría continuar su viaje, pero el gigante le rogó que se quedara uno o dos días más hasta el regreso de su hermano, que estaba ausente en busca de provisiones. Cuando el hermano llegó a casa, le preguntaron por el castillo de Stromberg, y él les dijo que miraría sus propios mapas tan pronto como hubiera comido y calmado su hambre. En consecuencia, cuando terminó de cenar, subieron todos juntos a su habitación y revisaron sus mapas, pero el castillo no se encontró. Luego fue a buscar otros mapas antiguos, y siguieron buscando el castillo hasta que por fin lo encontraron, pero estaba a muchos miles de millas de distancia. -¿Cómo podré llegar allí? -preguntó el hombre. -Me sobran dos horas -dijo el gigante-, y te llevaré a las inmediaciones del castillo. Entonces debo volver a cuidar del niño que está bajo nuestro cuidado".

El gigante, entonces, llevó al hombre a unas cien leguas del castillo, donde lo dejó, diciendo: "Podrás caminar el resto del camino por ti mismo". El hombre viajó día y noche hasta que llegó al castillo dorado de Stromberg. Sin embargo, la encontró situada en una montaña de cristal, y levantando la vista desde el pie, vio a la doncella encantada rodear su castillo y luego entrar. Estaba muy contento de verla y anhelaba llegar a la cima de la montaña, pero los lados estaban tan resbaladizos que cada vez que intentaba escalar volvía a caer. Cuando vio que era imposible llegar a ella, se entristeció mucho y se dijo a sí mismo: "Me quedaré aquí y la esperaré", así que se construyó una pequeña choza, y allí se sentó y vigiló durante todo un año, y todos los días veía a la hija del rey dando vueltas alrededor de su castillo, pero aún así no podía acercarse más a ella.

Un día, mirando desde su choza, vio a tres ladrones peleando y les gritó: 'Dios esté con ustedes'. Se detuvieron cuando oyeron la llamada, pero al mirar a su alrededor y no ver a nadie, continuaron su lucha, que ahora se volvió más furiosa. «¡Que Dios os acompañe!", gritó de nuevo, y de nuevo se detuvieron y miraron a su alrededor, pero al ver que nadie volvía a su lucha. Por tercera vez gritó: «¡Que Dios esté con vosotros!», y luego, pensando que le gustaría saber la causa de la disputa entre los tres hombres, salió y les preguntó por qué estaban peleando tan airadamente entre sí. Uno de ellos dijo que había encontrado un palo, y que no tenía más que golpearlo contra cualquier puerta por la que quisiera pasar, y al instante se abrió de golpe. Otro le dijo que había encontrado un manto que hacía invisible a su portador; y el tercero había atrapado un caballo que llevaría a su jinete por encima de cualquier obstáculo, e incluso por la montaña de cristal. No habían podido decidir si se mantendrían juntos y tendrían las cosas en común, o si se separarían. Al oír esto, el hombre dijo: "Te daré algo a cambio de esas tres cosas; no dinero, porque no lo tengo, sino algo que es de mucho más valor. Sin embargo, primero debo demostrar si todo lo que me has dicho acerca de tus tres cosas es cierto. Los ladrones, pues, le hicieron subir al caballo y le entregaron el bastón y la capa, y cuando se lo hubo rodeado, ya no se le veía. Entonces se abalanzó sobre ellos con el palo y los golpeó uno tras otro, gritando: '¡Listos, vagabundos ociosos, tenéis lo que merecéis! ¿Estás satisfecho ahora?'.

Después de esto, cabalgó hasta la montaña de cristal. Cuando llegó a la puerta del castillo, la encontró cerrada, pero le dio un golpe con su bastón, y la puerta se abrió de par en par y él la atravesó. Subió los escalones y entró en la habitación donde estaba sentada la doncella, con una copa de oro llena de vino frente a ella. No podía verlo, porque todavía llevaba puesta la capa. Tomó el anillo que ella le había dado de su dedo y lo arrojó en la copa, de modo que sonó al tocar el fondo.

—Ése es mi anillo —exclamó—, y si es así, también debe estar aquí el hombre que viene a liberarme.

Lo buscó por todo el castillo, pero no lo encontró por ninguna parte. Mientras tanto, él había salido de nuevo, montó en su caballo y se quitó la capa. Cuando llegó a la puerta del castillo, lo vio y gritó de alegría. Luego desmontó y la tomó en sus brazos; Y ella lo besó, y dijo: "Ahora sí que me has liberado, y mañana celebraremos nuestras bodas".

LA GALLINA DE LOS HUEVOS DE ORO

Había un hombre que tenía tres hijos, el menor de los cuales se llamaba Dummling, y era despreciado, burlado y burlado en todas las ocasiones.

[*] Simplón

Sucedió que el mayor quiso ir al bosque a cortar leña, y antes de irse, su madre le regaló un hermoso pastel dulce y una botella de vino para que no sufriera hambre ni sed.

Cuando entró en el bosque, se encontró con un viejecito de cabellos grises que le dio los buenos días y le dijo: "Dame un pedazo de pastel de tu bolsillo y déjame tomar un trago de tu vino; Tengo tanta hambre y tanta sed'. Pero el astuto hijo respondió: "Si te doy mi pastel y mi vino, no tendré nada para mí; Vete contigo', y dejó al hombrecillo de pie y prosiguió.

Pero cuando comenzó a talar un árbol, no pasó mucho tiempo antes de que diera un golpe en falso, y el hacha lo cortó en el brazo, de modo que tuvo que ir a su casa y vendarlo. Y esto fue obra del hombrecito gris.

Después de esto, el segundo hijo se fue al bosque, y su madre le dio, como al mayor, un pastel y una botella de vino. El viejecito gris se encontró con él de la misma manera, y le pidió un pedazo de pastel y un trago de vino. Pero el segundo hijo también dijo con bastante sensatez: 'Lo que te doy me será quitado; ¡Váyase!», y dejó al hombrecillo en pie y prosiguió. Su castigo, sin embargo, no se demoró; Después de haber dado algunos golpes al árbol, se golpeó en la pierna, de modo que tuvieron que llevarlo a casa.

Entonces Dummling dijo: 'Padre, déjame ir a cortar leña'. El padre respondió: "Tus hermanos se han lastimado con eso, déjalo en paz, no entiendes nada de eso". Pero Dummling suplicó tanto que al final dijo: "Vete entonces, te volverás más sabio haciéndote daño a ti mismo". Su madre le regaló un bizcocho hecho con agua y horneado en las cenizas, y con él una botella de cerveza agria.

Cuando llegó al bosque, el viejecito gris se encontró con él de la misma manera y, saludándole, le dijo: "Dame un pedazo de tu pastel y un trago de tu botella; Tengo tanta hambre y tanta sed'. Dummling respondió: "No tengo más que pastel de ceniza y cerveza agria; Si te place, nos sentaremos a comer. Así que se sentaron, y cuando Dummling sacó su pastel de ceniza, era un hermoso pastel dulce, y la cerveza agria se había convertido en buen vino. Así que comieron y bebieron, y después de eso el hombrecillo dijo: "Ya que tienes un buen corazón y estás dispuesto a repartir lo que tienes, te daré buena suerte. Allí hay un árbol viejo, córtalo y encontrarás algo en las raíces. Entonces el hombrecillo se despidió de él.

Tonto fue y cortó el árbol, y cuando cayó, había un ganso sentado en las raíces con plumas de oro puro. La alzó y, llevándola consigo, se fue a una posada donde pensaba que pasaría la noche. Ahora bien, el anfitrión tenía tres hijas, que vieron el ganso y sintieron curiosidad por saber qué podría ser un pájaro tan maravilloso, y les habría gustado tener una de sus plumas doradas.

La mayor pensó: «Pronto encontraré la oportunidad de arrancarme una pluma», y tan pronto como Dummling hubo salido, agarró al ganso por el ala, pero su dedo y su mano permanecieron firmemente pegados a él.

La segunda llegó poco después, pensando sólo en cómo podría conseguir una pluma para sí misma, pero apenas había tocado a su hermana cuando se quedó sujeta.

Al fin, el tercero también llegó con la misma intención, y los demás gritaron: '¡Aléjate! ¡Por el amor de Dios, aléjate! Pero no entendía por qué debía mantenerse alejada. «Los demás están allí», pensó, «yo también puedo estar allí», y corrió hacia ellos; pero tan pronto como tocó a su hermana, permaneció aferrada a ella. Así que tuvieron que pasar la noche con el ganso.

A la mañana siguiente, Dummling tomó el ganso bajo el brazo y se puso en marcha, sin preocuparse por las tres muchachas que se aferraban a él. Se veían obligados a correr detrás de él continuamente, ora a la izquierda, ora a la derecha, dondequiera que sus piernas lo llevaran.

En medio de los campos, el párroco les salió al encuentro y, al ver la procesión, dijo: "Por vergüenza, muchachas que no sirven para nada,

¿por qué corren por los campos detrás de este joven? ¿Es eso apropiado? Al mismo tiempo, agarró a la menor de la mano para apartarla, pero tan pronto como la tocó, también se aferró y se vio obligado a correr detrás.

Al poco rato llegó el sacristán y vio a su amo, el párroco, corriendo detrás de tres muchachas. Él se asombró de esto y gritó: '¡Hola! Vuestra reverencia, ¿se va tan rápidamente? ¡No te olvides de que hoy tenemos un bautizo!", y corriendo tras él lo tomó por la manga, pero también se aferró a ella.

Mientras los cinco trotaban así uno detrás del otro, dos labradores llegaron del campo con sus azadas; El párroco los llamó y les rogó que lo dejaran en libertad a él y al sacristán. Pero apenas habían tocado el sacristán cuando los sujetaron, y ahora había siete de ellos corriendo detrás de Dummling y el ganso.

Poco después llegó a una ciudad, donde gobernaba un rey que tenía una hija que era tan seria que nadie podía hacerla reír. De modo que había decretado que quien fuera capaz de hacerla reír se casara con ella. Cuando Dummling oyó esto, fue con su ganso y toda su comitiva delante de la hija del rey, y tan pronto como vio a las siete personas corriendo una y otra vez, una detrás de la otra, comenzó a reír a carcajadas, como si nunca fuera a parar. Entonces Dummling pidió tenerla por esposa; Pero al rey no le gustaba el yerno, y puso toda clase de excusas y dijo que primero debía traer a un hombre que pudiera beber una bodega llena de vino. Dummling pensó en el hombrecito gris, que sin duda podría ayudarle; Así que se fue al bosque, y en el mismo lugar donde había talado el árbol, vio a un hombre sentado, que tenía un rostro muy triste. Dummling le preguntó qué era lo que se tomaba tan a pecho, y él respondió: "Tengo una sed tan grande que no puedo saciarla; El agua fría no me soporta, un barril de vino que acabo de vaciar, pero eso para mí es como una gota en una piedra caliente.

—Allí puedo ayudarte —dijo Dummling—, ven conmigo y quedarás satisfecho.

Lo condujo a la bodega del rey, y el hombre se inclinó sobre los enormes barriles, y bebió y bebió hasta que le dolieron los lomos, y antes de que terminara el día había vaciado todos los barriles. Entonces Dummling preguntó una vez más por su esposa, pero el rey se molestó de que un hombre tan feo, a quien todos llamaban Dummling, le quitara a su hija, e impuso una nueva condición; Primero debe encontrar a un hombre que pueda comer una montaña entera de pan. Dummling no pensó mucho, sino que se fue directamente al bosque, donde en el mismo lugar estaba sentado un hombre que se ataba el cuerpo con una correa, y haciendo una mueca horrible, diciendo: "He comido un horno entero lleno de panecillos, pero ¿de qué sirve eso cuando uno tiene tanta hambre como yo? Mi estómago sigue vacío, y tengo que amarrarme si no quiero morir de hambre.

Al oír esto, Dummling se alegró y dijo: "Levántate y ven conmigo; Comerás hasta saciarte'. Lo llevó al palacio del rey, donde se recogía toda la harina de todo el reino, y de allí hizo cocer una gran montaña de pan. El hombre del bosque se paró frente a ella, comenzó a comer, y al final de un día toda la montaña había desaparecido. Entonces Dummling preguntó por tercera vez por su novia; Pero el rey buscó de nuevo una salida, y ordenó un barco que pudiera navegar por tierra y por agua. —Tan pronto como vuelvas navegando en ella —dijo—, tendrás a mi hija por esposa.

Dummling se adentró directamente en el bosque, y allí estaba sentado el hombrecillo gris a quien le había dado su pastel. Cuando oyó lo que Dummling quería, le dijo: "Ya que me has dado de comer y de beber, te daré el barco; y hago todo esto porque una vez fuiste amable conmigo'. Entonces le dio el barco que podía navegar por tierra y agua, y cuando el rey lo vio, ya no pudo impedirle tener a su hija. La boda se celebró, y después de la muerte del rey, Dummling heredó su reino y vivió durante mucho tiempo contento con su esposa.

EL AGUA DE LA VIDA

Mucho antes de que tú o yo naciéramos, reinaba en un país muy lejano un rey que tenía tres hijos. Este rey una vez cayó muy enfermo, tan enfermo que nadie pensó que podría vivir. Sus hijos estaban muy afligidos por la enfermedad de su padre; Y mientras paseaban juntos muy tristemente por el jardín del palacio, un viejecito les salió al encuentro y les preguntó qué les pasaba. Le dijeron que su padre estaba muy enfermo y que temían que nada pudiera salvarlo. -Ya sé lo que sería -dijo el viejito-; Es el Agua de la Vida. Si pudiera beberle un trago, volvería a estar bien; pero es muy difícil de conseguir". Entonces el hijo mayor dijo: "Pronto la encontraré", y fue al rey enfermo y le rogó que le permitiera ir en busca del Agua de la Vida, ya que era lo único que podía salvarlo. —No —dijo el rey—. Preferiría morir antes que ponerte en un peligro tan grande como el que debes encontrar en tu viaje. Pero él rogó tanto que el rey lo dejó ir; Y el príncipe pensó: "Si le traigo a mi padre esta agua, él me hará único heredero de su reino".

Partió, pues, y después de haber seguido su camino algún tiempo, llegó a un valle profundo, cubierto de rocas y bosques; Y mientras miraba a su alrededor, vio de pie sobre él, en una de las rocas, a un enano pequeño y feo, con un gorro de pan de azúcar y un manto escarlata; y el enano lo llamó y le dijo: 'Príncipe, ¿a dónde va tan rápido?' —¿Qué te importa a ti, feo diablillo? —dijo el príncipe con altivez, y siguió cabalgando.

Pero el enano se enfureció por su comportamiento y le lanzó un hechizo de hadas de mala suerte; de modo que, a medida que cabalgaba por el paso de la montaña, se hacía cada vez más estrecho, y al fin el camino se hizo tan estrecho que no pudo avanzar; y cuando pensó que había dado la vuelta a su caballo y vuelto por donde había venido, oyó una gran risa que resonaba a su alrededor, y vio que el camino estaba cerrado detrás de él. de modo que estaba encerrado por todas partes. A continuación trató de bajarse del caballo y seguir su camino a pie, pero de nuevo la risa resonó en sus oídos, y se vio incapaz de dar un paso, por lo que se vio obligado a permanecer hechizado.

Mientras tanto, el anciano rey se demoraba en la esperanza diaria del regreso de su hijo, hasta que por fin el segundo hijo dijo: "Padre, iré en busca del Agua de la Vida". Porque pensó para sí: "Mi hermano ha muerto, y el reino caerá sobre mí si encuentro el agua". Al principio, el rey se mostró muy reacio a dejarlo ir, pero al final cedió a su deseo. Partió, pues, y siguió el mismo camino que su hermano, y se encontró con el mismo elfo, que lo detuvo en el mismo lugar de las montañas, diciendo, como antes: "Príncipe, príncipe, ¿a dónde va tan rápido?" —¡Ocúpate de tus asuntos, entrometido! —dijo el príncipe con desdén, y siguió cabalgando.

Pero el enano le impuso el mismo hechizo que a su hermano mayor, y él también se vio obligado a establecer su morada en el corazón de las montañas. Así es con las personas orgullosas y tontas, que se creen por encima de todos los demás, y son demasiado orgullosas para pedir o aceptar consejos.

Cuando el segundo príncipe se había ido mucho tiempo, el hijo menor dijo que iría a buscar el Agua de la Vida, y confiaba en que pronto podría curar a su padre. Partió, pues, y el enano se encontró también con él en el mismo lugar del valle, entre las montañas, y le dijo: «Príncipe, ¿a dónde va tan rápido?» Y el príncipe dijo: "Voy en busca del Agua de la Vida, porque mi padre está enfermo y está a punto de morir. ¡Te ruego que seas amable y me ayudes si puedes! —¿Sabes dónde se encuentra? —preguntó el enano. —No —dijo el príncipe—, no lo hago. Por favor, dime si lo sabes. "Entonces, como me has hablado amablemente y eres lo suficientemente sabio como para pedir consejo, te diré cómo y adónde ir. El agua que buscas brota de un pozo en un castillo encantado; y, para que puedas llegar a ella con seguridad, te daré una varita de hierro y dos panes pequeños; Golpea la puerta de hierro del castillo tres veces con la varita, y se abrirá: dos leones hambrientos estarán acostados adentro esperando su presa, pero si les arrojas el pan, te dejarán pasar; luego apresúrate al pozo y toma un poco del Agua de la Vida antes de que el reloj marque las doce; porque si te demoras más, la puerta se cerrará sobre ti para siempre".

Entonces el príncipe dio las gracias a su amiguito con el manto escarlata por su amistosa ayuda, y tomó la varita y el pan, y siguió viajando, por mar y por tierra, hasta que llegó al final de su viaje, y encontró que todo era como el enano le había dicho. La puerta se abrió de par en par al tercer golpe de la varita, y cuando los leones se calmaron, él atravesó el castillo y llegó por fin a una hermosa sala. A su alrededor vio a varios caballeros sentados en trance; Luego les quitó los anillos y se los puso en los dedos. En otra habitación vio sobre una mesa una espada y una hogaza de pan, que también tomó. Más adelante llegó a una habitación donde una hermosa joven estaba sentada en un sofá; Y ella le dio la bienvenida con alegría, y le dijo que si él la liberaba del hechizo que la ataba, el reino sería suyo, si él volvía dentro de un año y se casaba con ella. Entonces ella le dijo que el pozo que contenía el Agua de la Vida estaba en los jardines del palacio; y le dijo que se diera prisa y sacara lo que quería antes de que el reloj diera las doce.

Siguió caminando; Y mientras caminaba por hermosos jardines, llegó a un delicioso lugar sombrío en el que había un diván; Y pensó para sí mismo, mientras se sentía cansado, que descansaría un rato y contemplaría las hermosas escenas que lo rodeaban. Así que se acostó, y el sueño cayó sobre él sin darse cuenta, de modo que no se despertó hasta que el reloj dio las doce menos cuarto. Entonces saltó del diván espantosamente asustado, corrió al pozo, llenó de agua una taza que estaba a su lado y se apresuró a alejarse a tiempo. Justo cuando salía por la puerta de hierro, dieron las doce, y la puerta cayó tan rápidamente sobre él que le arrancó un pedazo del talón.

Cuando se encontró a salvo, se llenó de alegría al pensar que había conseguido el Agua de la Vida; y mientras se dirigía a su casa, pasó junto al pequeño enano, el cual, al ver la espada y el pan, le dijo: 'Has ganado un noble premio; Con la espada puedes matar de un golpe a ejércitos enteros, y el pan nunca te faltará". Entonces el príncipe pensó: "No puedo volver a casa de mi padre sin mis hermanos"; y él dijo: "Mi querido amigo, ¿no puedes decirme dónde están mis dos hermanos, que salieron en busca del Agua de la Vida antes que yo, y nunca regresaron?" —Los he encerrado por un hechizo entre dos montañas —dijo el enano—, porque eran soberbios y se portaban mal, y despreciaban pedir consejo. El príncipe rogó tanto por sus hermanos, que el enano al fin los dejó en libertad, aunque de mala gana, diciendo: "Cuídate de ellos, porque tienen mal corazón". Su hermano, sin embargo, se alegró mucho de verlos, y les contó todo lo que le había sucedido; cómo había encontrado el Agua de Vida, y había tomado una copa llena de ella; y cómo había liberado a una hermosa princesa de un hechizo que la ataba; y cómo ella se había comprometido a esperar un año entero, y luego casarse con él, y darle el reino.

Entonces los tres cabalgaron juntos, y en el camino de regreso llegaron a un país que estaba asolado por la guerra y una hambruna espantosa, de modo que se temía que todos murieran de hambre. Pero el príncipe le dio el pan al rey de la tierra, y todo su reino comió de él. Y prestó al rey la espada admirable, y mató con ella al ejército enemigo; Y así el reino volvió a estar en paz y abundancia. De la misma manera, se hizo amigo de otros dos países por los que pasaron en su camino.

Cuando llegaron al mar, subieron a una barca y, durante el viaje, los dos mayores se dijeron a sí mismos: "Nuestro hermano tiene el agua que no pudimos encontrar, por eso nuestro padre nos abandonará y le dará el reino, que es nuestro derecho". Así que estaban llenos de envidia y venganza, y acordaron juntos cómo podrían arruinarlo. Entonces esperaron hasta que se durmió profundamente, y derramaron el Agua de Vida de la copa, y la tomaron para sí, dándole en su lugar agua de mar amarga.

Cuando llegaron al final de su viaje, el hijo menor llevó su copa al rey enfermo para que bebiera y sanara. Sin embargo, apenas había probado el agua amarga del mar cuando se puso peor aún de lo que estaba antes; Y entonces entraron los dos hijos mayores, y culparon al menor de lo que habían hecho; y dijo que quería envenenar a su padre, pero que habían encontrado el Agua de la Vida y la habían traído consigo. Tan pronto como comenzó a beber de lo que le trajeron, sintió que su enfermedad lo abandonaba, y estaba tan fuerte y sano como en sus días de juventud. Entonces fueron a su hermano, se rieron de él y le dijeron: "Bueno, hermano, ¿has encontrado el Agua de la Vida? Tú has tenido el problema y nosotros tendremos la recompensa. Reza, con toda tu inteligencia, ¿por qué no lograste mantener los ojos abiertos? El año que viene uno de nosotros te quitará a tu hermosa princesa, si no te cuidas. Será mejor que no le digas nada de esto a nuestro padre, porque no cree ni una palabra de lo que dices; Y si cuentas cuentos, perderás tu vida en el trato; pero cállate, y te dejaremos libre.

El viejo rey todavía estaba muy enojado con su hijo menor, y pensó que realmente tenía la intención de quitarle la vida; Así que convocó a su tribunal y preguntó qué se debía hacer, y todos estuvieron de acuerdo en que debía ser condenado a muerte. El príncipe no sabía nada de lo que estaba pasando, hasta que un día, cuando los principales cazadores del rey fueron a cazar con él, y estaban solos en el bosque, el cazador parecía tan triste que el príncipe dijo: "Amigo mío, ¿qué te pasa?" —No puedo ni me atrevo a decírselo —dijo—. Pero el príncipe le rogó mucho y le dijo: "Dime lo que es, y no pienses que me enfadaré, porque te perdonaré". -¡Ay! -exclamó el cazador-; El rey me ha ordenado que te fusile. Al oír esto, el príncipe se sobresaltó y dijo: "Déjame vivir, y cambiaré de vestido contigo; Tomarás mi casaca real para mostrársela a mi padre, y me darás la tuya raída. -Con todo mi corazón -dijo el cazador-; Estoy seguro de que estaré encantado de salvarte, porque no podría haberte disparado. Luego tomó la túnica del príncipe, le dio la raída y se fue por el bosque.

Algún tiempo después, tres grandes embajadas llegaron a la corte del viejo rey, con ricos regalos de oro y piedras preciosas para su hijo menor; Todos ellos fueron enviados por los tres reyes, a quienes había prestado su espada y su pan para librarlos de su enemigo y alimentar a su pueblo. Esto tocó el corazón del anciano rey, que pensó que su hijo aún podía estar libre de culpa, y dijo a su corte: "¡Oh, si mi hijo aún estuviera vivo! ¡Cómo me duele haberlo mandado matar! -Todavía vive -dijo el cazador-; Y me alegro de haber tenido lástima de él, pero que se vaya en paz y traiga a casa su casaca real. Al oír esto, el rey se llenó de alegría, y dio a conocer en todo su reino que si su hijo volvía a su corte, lo perdonaría.

Mientras tanto, la princesa esperaba ansiosamente que volviera su libertador; y tenía un camino hecho que conducía a su palacio todo de oro reluciente; y dijo a sus cortesanos que el que venía a caballo y cabalgaba hasta la puerta por ella, era su verdadero amante; y que le dejasen entrar: pero el que cabalgaba por un lado de ella, debían estar seguros de que no era el correcto; y que debían despedirlo de inmediato.

Pronto llegó el momento en que el hermano mayor pensó que se daría prisa en ir a ver a la princesa y decirle que él era el que la había liberado y que la tendría por esposa y con ella el reino. Al llegar ante el palacio y ver el camino de oro, se detuvo a mirarlo y pensó: "Es una lástima cabalgar por este hermoso camino"; Así que se desvió y cabalgó por el lado derecho de la misma. Pero cuando llegó a la puerta, los guardias, que habían visto el camino que había tomado, le dijeron que no podía ser lo que decía que era, y que debía seguir con sus asuntos.

El segundo príncipe partió poco después en el mismo encargo; y cuando llegó al camino de oro, y su caballo había puesto un pie en él, se detuvo a mirarlo, y le pareció muy hermoso, y se dijo a sí mismo: «¡Qué lástima que algo pise aquí!' Entonces él también se desvió y cabalgó por el lado izquierdo. Pero cuando llegó a la puerta, los guardias dijeron que él no era el verdadero príncipe, y que él también debía irse a sus asuntos; Y se fue.

Al cumplirse el año, el tercer hermano abandonó el bosque en el que se había escondido por temor a la ira de su padre, y salió en busca de su prometida. Y él siguió caminando, pensando en ella todo el camino, y cabalgó tan deprisa que ni siquiera vio de qué estaba hecho el camino, sino que fue con su caballo directamente sobre él; Y cuando llegó a la puerta, ésta se abrió de golpe, y la princesa le recibió con alegría, y le dijo que él era su libertador, y que ahora sería su esposo y señor del reino. Cuando terminó la primera alegría de su encuentro, la princesa le dijo que había oído que su padre lo había perdonado y que deseaba tenerlo de nuevo en casa: así que, antes de su boda con la princesa, fue a visitar a su padre, llevándola consigo. Entonces le contó todo; cómo sus hermanos lo habían engañado y robado, y sin embargo, él había soportado todos esos males por amor a su padre. Y el viejo rey se enojó mucho, y quiso castigar a sus hijos malvados; Pero lograron escapar, y subieron a un barco y navegaron por el ancho mar, y a dónde iban, nadie lo sabía y a nadie le importaba.

Y entonces el anciano rey reunió a su corte y pidió a todo su reino que viniera a celebrar la boda de su hijo y la princesa. Y jóvenes y viejos, nobles y escuderos, gentiles y sencillos, acudieron al instante a la citación; Y entre los demás venía el simpático enano, con el sombrero de Pan de Azúcar y un nuevo manto escarlata.

Y se celebró la boda, y resonaron las campanas alegres.

Y toda la gente buena bailaba y cantaba,

Y festejó y retozó, no puedo decir cuánto tiempo.

LOS DOCE CAZADORES

Había una vez el hijo de un rey que tenía una novia a la que amaba mucho. Y cuando estaba sentado a su lado y muy feliz, llegó la noticia de que su padre yacía enfermo de muerte, y deseaba verlo una vez más antes de su fin. Entonces le dijo a su amada: "Ahora tengo que irme y dejarte, te doy un anillo en memoria mía. Cuando yo sea rey, volveré a buscarte. Así que se alejó, y cuando llegó a su padre, éste estaba gravemente enfermo y a punto de morir. Él le dijo: "Querido hijo, deseaba verte una vez más antes de mi fin, prométeme casarme como yo quiera", y nombró a la hija de cierto rey que iba a ser su esposa. El hijo estaba en tal aprieto que no pensó lo que estaba haciendo, y dijo: 'Sí, querido padre, se hará tu voluntad', y entonces el rey cerró los ojos y murió.

Cuando el hijo fue proclamado rey y pasó el tiempo de duelo, se vio obligado a cumplir la promesa que había hecho a su padre, e hizo que la hija del rey se casara y se la prometió. Su primera prometida se enteró de esto, y se preocupó tanto por su fidelidad que estuvo a punto de morir. Entonces su padre le dijo: "Querida niña, ¿por qué estás tan triste? Tendrás lo que quieras'. Ella pensó por un momento y dijo: "Querido padre, deseo tener once niñas exactamente iguales a mí en rostro, figura y tamaño". El padre le dijo: "Si es posible, tu deseo se cumplirá", e hizo que se hiciera una búsqueda en todo su reino, hasta que se encontraron once doncellas que se parecían exactamente a su hija en rostro, figura y tamaño.

Cuando llegaron a la hija del rey, ella mandó hacer doce trajes de cazadores, todos iguales, y las once doncellas tuvieron que ponerse las ropas de los cazadores, y ella misma se puso el duodécimo traje. Entonces se despidió de su padre, cabalgó con ellos y cabalgó hasta la corte de su antiguo prometido, a quien tanto amaba. Luego le preguntó si necesitaba algún cazador y si los tomaría a todos a su servicio. El rey la miró y no la reconoció, pero como eran hombres tan guapos, dijo: "Sí", y que los tomaría de buena gana, y ahora eran los doce cazadores del rey.

El rey, sin embargo, tenía un león que era un animal maravilloso, porque conocía todas las cosas ocultas y secretas. Sucedió que una noche le dijo al rey: '¿Crees que tienes doce cazadores?' —Sí —dijo el rey—, son doce cazadores. El león continuó: "Te equivocas, son doce niñas". El rey dijo: '¡Eso no puede ser verdad! ¿Cómo me lo vas a demostrar? -¡Oh!, que se esparzan unos guisantes en la antecámara -respondió el león-, y pronto lo verás. Los hombres tienen paso firme, y cuando caminan sobre los guisantes ninguno de ellos se mueve, pero las niñas tropiezan y saltan, y arrastran los pies, y los guisantes ruedan. Al rey le agradó el consejo, e hizo esparcir los guisantes.

Sin embargo, había un criado del rey que favorecía a los cazadores, y cuando se enteró de que iban a ser sometidos a esta prueba, se acercó a ellos y les repitió todo, y dijo: "El león quiere hacer creer al rey que sois niñas". Entonces la hija del rey le dio las gracias y dijo a sus doncellas: "Muestren un poco de fuerza y pisen firmemente los guisantes". A la mañana siguiente, cuando el rey mandó llamar a los doce cazadores y entraron en la antecámara donde estaban los guisantes, los pisaron con tanta firmeza y andaban tan firmes y seguros, que ninguno de los guisantes rodó ni se movió. Entonces se fueron otra vez, y el rey le dijo al león: "Me has mentido, caminan como hombres". El león dijo: "Se les ha informado de que iban a ser puestos a prueba, y han asumido cierta fuerza. Que traigan doce ruecas a la antecámara, y ellos irán a ellas y se alegrarán de ellas, y eso es lo que nadie haría. Al rey le gustó el consejo, e hizo colocar las ruecas en la antecámara.

Pero el criado, que estaba bien dispuesto hacia los cazadores, se acercó a ellos y les reveló el proyecto. Cuando estuvieron solas, la hija del rey dijo a sus once hijas: "Mostrad un poco de coacción y no miréis las ruecas". A la mañana siguiente, cuando el rey mandó llamar a sus doce cazadores, atravesaron la antecámara y no miraron ni una sola vez las ruecas. Entonces el rey volvió a decir al león: "Me has engañado, son hombres, porque no han mirado las ruecas". El león respondió: 'Se han contenido'. El rey, sin embargo, ya no le creyó al león.

Los doce cazadores siempre seguían al rey a la caza, y su simpatía por ellos aumentaba continuamente. Sucedió que una vez, cuando estaban cazando, llegó la noticia de que la novia del rey se acercaba. Cuando la verdadera novia escuchó eso, le dolió tanto que casi se le rompe el corazón y cayó desmayada al suelo. El rey pensó que algo le había sucedido a su querido cazador, corrió hacia él, quiso ayudarlo y le quitó el guante. Entonces vio el anillo que le había dado a su primera esposa, y cuando la miró a la cara la reconoció. Entonces su corazón se conmovió tanto que la besó, y cuando ella abrió los ojos, él dijo: 'Tú eres mía, y yo soy tuya, y nadie en el mundo puede cambiar eso'. Envió un mensajero a la otra novia y le rogó que volviera a su reino, porque ya tenía una esposa, y alguien que acababa de encontrar una llave vieja no necesitaba una nueva. Entonces se celebró la boda, y el león volvió a ser favorecido, porque, después de todo, había dicho la verdad.

EL REY DE LA MONTAÑA DORADA

Había una vez un comerciante que tenía un solo hijo, un varón, que era muy pequeño y apenas podía funcionar solo. Tenía entonces dos barcos ricamente cargados que hacían un viaje por los mares, en el que había embarcado todas sus riquezas, con la esperanza de obtener grandes ganancias, cuando llegó la noticia de que ambos se habían perdido. Así, de ser un hombre rico, se hizo de repente tan pobre que no le quedó más que una pequeña parcela de tierra; Y allí iba a menudo por la noche para dar su paseo y aliviar su mente de un poco de su problema.

Un día, mientras deambulaba por un estudio marrón, pensando sin gran consuelo en lo que había sido y en lo que ahora era y en lo que iba a ser, de repente se le presentó un pequeño enano negro de aspecto tosco. -¡Amigo, por qué te duele tanto! -dijo al mercader-. – ¿Qué es lo que te tomas tan en serio? —Si me hicieras algún bien, te lo diría de buena gana —dijo el mercader—. -¿Quién sabe si no puedo yo? -dijo el hombrecillo-. Dime qué es lo que te aflige, y tal vez descubras que puedo serte de alguna utilidad. Entonces el mercader le contó que todas sus riquezas habían ido al fondo del mar, y que no le quedaba más que aquel pequeño pedazo de tierra. -¡Oh!, no te preocupes por eso -dijo el enano-; Sólo comprométete a traerme aquí, dentro de doce años, lo que te encuentres primero al volver a casa, y te daré todo lo que quieras. El mercader pensó que no era gran cosa pedir; que lo más probable es que fuera su perro o su gato, o algo por el estilo, pero se olvidó de su hijito Heinel; Así que aceptó el trato, y firmó y selló la fianza para hacer lo que se le pedía.

Pero cuando se acercó a casa, su hijito se alegró tanto de verlo que se arrastró detrás de él, se aferró a sus piernas, lo miró a la cara y se rió. Entonces el padre se sobresaltó, temblando de miedo y horror, y vio qué era lo que se había obligado a hacer; Pero, como no llegaba oro, se tranquilizó pensando que no era más que una broma que el enano le estaba jugando, y que, en todo caso, cuando llegara el dinero, vería al portador y no lo aceptaría.

Un mes después subió a un trastero a buscar un hierro viejo para venderlo y reunir un poco de dinero; Y allí, en lugar de su hierro, vio un gran montón de oro tirado en el suelo. Al ver esto, se llenó de alegría y, olvidándose de su hijo, volvió a comerciar y se hizo un comerciante más rico que antes.

Mientras tanto, el pequeño Heinel crecía, y a medida que se acercaba el final de los doce años, el comerciante comenzó a recordar su vínculo, y se puso muy triste y pensativo; de modo que la tristeza y la tristeza quedaron escritas en su rostro. El niño preguntó un día qué pasaba, pero su padre no lo dijo durante algún tiempo; Al fin, sin embargo, dijo que, sin saberlo, lo había vendido por oro a un enano negro de aspecto feo, y que se acercaban los doce años en que debía cumplir su palabra. Then Heinel said, 'Father, give yourself very little trouble about that; I shall be too much for the little man.'

Cuando llegó el momento, el padre y el hijo salieron juntos al lugar acordado, y el hijo trazó un círculo en el suelo, y se puso a sí mismo y a su padre en medio de él. El pequeño enano negro no tardó en llegar, y dio vueltas y vueltas alrededor del círculo, pero no pudo encontrar ninguna manera de entrar en él, y no pudo, o no se atrevió a saltar sobre él. Al fin le dijo el muchacho. —¿Tienes algo que decirnos, amigo mío, o qué quieres? Ahora bien, Heinel había encontrado un amigo en una hada buena, a la que le tenía cariño, y le había dicho lo que tenía que hacer; Porque esta hada sabía la buena suerte que le esperaba. —¿Me has traído lo que dijiste que me traerías? —preguntó el enano al mercader. El anciano se calló, pero Heinel volvió a decir: —¿Qué quieres aquí? El enano dijo: "Vengo a hablar con tu padre, no contigo". —Has engañado y engañado a mi padre —dijo el hijo—; Te ruego que le entregues su atadura de una vez. -Hermosa y suave -dijo el viejecito-; "Lo correcto es lo correcto; Yo he pagado mi dinero, y tu padre lo ha tenido y lo ha gastado; así que ten la bondad de dejarme lo que pagué. —Primero debe contar con mi consentimiento —dijo Heinel—, así que, por favor, entre aquí y hablemos de ello. El anciano sonrió y mostró los dientes, como si debiera haberse alegrado mucho de entrar en el círculo si hubiera podido. Entonces, por fin, después de una larga conversación, llegaron a un acuerdo. Heinel convino en que su padre debía abandonarlo, y que hasta ahora el enano se saldría con la suya: pero, por otra parte, el hada le había dicho a Heinel la fortuna que le esperaba si seguía su propio camino; Y no eligió ser entregado a su amigo jorobado, que parecía tan ansioso por su compañía.

De modo que, para hacer del asunto una especie de batalla enredada, se acordó que Heinel debía ser puesto en un bote abierto, que se encontraba en la orilla del mar, cerca de allí; que el padre lo empujase con su propia mano, y que así quedara a la deriva y abandonado a la mala o buena suerte del viento y del clima. Luego se despidió de su padre y se sentó en la barca, pero antes de que se alejara, una ola la golpeó y cayó con un costado bajo en el agua, por lo que el comerciante pensó que el pobre Heinel estaba perdido, y se fue a su casa muy triste, mientras el enano seguía su camino, pensando que, de todos modos, se había vengado.

El bote, sin embargo, no se hundió, porque la buena hada se ocupó de su amigo, y pronto volvió a levantar el bote, y éste siguió a salvo. El joven permaneció a salvo en el interior, hasta que por fin tocó tierra en tierra desconocida. Al saltar a la orilla, vio ante sí un hermoso castillo, pero vacío y lúgubre por dentro, porque estaba encantado. «Aquí -se dijo», «debo encontrar el premio del que me habló la buena hada». Así que una vez más buscó por todo el palacio, hasta que por fin encontró una serpiente blanca, acostada enroscada en un cojín en una de las cámaras.

Ahora bien, la serpiente blanca era una princesa encantada; Y ella se alegró mucho de verlo, y dijo: '¿Por fin has venido a liberarme? Doce largos años he esperado aquí a que el hada te trajera aquí como prometió, porque solo tú puedes salvarme. Esta noche vendrán doce hombres, con el rostro negro y vestidos con armaduras de cadenas. Te preguntarán qué haces aquí, pero no te darán ninguna respuesta; y que hagan lo que quieran: golpearte, azotarte, pellizcarte, pincharte o atormentarte, soportarlo todo; sólo que no hables una palabra, y a las doce en punto tienen que irse. La segunda noche vendrán otras doce, y la tercera noche veinticuatro, que hasta os cortarán la cabeza; pero a la hora doce de aquella noche se les ha ido el poder, y yo seré libre, y vendré y os traeré el Agua de Vida, y os lavaré con ella, y os devolveré a la vida y a la salud. Y todo sucedió como ella había dicho; Heinel lo soportó todo, y no dijo una palabra; Y a la tercera noche llegó la princesa, se echó sobre su cuello y lo besó. La alegría y la alegría estallaron en todo el castillo, se celebró la boda y él fue coronado rey de la Montaña Dorada.

Vivieron juntos muy felices, y la reina tuvo un hijo. Y así habían pasado ocho años sobre sus cabezas, cuando el rey pensó en su padre; Y comenzó a desear verlo una vez más. Pero la reina se opuso a que él fuera, y dijo: "Sé muy bien que si tú te vas, nos sobrevendrán desgracias". Sin embargo, no le dio descanso hasta que ella aceptó. Al marcharse, ella le dio un anillo de los deseos y le dijo: "Toma este anillo y ponlo en tu dedo; lo que sea que desees te traerá; sólo prométeme no servirte de ella para traerme de aquí a la casa de tu padre. Luego dijo que haría lo que ella le pidiera, y se puso el anillo en el dedo, y deseó estar cerca de la ciudad donde vivía su padre.

Heinel found himself at the gates in a moment; but the guards would No lo dejaba entrar, porque estaba vestido de manera muy extraña. Subió, pues, a una colina vecina, donde vivía un pastor, y pidió prestado su viejo vestido, y así entró desconocido en la ciudad. Cuando llegó a la casa de su padre, dijo que era su hijo; pero el mercader no le creyó, y dijo que no había tenido más que un hijo, su pobre Heinel, que sabía que había muerto hacía mucho tiempo, y como no iba vestido más que como un pobre pastor, no le daba ni de comer. El rey, sin embargo, todavía juró que era su hijo, y dijo: '¿No hay ninguna señal por la que me reconocerías si realmente soy tu hijo?' —Sí —dijo su madre—, nuestro Heinel tenía una marca como de frambuesa en el brazo derecho. Entonces les mostró la marca, y ellos supieron que lo que había dicho era verdad.

Luego les contó que era rey de la Montaña Dorada, que estaba casado con una princesa y que tenía un hijo de siete años. Pero el mercader dijo: 'Eso nunca puede ser verdad; ¡Debe ser un buen rey el que viaja con hábito de pastor! Al oír esto, el hijo se enfadó; y, olvidando su palabra, volvió su anillo y deseó a su reina y a su hijo. En un instante se encontraron ante él; Pero la reina lloró, y dijo que había faltado a su palabra, y que la mala suerte vendría. Hizo todo lo que pudo para calmarla, y al fin pareció apaciguarse; Pero en verdad no lo era, y sólo pensaba en cómo debía castigarle.

Un día la llevó a pasear con él fuera de la ciudad, y le mostró el lugar donde el bote estaba a la deriva en las anchas aguas. Luego se sentó y dijo: "Estoy muy cansado; siéntate a mi lado, descansaré mi cabeza en tu regazo y dormiré un rato'. Sin embargo, tan pronto como se durmió, ella le quitó el anillo del dedo, se alejó sigilosamente y deseó que ella y su hijo se sintieran en casa en su reino. Y cuando despertó, se encontró solo, y vio que el anillo había desaparecido de su dedo. —No podré volver a la casa de mi padre —dijo—; "Dirían que soy un hechicero: iré por el mundo hasta que vuelva a mi reino".

Diciendo esto, se puso en camino y anduvo hasta que llegó a un monte, donde tres gigantes compartían los bienes de su padre; y al verle pasar, gritaron y dijeron: 'Los hombres pequeños tienen un ingenio agudo; Él repartirá los bienes entre nosotros. Ahora bien, había una espada que cortaba la cabeza de un enemigo cada vez que el portador pronunciaba las palabras: '¡Que se corte la cabeza!'; un manto que invisibilizaba al dueño, o le daba la forma que quisiera; y un par de botas que llevaban al portador a donde quisiera. Heinel dijo que primero debían dejarle probar estas cosas maravillosas, para que luego supiera cómo ponerles un valor. Entonces le dieron la capa, y él deseó tener una mosca, y en un momento se convirtió en una mosca. —La capa está muy bien —dijo—, ahora dame la espada. -No -respondieron ellos-; No, a menos que te comprometas a no decir: «¡Que te vayas!», porque si lo haces, todos somos hombres muertos. Así que se lo dieron, encarándole que lo probara en un árbol. A continuación, pidió también las botas; y en el momento en que tuvo las tres en su poder, deseó estar en la Montaña Dorada; Y allí estaba de inmediato. Así que los gigantes se quedaron atrás sin bienes para compartir o discutir.

Cuando Heinel se acercó a su castillo, oyó el sonido de una música alegre; Y la gente de alrededor le dijo que su reina estaba a punto de casarse con otro marido. Luego se echó el manto a su capa, atravesó la sala del castillo y se colocó al lado de la reina, donde nadie lo vio. Pero cuando le pusieron algo de comer en el plato, él se lo quitó y se lo comió él mismo; y cuando le entregaron un vaso de vino, él lo tomó y lo bebió; Y así, aunque seguían dándole de comer y de beber, su plato y su copa estaban siempre vacíos.

Al oír esto, el miedo y el remordimiento se apoderaron de ella, y entró sola en su aposento, y se sentó allí llorando; Y él la siguió hasta allí. «¡Ay!», se dijo a sí misma, «¿no fui liberada una vez? ¿Por qué, entonces, este encantamiento parece seguir atándome?

-¡Falso y voluble! -exclamó-. Ha venido uno que te ha puesto en libertad, y ahora está de nuevo cerca de ti; Pero, ¿cómo lo has utilizado? ¿Debería haber recibido tal trato de tu parte? Entonces él salió y despidió a la compañía, y dijo que las bodas habían llegado a su fin, porque él había vuelto al reino. Pero los príncipes, los pares y los grandes hombres se burlaban de él. Sin embargo, no quiso entrar en parlamentar con ellos, sino que sólo les preguntó si se irían en paz o no. Entonces se volvieron contra él y trataron de prenderlo; Pero desenvainó su espada. -¡Que me corten la cabeza! -exclamó-; y con la palabra las cabezas de los traidores cayeron ante él, y Heinel fue una vez más rey de la Montaña Dorada.

DOCTOR KNOWALL

Érase una vez un pobre campesino llamado Crabb, que llevaba con dos bueyes una carga de leña a la ciudad y se la vendía a un médico por dos tálamos. Cuando le estaban contando el dinero, sucedió que el médico estaba sentado a la mesa, y cuando el campesino vio lo bien que comía y bebía, su corazón deseó lo que vio, y de buena gana habría sido también médico. Así que permaneció de pie un rato, y al fin preguntó si él también no podía ser médico. —Oh, sí —dijo el doctor—, eso se consigue pronto. —¿Qué tengo que hacer? —preguntó el campesino. En primer lugar, cómprate un libro de A, B, C, de esos que tienen un gallo en el frontispicio; en el segundo, convierte tu carreta y tus dos bueyes en dinero, y consíguete algo de ropa, y todo lo demás que se refiere a la medicina; en tercer lugar, manda a pintar un cartel con las palabras: "Soy el doctor Knowall", y hazlo clavar sobre la puerta de tu casa. El campesino hizo todo lo que se le había ordenado que hiciera. Después de haber curado a la gente por un tiempo, pero no por mucho tiempo, a un señor rico y grande le robaron algo de dinero. Luego le hablaron del doctor Knowall, que vivía en tal o cual aldea, y debía saber qué había sido del dinero. Así que el señor mandó a enjaezar los caballos a su carruaje, se dirigió a la aldea y le preguntó a Crabb si era el doctor Knowall. Sí, lo era, dijo. Luego debía ir con él y traer de vuelta el dinero robado. —Oh, sí, pero Grete, mi mujer, también tiene que irse. El señor estuvo dispuesto, y les permitió a ambos tomar asiento en el carruaje, y se fueron todos juntos. Cuando llegaron al castillo del noble, la mesa estaba servida y le dijeron a Crabb que se sentara y comiera. —Sí, pero también mi mujer, Grete —dijo, y se sentó con ella a la mesa—. Y cuando el primer sirviente llegó con un plato de comida delicada, el campesino le dio un codazo a su esposa y le dijo: 'Grete, ese fue el primero', queriendo decir que ese fue el sirviente que trajo el primer plato. El criado, sin embargo, creyó que con eso quería decir: "Ese es el primer ladrón", y como en realidad lo era, se aterrorizó y le dijo a su camarada de afuera: "El médico lo sabe todo: nos irá mal, dijo que yo fui el primero". El segundo no quiso entrar en absoluto, pero fue forzado. Así que cuando entró con su plato, el campesino le dio un codazo a su esposa y le dijo: 'Grete, esa es la segunda'. Este sirviente se alarmó igualmente, y salió lo más rápido que pudo. Al tercero no le fue mejor, porque el campesino volvió a decir: —Greta, ésa es la tercera. El cuarto tenía que llevarlo en un plato que estaba cubierto, y el señor le dijo al doctor que debía mostrar su habilidad y adivinar lo que había debajo de la cubierta. En realidad, había cangrejos. El médico miró el plato, no sabía qué decir y exclamó: «¡Ah, pobre Crabb!». Cuando el Señor oyó esto, exclamó: '¡Allí! Él lo sabe; ¡También debe saber quién tiene el dinero!

Al oír esto, los criados se mostraron terriblemente inquietos y le hicieron señas al médico de que deseaban que saliera un momento. Cuando salió, los cuatro le confesaron que habían robado el dinero, y dijeron que de buena gana se lo devolverían y le darían una gran suma en el trato, si no los denunciaba, porque si lo hacía serían ahorcados. Lo condujeron al lugar donde estaba escondido el dinero. Con esto, el doctor quedó satisfecho, y volvió a la sala, se sentó a la mesa y dijo: "Mi señor, ahora buscaré en mi libro dónde está escondido el oro". El quinto criado, sin embargo, se metió en la estufa para saber si el doctor sabía aún más. Pero el doctor se quedó quieto y abrió su libro A, B, C, pasó las páginas hacia atrás y hacia adelante, y buscó al gallo. Como no pudo encontrarlo de inmediato, dijo: 'Sé que estás allí, ¡así que será mejor que salgas!' Entonces el hombre de la estufa pensó que el médico se refería a él, y lleno de terror, saltó gritando: «¡Ese hombre lo sabe todo!» Entonces el doctor Knowall le mostró al señor dónde estaba el dinero, pero no dijo quién lo había robado, y recibió mucho dinero de ambos lados en recompensa, y se convirtió en un hombre de renombre.

LOS SIETE CUERVOS

Había una vez un hombre que tenía siete hijos, y por último una hija. Aunque la niña era muy bonita, era tan débil y pequeña que pensaron que no podría vivir; pero decían que debía ser bautizada de inmediato.

Entonces el padre envió a uno de sus hijos a toda prisa a la fuente a buscar agua, pero los otros seis corrieron con él. Cada uno quería ser el primero en sacar el agua, y así estaban tan apurados que todos dejaron caer sus cántaros en el pozo, y se quedaron muy tontos mirándose unos a otros, sin saber qué hacer, porque ninguno se atrevía a volver a casa. Mientras tanto, el padre estaba inquieto y no podía decir qué había hecho que los jóvenes se quedaran tanto tiempo. —Seguramente —dijo—, los siete deben haberse olvidado de sí mismos durante algún juego de juego; Y cuando hubo esperado aún más y aún no llegaban, montó en cólera y deseó que todos se convirtieran en cuervos. Apenas había pronunciado estas palabras cuando oyó un graznido sobre su cabeza, y alzó la vista y vio siete cuervos negros como el carbón volando de un lado a otro. A pesar de su pesar por ver cumplido su deseo, no sabía cómo se podía deshacer lo que estaba hecho, y se consolaba lo mejor que podía por la pérdida de sus siete hijos con su querida hijita, que pronto se hizo más fuerte y cada día más hermosa.

Durante mucho tiempo no supo que había tenido hermanos; Porque su padre y su madre se cuidaban de no hablar de ellos delante de ella, pero un día, por casualidad, oyó que la gente que la rodeaba hablaba de ellos. —Sí —dijeron—, es hermosa, pero aun así es una lástima que sus hermanos se hayan perdido por ella. Entonces ella se entristeció mucho, y fue a su padre y a su madre, y preguntó si tenía hermanos, y qué había sido de ellos. Así que ya no se atrevieron a ocultarle la verdad, sino que dijeron que era la voluntad del Cielo, y que su nacimiento no era más que la causa inocente de ella; Pero la niña lloraba tristemente por ello todos los días, y se creía obligada a hacer todo lo posible para traer de vuelta a sus hermanos; Y no tuvo descanso ni tranquilidad, hasta que un día se escapó y se fue al ancho mundo para encontrar a sus hermanos, dondequiera que estuvieran, y liberarlos, cueste lo que cueste.

No llevaba consigo más que un pequeño anillo que su padre y su madre le habían dado, una hogaza de pan por si tenía hambre, un pequeño cántaro de agua por si tenía sed y un pequeño taburete para descansar cuando estuviera cansada. Así siguió y siguió, y viajó hasta que llegó al fin del mundo; Luego llegó al sol, pero el sol parecía demasiado caliente y ardiente; así que corrió rápidamente a la luna, pero la luna estaba fría y fría, y dijo: '¡Huelo carne y sangre de esta manera!' Así que se alejó a toda prisa y llegó a las estrellas, y las estrellas fueron amistosas y amables con ella, y cada estrella se sentó en su propio taburete; Pero el lucero de la mañana se levantó, le dio un pedacito de madera y le dijo: "Si no tienes este pedacito de madera, no puedes abrir el castillo que está en la montaña de cristal, y allí viven tus hermanos". La niña tomó el pedazo de madera, lo enrolló en un pequeño paño y siguió adelante hasta que llegó a la montaña de cristal y encontró la puerta cerrada. Luego buscó el pedacito de madera; Pero cuando desenvolvió la tela, no estaba allí, y vio que había perdido el don de las buenas estrellas. ¿Qué hacer? Quería salvar a sus hermanos, y no tenía la llave del castillo de la montaña de cristal; Así que esta fiel hermanita sacó un cuchillo de su bolsillo y se cortó el dedo meñique, que era del tamaño del trozo de madera que había perdido, lo metió en la puerta y lo abrió.

Al entrar, un enano se le acercó y le dijo: "¿Qué buscas?" —Busco a mis hermanos, los siete cuervos —respondió ella—. Entonces el enano dijo: "Mis amos no están en casa; pero si quieres esperar hasta que vengan, te ruego que entres. El enano estaba preparando la cena, y les trajo la comida en siete platos, y la bebida en siete vasos, y los puso sobre la mesa, y de cada plato pequeño su hermana comió un pedazo, y de cada vasito bebió una pequeña gota; Pero dejó caer en el último vaso el anillo que había traído consigo.

De repente oyó un aleteo y un graznido en el aire, y el enano dijo: "Ahí vienen mis amos". Cuando entraron, querían comer y beber, y buscaron sus platitos y vasos. Y dijeron uno tras otro:

¿Quién ha comido de mi plato? ¿Y quién ha bebido de mi vasito?

'¡Caw! ¡Bien! bueno, yo ween

Labios mortales han sido así.

Cuando el séptimo llegó al fondo de su vaso y encontró allí el anillo, lo miró y supo que era de su padre y de su madre, y dijo: "¡Oh, si nuestra hermanita viniera! entonces seríamos libres'. Cuando la niña oyó esto (porque estaba detrás de la puerta todo el tiempo y escuchaba), corrió hacia adelante, y en un instante todos los cuervos volvieron a tomar su forma correcta; y todos se abrazaron y se besaron, y se fueron alegres a sus casas.

LA BODA DE LA SEÑORA FOX

PRIMERA HISTORIA

Érase una vez un viejo zorro de nueve colas, que creía que su esposa no le era fiel y deseaba ponerla a prueba. Se estiró debajo del banco, no movió una extremidad y se comportó como si estuviera muerto como una piedra. La señora Fox subió a su habitación, se encerró en ella, y su criada, la señorita Cat, se sentó junto al fuego y se encargó de cocinar. Cuando se supo que el viejo zorro había muerto, se presentaron pretendientes. La criada oyó que alguien llamaba a la puerta de la casa. Ella fue y la abrió, y era un zorro joven, que dijo:

—¿De qué va a tratar, señorita Cat?

¿Duermes o te despiertas?'.

Ella respondió:

"No estoy durmiendo, estoy despierto,

¿Sabrías lo que estoy haciendo?

Estoy hirviendo cerveza tibia con mantequilla,

¿Quieres ser mi invitado a cenar?

—No, gracias, señorita —dijo el zorro—, ¿qué está haciendo la señora Fox? La criada respondió:

"Está sentada en su habitación,

Gimiendo en su penumbra,

Llorando sus ojitos completamente rojos,

Porque el viejo señor Fox ha muerto.

—Dígale, señorita, que aquí hay un zorro joven, al que le gustaría cortejarla. —Ciertamente, joven señor.

El gato sube las escaleras tropezando, atrapando,

La puerta a la que llama toca, toca, toca,

– Señora Fox, ¿está usted dentro?

—Oh, sí, mi gatita —exclamó—.

– Un cortejador, está ahí en la puerta.

—¿Qué aspecto tiene, querida?

—¿Tiene nueve colas tan hermosas como el difunto señor Zorro? —Oh, no —respondió el gato—, sólo tiene uno. —Entonces no lo aceptaré.

La señorita Cat bajó las escaleras y despidió al cortejador. Poco después llamaron de nuevo, y otro zorro estaba en la puerta que deseaba cortejar a la señora Fox. Tenía dos colas, pero no le fue mejor que a la primera. Después de esto vinieron más, cada uno con una cola más que el otro, pero todos fueron rechazados, hasta que por fin llegó uno que tenía nueve colas, como el viejo señor Fox. Al oír esto, la viuda le dijo alegremente al gato:

"Ahora abre las puertas y las puertas de par en par,

Y llévate al viejo señor Fox fuera.

Pero en el momento en que se iba a solemnizar la boda, el viejo señor Fox se metió debajo del banco, golpeó a toda la chusma y los echó a ellos y a la señora Fox de la casa.

SECOND STORY

Cuando el viejo señor Fox murió, el lobo vino como pretendiente y llamó a la puerta, y el gato, que era sirviente de la señora Fox, se la abrió. El lobo la saludó y le dijo:

—Buenos días, señora Gata de Kehrewit,

¿Cómo es que solo te sientas?

¿Qué es lo que estás haciendo bien?'.

El gato respondió:

"En leche estoy partiendo el pan tan dulce,

¿Quieres ser mi huésped y comer?

—No, gracias, señora Gata —respondió el lobo—. – ¿No está en casa la señora Fox?

El gato dijo:

"Ella se sienta arriba en su habitación,

Lamentando su triste destino,

Lamentando su aflicción tan dolorosa,

Porque el viejo señor Fox ya no existe.

El lobo respondió:

Si ahora está necesitada de marido,

Entonces, ¿le placerá bajar de allí?

El gato corre rápidamente por la escalera,

Y deja que su cola vuele aquí y allá,

Hasta que llega a la puerta del salón.

Con sus cinco anillos de oro en la puerta llama:

—¿Está usted dentro, buena señora Fox?

Si Ud. está en busca de un esposo ahora,

Entonces, ¿te complacerá dar un paso abajo?

La señora Fox preguntó: —¿Tiene puestas las medias rojas del caballero y tiene la boca puntiaguda? —No —respondió el gato—. — Entonces no me servirá.

Cuando el lobo se fue, llegaron un perro, un ciervo, una liebre, un oso, un león y todas las bestias del bosque, una tras otra. Pero una de las buenas cualidades que había poseído el viejo señor Fox era siempre faltante, y el gato tenía que despedir continuamente a los pretendientes. Al fin llegó un zorro joven. Entonces la señora Fox dijo: —¿Tiene el caballero puesto un calcetín rojo y una boquita puntiaguda? —Sí —dijo el gato—, lo ha hecho. —Entonces que suba —dijo la señora Fox, y ordenó a la criada que preparara el banquete de bodas.

"Límpiame la habitación lo más que puedas,

¡Arriba por la ventana, échate a mi viejo!

Para muchos ratones gordos y finos trajo,

Sin embargo, nunca pensó en su esposa,

Pero se comió a todos los que atrapó".

Luego se solemnizó la boda con el joven señor Fox, y hubo mucho regocijo y baile; Y si no lo han dejado, siguen bailando.

LA ENSALADA

Una vez, mientras un joven y alegre cazador caminaba a paso ligero por un bosque, se acercó una viejecita y le dijo: 'Buen día, buen día; pareces bastante alegre, pero yo tengo hambre y sed. Te ruego que me des algo de comer'. El cazador se compadeció de ella, se metió la mano en el bolsillo y le dio lo que tenía. Entonces quiso seguir su camino; pero ella lo agarró y le dijo: "Escucha, amigo mío, lo que voy a decirte; Te recompensaré por tu bondad. Sigue tu camino, y después de un poco de tiempo llegarás a un árbol donde verás nueve pájaros sentados en un manto. Disparad en medio de ellos, y caerá uno muerto: también caerá el manto; Tómala, es un manto de deseos, y cuando lo uses te encontrarás en cualquier lugar donde desees estar. Corta el pájaro muerto, sácale el corazón y guárdalo, y encontrarás un pedazo de oro debajo de tu almohada cada mañana cuando te levantes. Es el corazón del pájaro el que te traerá esta buena suerte".

El cazador le dio las gracias y pensó: "Si todo esto sucede, será algo hermoso para mí". Cuando había dado unos cien pasos, oyó gritos y gorjeos en las ramas que le cubrían, y alzó la vista y vio una bandada de pájaros que tiraban de un manto con el pico y las patas; gritando, peleando y tirándose unos a otros como si cada uno deseara tenerlo él mismo. —Bueno —dijo el cazador—, esto es maravilloso; esto sucede tal como dijo la anciana'; Luego disparó en medio de ellos, de modo que sus plumas volaron por todas partes. Se fue el rebaño parloteando; pero uno cayó muerto, y con él el manto. Entonces el cazador hizo lo que la anciana le dijo, abrió el pájaro, sacó el corazón y se llevó la capa a su casa.

A la mañana siguiente, cuando despertó, levantó la almohada y allí yacía la pieza de oro que brillaba debajo; Lo mismo sucedió al día siguiente, y de hecho todos los días cuando se levantó. Acumuló una gran cantidad de oro, y al final pensó para sí mismo: «¿De qué me sirve este oro mientras estoy en casa? Saldré al mundo y miraré a mi alrededor'.

Luego se despidió de sus amigos, se colgó la bolsa y el lazo al cuello y se fue. Sucedió que un día su camino pasaba por un espeso bosque, al final del cual había un gran castillo en un verde prado, y en una de las ventanas había una anciana con una joven muy hermosa a su lado, mirando a su alrededor. La vieja era una bruja y le dijo a la joven: "Ha salido del bosque un joven que lleva un premio maravilloso; Debemos quitársela de Él, mi querida niña, porque es más adecuada para nosotros que para Él. Tiene un corazón de pájaro que trae una pieza de oro debajo de su almohada todas las mañanas. Mientras tanto, el cazador se acercó y miró a la dama, y se dijo a sí mismo: «He estado viajando tanto tiempo que me gustaría entrar en este castillo y descansar, porque tengo dinero suficiente para pagar lo que quiero»; Pero la verdadera razón era que quería ver más de la hermosa dama. Luego entró en la casa, y fue recibido amablemente; Y no pasó mucho tiempo antes de que estuviera tan enamorado que no pensó en otra cosa que en mirar a los ojos de la dama y hacer todo lo que ella deseaba. Entonces la anciana dijo: "Ahora es el momento de coger el corazón del pájaro". Así que la señora se lo robó, y no volvió a encontrar oro debajo de la almohada, porque ahora estaba debajo de la de la joven, y la vieja se lo llevaba todas las mañanas; Pero estaba tan enamorado que nunca le faltó el premio.

—Bueno —dijo la vieja bruja—, tenemos el corazón del pájaro, pero aún no el manto de los deseos, y eso también debemos conseguirlo. -Dejémosle así -dijo la joven-; Ya ha perdido su riqueza. Entonces la bruja se enfadó mucho y dijo: "Semejante capa es una cosa muy rara y maravillosa, y debo tenerla y la tendré". Y así hizo lo que la vieja le dijo, y se sentó junto a la ventana, y miró a su alrededor y pareció muy triste; Entonces el cazador dijo: '¿Por qué te entristeces tanto?' —¡Ay! Querido señor -dijo ella-, allá está la roca de granito donde crecen todos los diamantes preciosos, y tengo tantas ganas de ir allí, que cada vez que pienso en ello no puedo evitar sentirme triste, porque ¿quién puede alcanzarla? sólo los pájaros y las moscas, el hombre no puede". -Si eso es todo lo que tienes -dijo el cazador-, te llevaré allí con todo mi corazón; Así que la atrajo bajo su capa, y en el momento en que deseó estar en la montaña de granito, ambos estaban allí. Los diamantes brillaban tanto por todos lados que quedaron encantados con la vista y recogieron los más finos. Pero la vieja bruja hizo que se apoderara de él un sueño profundo, y le dijo a la joven: "Sentémonos y descansemos un poco, estoy tan cansada que no puedo estar en pie más". Así que se sentaron, y él recostó su cabeza en el regazo de ella, y se durmió; Y mientras él seguía durmiendo, ella le quitó la capa de los hombros, la colgó sobre sí misma, recogió los diamantes y deseó volver a casa.

Cuando se despertó y descubrió que su señora lo había engañado y lo había dejado solo en la roca salvaje, dijo: '¡Ay! ¡Qué picardía hay en el mundo!', y allí se sentó con gran dolor y miedo, sin saber qué hacer. Ahora bien, esta roca pertenecía a gigantes feroces que vivían en ella; y al ver a tres de ellos dando zancadas, pensó para sí: «Sólo puedo salvarme fingiendo estar dormido»; Así que se acostó como si estuviera en un sueño profundo. Cuando los gigantes se acercaron a él, el primero lo empujó con el pie y dijo: "¿Qué gusano es este que está aquí acurrucado?" —Pisadle y matadle —dijo el segundo—. -No vale la pena -dijo el tercero-; "Déjalo vivir, él subirá más alto en la montaña, y alguna nube vendrá rodando y se lo llevará". Y pasaron. Pero el cazador había oído todo lo que decían; Y tan pronto como se fueron, subió a la cima de la montaña, y cuando estuvo sentado allí por un corto tiempo, una nube se acercó a él, lo atrapó en un torbellino y lo arrastró durante algún tiempo, hasta que se instaló en un jardín, y cayó al suelo con bastante suavidad entre los verdes y las coles.

Luego miró a su alrededor y dijo: "Desearía tener algo de comer, si no, estaré peor que antes; porque aquí no veo ni manzanas, ni peras, ni ninguna clase de frutas, sino verduras". Al final pensó para sí mismo: "Puedo comer ensalada, me refrescará y me fortalecerá". Escogió, pues, una buena cabeza y comió de ella; Pero apenas hubo tragado dos bocados, cuando se sintió completamente mudado, y vio con horror que se había convertido en un asno. Sin embargo, todavía tenía mucha hambre y la ensalada sabía muy bien; Así que siguió comiendo hasta que llegó a otra clase de ensalada, y apenas la había probado cuando sintió que se apoderó de él otro cambio, y pronto vio que tenía la suerte de haber vuelto a encontrar su antigua forma.

Luego se acostó y durmió un poco de su cansancio; y cuando despertó a la mañana siguiente, se rompió una cabeza de la ensalada buena y de la mala, y pensó para sí mismo: «Esto me ayudará a recuperar mi fortuna y me permitirá pagar a algunas personas por su traición». Así que se fue a tratar de encontrar el castillo de sus amigos; Y después de vagar unos días, por suerte lo encontró. Luego se tiñó la cara de marrón, para que ni siquiera su madre lo reconociera, y entró en el castillo y pidió alojamiento; —Estoy tan cansado —dijo—, que no puedo ir más lejos. —Compatriota —dijo la bruja—, ¿quién es usted? ¿Y cuál es tu negocio? —Soy —dijo— un mensajero enviado por el rey para encontrar la mejor ensalada que crece bajo el sol. He tenido la suerte de encontrarlo y lo he traído conmigo; pero el calor del sol abrasa de tal manera que comienza a marchitarse, y no sé si podré llevarlo más lejos".

Cuando la bruja y la joven se enteraron de su hermosa ensalada, desearon probarla y dijeron: "Querido compatriota, vamos a probarla". -Es cierto -respondió él-; 'Tengo dos cabezas conmigo, y te daré una'; Así que abrió su bolsa y les dio lo malo. Entonces la bruja misma lo llevó a la cocina para que lo aderezara; Y, cuando estuvo lista, no pudo esperar a que la llevaran, sino que tomó luego algunas hojas y se las metió en la boca, y apenas se las tragaron, perdió su forma y corrió rebuznando al patio en forma de asno. Entonces la criada entró en la cocina, y viendo la ensalada preparada, iba a subirla; pero en el camino también ella sintió el deseo de probarlo como lo había hecho la vieja, y comió algunas hojas; Así que ella también se convirtió en un asno y corrió detrás del otro, dejando que el plato con la ensalada cayera al suelo. El mensajero estuvo todo este tiempo sentado con la hermosa joven, y como nadie venía con la ensalada y ella deseaba probarla, dijo: "No sé dónde puede estar la ensalada". Entonces pensó que algo debía haber sucedido, y dijo: 'Iré a la cocina y veré'. Y mientras iba, vio dos asnos que corrían en el patio, y la ensalada tirada en el suelo. -¡Está bien! -dijo él-; Esos dos han tenido su parte. Luego tomó el resto de las hojas, las puso en el plato y se las llevó a la joven, diciendo: "Yo mismo te traigo el plato para que no esperes más". Así que comió de él y, como los demás, corrió al patio rebuznando.

Entonces el cazador se lavó la cara y entró en el patio para que lo conocieran. —Ahora se te pagará por tu picardía —dijo—; y los ató a los tres a una cuerda, y los llevó consigo hasta que llegó a un molino y llamó a la ventana. —¿Qué pasa? —preguntó el molinero. -Aquí tengo tres bestias fastidiosas -dijo el otro-; Si los llevas, les das de comer y de comer, y los tratas como te digo, te pagaré lo que pidas. -De todo corazón -dijo el molinero-; —¿Pero cómo los trataré? Entonces el cazador dijo: "Dale al viejo azotes tres veces al día y heno una vez; Dale a la siguiente (que era la criada) azotes una vez al día y heno tres veces; y le daba a la más joven, que era la hermosa señora, tres veces al día y sin azotes, porque no encontraba en su corazón que la golpearan. Después de esto volvió al castillo, donde encontró todo lo que quería.

Algunos días después, el molinero se acercó a él y le dijo que el viejo asno había muerto; —Los otros dos —dijo— están vivos y comen, pero están tan tristes que no pueden durar mucho tiempo. Entonces el cazador se compadeció de ellos y le dijo al molinero que los llevara de vuelta a él, y cuando llegaron, les dio un poco de la buena ensalada para comer. Y la hermosa joven cayó de rodillas ante él y dijo: "¡Oh queridísimo cazador! Perdóname todo el mal que te he hecho. mi madre me obligó a hacerlo, fue contra mi voluntad, porque siempre te quise mucho. Tu capa de los deseos cuelga en el armario, y en cuanto al corazón del pájaro, te lo daré a ti también. Pero él le dijo: "Guárdalo, será exactamente lo mismo, porque quiero hacerte mi esposa". Así que se casaron y vivieron juntos muy felices hasta que murieron.

LA HISTORIA DE LOS JÓVENES QUE SALIERON A APRENDER LO QUE ERA EL MIEDO

Cierto padre tenía dos hijos, el mayor de los cuales era inteligente y sensato, y podía hacer todo, pero el menor era estúpido y no podía aprender ni entender nada, y cuando la gente lo veía decía: '¡Hay un hombre que le dará problemas a su padre!' Cuando había que hacer algo, siempre era el mayor el que se veía obligado a hacerlo; pero si su padre le ordenaba que trajera algo cuando era tarde, o de noche, y el camino conducía al cementerio o a cualquier otro lugar lúgubre, él respondía: «¡Oh, no padre, no iré allí, me hace temblar!», porque tenía miedo. O cuando se contaban historias junto al fuego por la noche que hacían que la carne se estremeciera, los oyentes a veces decían: '¡Oh, nos hace estremecer!' El más joven se sentó en un rincón y escuchó con los demás, y no podía imaginar lo que podían significar. "Siempre dicen: "¡Me hace temblar, me hace estremecer!" No me hace estremecer», pensó. ¡Ése también debe ser un arte del que no entiendo nada!

Sucedió que un día su padre le dijo: "Escúchame, tú que estás en la esquina, te estás haciendo alto y fuerte, y tú también tienes que aprender algo con lo que puedas ganarte el pan. Mira cómo trabaja tu hermano, pero tú ni siquiera te ganas la sal. —Bien, padre —respondió—, estoy muy dispuesto a aprender algo; de hecho, si pudiera conseguirlo, me gustaría aprender a estremecerme. Todavía no lo entiendo en absoluto". El hermano mayor sonrió al oír eso, y pensó para sí mismo: "¡Dios mío, qué tonto es ese hermano mío! ¡Nunca servirá para nada mientras viva! El que quiera ser una hoz debe doblarse a su debido tiempo".

El padre suspiró y le respondió: "Pronto aprenderás lo que es temblar, pero no te ganarás el pan con eso".

Poco después de esto, el sacristán vino a la casa de visita, y el padre se lamentó de su problema y le contó cómo su hijo menor estaba tan atrasado en todos los aspectos que no sabía nada y no aprendía nada. "Imagínese", dijo, "que cuando le pregunté cómo iba a ganarse el pan, en realidad quería aprender a temblar". -Si eso es todo -replicó el sacristán-, eso lo puede aprender conmigo. Mándamelo y pronto lo puliré. El padre se alegró de hacerlo, porque pensó: 'Entrenará un poco al niño'. Por lo tanto, el sacristán lo llevó a su casa, y tuvo que tocar la campana de la iglesia. Al cabo de uno o dos días, el sacristán le despertó a medianoche y le ordenó que se levantara, subiera a la torre de la iglesia y tocara la campana. «Pronto aprenderás lo que es estremecerse», pensó, y se dirigió secretamente delante de él; Y cuando el muchacho estaba en lo alto de la torre y se dio la vuelta, y se disponía a agarrar la cuerda de la campana, vio una figura blanca de pie en la escalera frente al agujero de sonda. —¿Quién está ahí? —gritó, pero la figura no respondió, y no se movió ni se movió. -Contesta -exclamó el muchacho-, o vete, que no tienes nada que hacer aquí por la noche.

El sacristán, sin embargo, permaneció de pie, inmóvil, para que el muchacho pensara que era un fantasma. El muchacho exclamó por segunda vez: «¿Qué quieres aquí?... ¡Habla si eres un hombre honrado, o te tiraré por las escaleras!» El sacristán pensó: «No puede querer ser tan malo como sus palabras», no emitió ningún sonido y se quedó como si estuviera hecho de piedra. Entonces el muchacho lo llamó por tercera vez, y como eso también fue en vano, corrió contra él y empujó al fantasma escaleras abajo, de modo que cayó por los diez escalones y quedó tendido allí en un rincón. Entonces tocó el timbre, se fue a su casa y, sin decir una palabra, se acostó y se durmió. La mujer del sacristán esperó mucho tiempo a su marido, pero él no regresó. Al final se inquietó, despertó al muchacho y le preguntó: —¿Sabes dónde está mi marido? Subió a la torre antes que tú. —No, no lo sé —respondió el muchacho—, pero alguien estaba de pie junto a la sonda, al otro lado de la escalera, y como no respondía ni se iba, lo tomé por un sinvergüenza y lo tiré escaleras abajo. Sólo tienes que ir allí y verás si fue él. Lo lamentaría si así fuera. La mujer huyó y encontró a su marido, que yacía gimiendo en un rincón, y se había roto la pierna.

Lo cargó y luego, con grandes gritos, corrió hacia el padre del niño: —¡Tu hijo —exclamó— ha sido la causa de una gran desgracia! Ha tirado a mi marido por las escaleras y le ha roto la pierna. Saca de nuestra casa al que no sirve para nada. El padre, aterrorizado, corrió hacia allí y regañó al niño. -¿Qué perversos trucos son éstos? -preguntó. "El diablo te los debe haber metido en la cabeza". —Padre —respondió—, escúchame. Soy bastante inocente. Él estaba parado allí por la noche como alguien que intenta hacer el mal. Yo no sabía quién era, y le rogué tres veces que hablara o que se fuera. —Ah —dijo el padre—, no tengo más que descontento contigo. Sal de mi vista. No te veré más'.

—Sí, padre, de buena gana, espera sólo hasta que sea de día. Entonces saldré y aprenderé a estremecerme, y entonces comprenderé, en todo caso, un arte que me sostendrá. —Aprended lo que queráis —dijo el padre—, a mí me da lo mismo. Aquí tienes cincuenta táleros. Toma esto y vete por el ancho mundo, y no digas a nadie de dónde vienes y quién es tu padre, porque tengo razón para avergonzarme de ti. —Sí, padre, será como tú quieras. Si no deseas nada más que eso, puedo tenerlo en cuenta fácilmente.

Así pues, cuando amaneció, el muchacho se metió sus cincuenta tárragas en el bolsillo, salió por el gran camino y se decía a sí mismo: «¡Si pudiera estremecerme! ¡Si pudiera estremecerme! Entonces se acercó un hombre que oyó la conversación que el joven estaba teniendo consigo mismo, y cuando hubieron caminado un poco más hasta donde podían ver la horca, el hombre le dijo: "Mira, ahí está el árbol donde siete hombres se han casado con la hija del cordelero, y ahora están aprendiendo a volar. Siéntate debajo de ella y espera a que llegue la noche, y pronto aprenderás a estremecerte. -Si eso es todo lo que se quiere -respondió el joven-, es fácil; pero si aprendo a estremecerme tan rápido como eso, tendrás mis cincuenta táleros. Vuelve a verme temprano por la mañana. Entonces el joven fue a la horca, se sentó debajo de ella y esperó hasta que llegó la noche. Y como tenía frío, encendió una hoguera, pero a medianoche el viento soplaba tan fuerte que, a pesar de su fuego, no podía calentarse. Y mientras el viento golpeaba a los ahorcados unos contra otros, y se movían hacia atrás y hacia adelante, pensó para sí mismo: «¡Si tiemblas abajo junto al fuego, cómo se congelarán y sufrirán los de arriba!» Y como se compadeció de ellos, levantó la escalera y subió, desató a uno de ellos tras otro y bajó a los siete. Luego atizó el fuego, lo sopló y los puso a todos alrededor para calentarse. Pero ellos se sentaron allí y no se movieron, y el fuego alcanzó sus ropas. Entonces me dijo: 'Cuídate, o te volveré a colgar'. Los muertos, sin embargo, no oyeron, sino que permanecieron en silencio y dejaron que sus harapos siguieran ardiendo. Al oír esto, se enfureció y dijo: "Si no te cuidas, no podré ayudarte, no me quemaré contigo", y los volvió a colgar a su vez. Luego se sentó junto al fuego y se durmió, y a la mañana siguiente el hombre se acercó a él y quiso tener los cincuenta táleros, y le dijo: '¿Sabes cómo temblar?' —No —respondió él—, ¿cómo voy a saberlo? Esos tipos de allá arriba no abrían la boca, y eran tan estúpidos que dejaban que se quemaran los pocos trapos viejos que tenían en el cuerpo. Entonces el hombre vio que no conseguiría los cincuenta tálares ese día, y se fue diciendo: 'Nunca antes me había pasado un joven así'.

El joven también siguió su camino, y una vez más comenzó a murmurar para sí mismo: «¡Ah, si pudiera estremecerme! ¡Ah, si pudiera estremecerme! Un carretero que iba detrás de él lo oyó y le preguntó: '¿Quién es usted?' —No lo sé —respondió el joven—. Entonces el carretero preguntó: '¿De dónde vienes?' – No lo sé. —¿Quién es tu padre? —Que no te lo diga. —¿Qué es lo que siempre murmuras entre dientes? "Ah", respondió el joven, "desearía poder estremecerme, pero nadie puede enseñarme cómo hacerlo". —Basta ya de tu charla tonta —dijo el carretero—. 'Ven, vete conmigo, yo buscaré un lugar para ti'. El joven fue con el carretero, y al anochecer llegaron a una posada donde querían pasar la noche. Entonces, a la entrada de la sala, el joven volvió a decir en voz muy alta: —¡Si pudiera estremecerme! ¡Si pudiera estremecerme! El anfitrión, que escuchó esto, se rió y dijo: 'Si ese es tu deseo, debería haber una buena oportunidad para ti aquí'. -¡Ah!, cállate -dijo la anfitriona-, tantas personas entrometidas han perdido ya la vida, que sería una lástima y una vergüenza que unos ojos tan hermosos como éstos no volvieran a ver la luz del día.

Pero el joven dijo: 'Por difícil que sea, lo aprenderé. Con este propósito he salido". No dejó que el anfitrión descansara, hasta que éste le dijo que no lejos de allí había un castillo encantado donde cualquiera podía aprender muy fácilmente lo que era el temblor, si quería velar en él durante tres noches. El rey había prometido que el que se atreviera tendría a su hija por esposa, y ella era la doncella más hermosa sobre la que brillaba el sol. Del mismo modo, en el castillo yacían grandes tesoros, que estaban custodiados por espíritus malignos, y estos tesoros serían entonces liberados, y harían a un hombre pobre lo suficientemente rico. Muchos hombres ya habían entrado en el castillo, pero aún ninguno había vuelto a salir. A la mañana siguiente, el joven fue a ver al rey y le dijo: "Si se me permite, velaré de buena gana tres noches en el castillo encantado".

El rey lo miró y, como el joven le agradó, le dijo: "Puedes pedir tres cosas para llevarlas contigo al castillo, pero deben ser cosas sin vida". Entonces él respondió: "Entonces pido un fuego, un torno de torneado y una tabla de cortar con el cuchillo".

El rey hizo que le llevaran estas cosas al castillo durante el día. Cuando se acercaba la noche, el joven subió y encendió una hoguera encendida en una de las habitaciones, colocó junto a ella la tabla de cortar y el cuchillo, y se sentó junto al torno. -¡Ah, si pudiera estremecerme! -dijo-, pero tampoco lo aprenderé aquí. Hacia la medianoche estaba a punto de avivar el fuego, y mientras lo soplaba, algo gritó de repente desde un rincón: «¡Au, miau! ¡Qué frío tenemos!'. -¡Tontos! -exclamó-, ¿por qué lloráis? Si tenéis frío, venid, sentaos junto al fuego y calentos. Y cuando hubo dicho esto, dos grandes gatos negros se acercaron con un tremendo salto y se sentaron a cada lado de él, y lo miraron salvajemente con sus ojos de fuego. Al cabo de un rato, cuando se hubieron calentado, dijeron: "Camarada, ¿vamos a jugar a las cartas?" '¿Por qué no?', respondió, 'pero muéstrame tus patas'. Luego extendieron sus garras. —¡Oh! —dijo—, ¡qué uñas tan largas tienes! Espera, primero tengo que cortártelos. Entonces los agarró por el cuello, los puso en la tabla de cortar y les atornilló los pies. —He mirado tus dedos —dijo—, y se me ha ido la afición por jugar a las cartas. Y los mató a golpes y los arrojó al agua. Pero cuando se hubo llevado a los dos y estaba a punto de sentarse de nuevo junto al fuego, de todos los agujeros y rincones salieron gatos negros y perros negros con cadenas al rojo vivo, y fueron llegando más y más hasta que ya no pudo moverse, y gritaron horriblemente, y se subieron al fuego: Lo hizo pedazos y trató de apagarlo. Los observó un rato en silencio, pero al fin, cuando iban demasiado lejos, cogió su cuchillo de corte y gritó: «¡Fuera con vosotros, alimañas!», y comenzó a matarlos. Algunos de ellos huyeron, a otros los mató y los arrojó al estanque de peces. Cuando regresó, volvió a avivar las brasas de su fuego y se calentó. Y mientras estaba así sentado, sus ojos ya no permanecían abiertos, y sintió el deseo de dormir. Luego miró a su alrededor y vio una gran cama en un rincón. —Eso es precisamente lo que me importa a mí —

dijo, y se puso manos a la obra—. Sin embargo, cuando iba a cerrar los ojos, la cama comenzó a moverse por sí sola y recorrió todo el castillo. —Así es —dijo—, pero ve más rápido. Entonces la cama rodó como si seis caballos estuvieran enganchados a ella, arriba y abajo, sobre umbrales y escaleras, pero de repente saltó, saltó, se volteó y se tumbó sobre él como una montaña. Pero él arrojó colchas y almohadas al aire, salió y dijo: "Ahora el que quiera, puede conducir", y se acostó junto al fuego, y durmió hasta que se hizo de día. A la mañana siguiente llegó el rey, y cuando lo vio tendido en el suelo, pensó que los espíritus malignos lo habían matado y que estaba muerto. Entonces dijo: "Después de todo, es una lástima, para un hombre tan guapo". El joven lo oyó, se levantó y dijo: 'No ha sido así come to that yet.' Entonces el rey se asombró, pero se alegró mucho, y le preguntó cómo le había ido. -Muy bien -respondió él-; "Una noche ha pasado, las otras dos pasarán igual". Luego se acercó al posadero, que abrió mucho los ojos y le dijo: "¡No esperaba volver a verte con vida! ¿Has aprendido ya a estremecerte? —No —dijo—, todo es en vano. ¡Si alguien me lo dijera!

La segunda noche volvió a subir al viejo castillo, se sentó junto al fuego y una vez más comenzó su vieja canción: «¡Si pudiera estremecerme!» Cuando llegó la medianoche, se oyó un estruendo y un ruido de volteretas; Al principio era bajo, pero se hizo más y más fuerte. Luego se quedó en silencio durante un rato, y al fin, con un fuerte grito, medio hombre bajó por la chimenea y cayó ante él. —¡Hullo! —exclamó—, la otra mitad pertenece a esto. ¡Esto no es suficiente!' Entonces el alboroto comenzó de nuevo, hubo un rugido y un aullido, y la otra mitad cayó de la misma manera. —Espera —dijo—, voy a avivar un poco el fuego para ti. Cuando hubo hecho esto y volvió a mirar a su alrededor, las dos piezas se unieron, y un hombre horrible estaba sentado en su lugar. —Eso no es parte de nuestro trato —dijo el joven—, el banco es mío. El hombre quería apartarlo; El joven, sin embargo, no lo permitió, sino que lo empujó con todas sus fuerzas y volvió a sentarse en su lugar. Entonces cayeron más hombres, uno tras otro; Trajeron nueve piernas de hombres muertos y dos cráneos, los colocaron y jugaron a nueve bolos con ellos. Los jóvenes también querían jugar y dijeron: 'Escúchate, ¿puedo unirme a ti?' – Sí, si tienes dinero. —Dinero suficiente —replicó él—, pero tus bolas no son del todo redondas. Luego tomó las calaveras y las puso en el torno y las giró hasta que quedaron redondas. -¡Allá rodarán mejor! -dijo-. '¡Hurra! ¡Ahora nos divertiremos!' Jugó con ellos y perdió parte de su dinero, pero cuando dieron las doce, todo desapareció de su vista. Se acostó y se durmió en silencio. A la mañana siguiente, el rey vino a preguntar por él. —¿Cómo te ha ido esta vez? —preguntó. —He estado jugando a nueve bolos —respondió—, y he perdido un par de cuartos. —¿No te has estremecido entonces? «¿Qué?», dijo, «¡me lo he pasado de maravilla! ¡Si supiera lo que es estremecerse!

La tercera noche se sentó de nuevo en su banco y dijo con tristeza: «Si pudiera estremecerme». Cuando se hizo tarde, seis hombres altos entraron y trajeron un ataúd. Entonces dijo: 'Ja, ja, ese es ciertamente mi primo pequeño, que murió hace solo unos días', y le hizo una seña con el dedo y gritó: 'Ven, primo pequeño, ven'. Colocaron el ataúd en el suelo, pero él se acercó a él y le quitó la tapa, y allí yacía un hombre muerto. Se palpó la cara, pero estaba fría como el hielo. —Espera —dijo—, te calentaré un poco. Y se acercó al fuego, calentó su mano y la puso sobre el rostro del muerto, pero él permaneció frío. Entonces lo sacó, se sentó junto al fuego, lo acostó sobre su pecho y le frotó los brazos para que la sangre volviera a circular. Como esto tampoco servía de nada, pensó: "Cuando dos personas se acuestan juntas en la cama, se calientan mutuamente", y lo llevó a la cama, lo cubrió y se acostó junto a él. Al cabo de un rato, el muerto también se calentó y comenzó a moverse. Entonces el joven dijo: "Mira, primo pequeño, ¿no te he calentado?" El muerto, sin embargo, se levantó y gritó: 'Ahora te voy a estrangular'.

-¡Qué! -dijo él-, ¿es así como me lo agradeces? Volverás a entrar en tu ataúd en seguida', y lo levantó, lo arrojó en él y cerró la tapa. Entonces vinieron los seis hombres y se lo llevaron de nuevo. —No logro estremecerme —dijo—. "Nunca lo aprenderé aquí mientras viva".

Entonces entró un hombre que era más alto que todos los demás, y tenía un aspecto terrible. Sin embargo, era viejo y tenía una larga barba blanca. -¡Desgraciado! -exclamó-, pronto aprenderás lo que es temblar, porque vas a morir. —No tan rápido —respondió el joven—. Si voy a morir, tendré que tener algo que decir al respecto. —Pronto te atraparé —dijo el demonio—. "Suavemente, suavemente, no hables tan grande. Soy tan fuerte como tú, y tal vez incluso más fuerte. —Ya veremos —dijo el anciano—, si eres más fuerte, te dejaré ir, ven, lo intentaremos. Luego lo condujo por pasadizos oscuros a la fragua de un herrero, tomó un hacha y de un solo golpe clavó un yunque en el suelo. —Puedo hacer algo mejor que eso —dijo el joven, y se dirigió al otro yunque—. El anciano se acercó y quiso mirar, y su barba blanca le colgaba. Entonces el joven agarró el hacha, partió el yunque de un solo golpe y con él atrapó la barba del anciano. —Ahora te tengo a ti —dijo el joven—. Ahora te toca a ti morir. Entonces agarró una barra de hierro y golpeó al anciano hasta que gimió y le rogó que se detuviera, cuando le daría grandes riquezas. El joven sacó el hacha y lo soltó. El anciano lo condujo de vuelta al castillo, y en un sótano le mostró tres cofres llenos de oro. "De éstos", dijo, "una parte es para los pobres, la otra para el rey, la tercera para ti". Mientras tanto, dieron las doce, y el espíritu desapareció, de modo que el joven quedó en tinieblas. —Todavía podré encontrar la salida —dijo, y tanteó a su alrededor, encontró el camino hacia la habitación y durmió allí junto al fuego. A la mañana siguiente, el rey vino y dijo: '¿Has aprendido lo que es estremecerse?' —No —contestó él—; '¿Qué puede ser? Mi primo muerto estaba aquí, y un hombre barbudo vino y me mostró una gran cantidad de dinero abajo, pero nadie me dijo qué era para estremecerme. —Entonces —dijo el rey—, has salvado el castillo y te casarás con mi hija. —Está muy bien —dijo—, pero todavía no sé lo que es estremecerse.

Luego se sacó el oro y se celebraron las bodas; pero por mucho que el joven rey amara a su esposa, y por muy feliz que fuera, siempre decía: «Si pudiera estremecerme, si pudiera estremecerme». Y esto al final la enfureció. Su camarera le dijo: "Encontraré una cura para él; Pronto aprenderá lo que es estremecerse. Salió al arroyo que corría por el jardín, e hizo que le trajeran un cubo lleno de gobios. Por la noche, cuando el joven rey dormía, su esposa le quitaba la ropa y vaciaba el cubo lleno de agua fría con los gobios sobre él, para que los pececillos se extendieran a su alrededor. Entonces se despertó y exclamó: 'Oh, ¿qué me hace estremecerme tanto?... ¿Qué me hace estremecerme tanto, querida esposa? ¡Ah! ¡Ahora sé lo que es estremecerse!'

REY BARBA ESPELUZNANTE

Un gran rey de una tierra lejana en el oriente tenía una hija que era muy hermosa, pero tan soberbia, altiva y engreída, que ninguno de los príncipes que venían a pedirle matrimonio era lo suficientemente bueno para ella, y ella solo se burlaba de ellos.

Érase una vez el rey celebró un gran banquete, y preguntó allí a todos sus pretendientes; Y todos se sentaron en fila, ordenados según su rango: reyes, príncipes, duques, condes, condes y barones y caballeros. Entonces entró la princesa, y al pasar junto a ellos, tenía algo rencoroso que decir a todos. El primero era demasiado gordo: —Es redondo como una bañera —dijo ella—. El siguiente era demasiado alto: «¡Qué palo de mayo!», dijo ella. El siguiente era demasiado corto: «¡Qué bola de masa!», dijo ella. El cuarto estaba demasiado pálido, y ella lo llamó 'Wallface'. El quinto era demasiado rojo, así que lo llamó 'Coxcomb'. El sexto no fue lo suficientemente recto; De modo que dijo que era como un palo verde que se había puesto a secar sobre el horno de un panadero. Y así tenía alguna broma que hacer a todos, pero se reía más que nadie de un buen rey que estaba allí. -Míralo - dijo ella-; "Su barba es como una fregona vieja; se llamará Barba Espeluznante. Así que el rey recibió el apodo de Barba Espeluznante.

Pero el viejo rey se enfadó mucho al ver cómo se comportaba su hija y cómo maltrataba a todos sus invitados; Y juró que, quiéralo o no, se casaría con el primer hombre, fuera príncipe o mendigo, que llegara a la puerta.

Dos días después llegó un violinista ambulante, que comenzó a tocar debajo de la ventana y a pedir limosna; Y cuando el rey lo oyó, dijo: "Déjalo entrar". Así que trajeron a un hombre de aspecto sucio; Y después de haber cantado ante el rey y la princesa, suplicó un favor. Entonces el rey le dijo: "Has cantado tan bien que te daré a mi hija por mujer". La princesa rogaba y rezaba; Pero el rey dijo: "He jurado entregarte al primero que llegue, y cumpliré mi palabra". De nada sirvieron las palabras y las lágrimas; Mandaron a buscar al párroco, y ella se casó con el violinista. Cuando esto terminó, el rey dijo: "Ahora prepárate para irte, no te quedes aquí, debes seguir con tu marido".

Entonces el violinista siguió su camino y se la llevó consigo, y pronto llegaron a un gran bosque. —Reza —dijo ella—, ¿de quién es este bosque? -Pertenece al rey Barba Espeluznante -respondió él-; Si lo hubieras tomado, todo habría sido tuyo. —¡Ah! ¡Desdichada de mí! -suspiró ella-; ¡Ojalá me hubiera casado con el rey Barba Espeluznante! Luego llegaron a unos hermosos prados. —¿De quién son estos hermosos prados verdes? —preguntó ella. Pertenecen al rey Barbagris, si te lo hubieras llevado, todos habrían sido tuyos. —¡Ah! ¡Desdichada desgraciada que soy! -dijo ella-; ¡Ojalá me hubiera casado con el rey Barba Espeluznante!

Entonces llegaron a una gran ciudad. —¿De quién es esta noble ciudad? —preguntó ella. —Pertenece al rey Barba Espeluznante; Si lo hubieras cogido, todo habría sido tuyo. —¡Ah! ¡Desdichada de mí! -suspiró ella-; —¿Por qué no me casé con el rey Barba Espeluznante? -Eso no es asunto mío -dijo el violinista-. ¿Por qué has de desear otro marido? ¿No soy lo suficientemente bueno para ti?'.

Por fin llegaron a una pequeña cabaña. -¡Qué lugar tan miserable! -exclamó ella-; —¿A quién pertenece ese agujerito sucio? Entonces el violinista dijo: "Esa es tu casa y la mía, donde vamos a vivir". —¿Dónde están tus criados? —exclamó ella. -¿Qué queremos de los criados? -dijo-. "Debes hacer por ti mismo lo que tenga que hacer. Ahora haz el fuego, echa agua y prepara mi cena, porque estoy muy cansada. Pero la princesa no sabía nada de hacer fuego y cocinar, y el violinista se vio obligado a ayudarla. Después de haber comido muy poco, se fueron a la cama; Pero el violinista la llamó muy temprano en la mañana para limpiar la casa. Así vivieron dos días, y cuando hubieron comido todo lo que había en la cabaña, el hombre dijo: "Esposa, no podemos seguir así, gastando dinero y sin ganar nada. Tienes que aprender a tejer cestas'. Entonces él salió, cortó sauces y los trajo a su casa, y ella comenzó a tejer; Pero le dolían mucho los dedos. —Veo que este trabajo no sirve —dijo—: trata de hilar; Quizás lo hagas mejor. Así que se sentó y trató de hilar; pero los hilos cortaron sus tiernos dedos hasta que la sangre corrió. -Mira ahora -dijo el violinista-, que no sirves para nada; no puedes hacer ningún trabajo: ¡qué ganga tengo! Sin embargo, trataré de establecer un comercio de ollas y sartenes, y tú te quedarás en el mercado y las venderás. -¡Ay! -

suspiró ella-, si alguno de la corte de mi padre pasara y me viera en el mercado, ¡cómo se reiría de mí!

Pero a su marido no le importaba eso, y le dijo que debía trabajar, si no quería morir de hambre. Al principio el comercio fue bien; Porque muchas personas, al ver a una mujer tan hermosa, fueron a comprar sus mercancías y pagaron su dinero sin pensar en quitarse las mercancías. Vivieron de esto todo el tiempo que duró; Y entonces su marido compró un lote de artículos nuevos, y ella se sentó con ellos en la esquina del mercado; Pero pronto llegó un soldado borracho, montó su caballo contra su establo y rompió todas sus mercancías en mil pedazos. Entonces ella se echó a llorar y no supo qué hacer. ¿Qué será de mí?', dijo ella. '¿Qué dirá mi marido?' Así que corrió a su casa y se lo contó todo. —¿Quién iba a pensar que habrías sido tan tonto —dijo— como para poner un puesto de barro en la esquina del mercado, por donde pasa todo el mundo? pero no lloremos más; Veo que no eres apto para este tipo de trabajo, así que he ido al palacio del rey y he preguntado si no querían una criada; Y dicen que te llevarán, y allí tendrás saciedad para comer.

Así, la princesa se convirtió en criada de la cocina y ayudó a la cocinera a hacer todos los trabajos más sucios; Pero se le permitió llevar a casa algo de la carne que quedaba, y de ella vivían.

No había pasado mucho tiempo allí cuando se enteró de que el hijo mayor del rey pasaba por allí, que se iba a casar; Y se acercó a una de las ventanas y miró hacia afuera. Todo estaba listo, y toda la pompa y el brillo de la corte estaban allí. Luego se lamentó amargamente por el orgullo y la locura que la habían hundido tanto. Y los criados le dieron de las ricas viandas, y ella las puso en su cesta para que se las llevara a casa.

De repente, mientras ella salía, entró el hijo del rey con ropas de oro; Y cuando vio a una mujer hermosa en la puerta, la tomó de la mano y le dijo que ella fuera su compañera en el baile; pero tembló de miedo, porque vio que era el rey Barba Espeluznante el que se burlaba de ella. Sin embargo, él se mantuvo firme y la condujo adentro; Y la tapa de la cesta se desprendió, de modo que las viandas que había en ella cayeron. Entonces todos se rieron y se burlaron de ella; Y estaba tan avergonzada, que deseó estar a mil pies de profundidad en la tierra.

Saltó a la puerta para huir; pero en la escalinata el rey Barba Espeluznante la alcanzó, la hizo volver y le dijo: —¡No me temáis! Yo soy el violinista que ha vivido contigo en la choza. Te traje allí porque realmente te amaba. También soy el soldado que trastornó tu puesto. He hecho todo esto sólo para curarte de tu estúpido orgullo y para mostrarte la locura de tu maltrato hacia mí. Ahora todo ha terminado: has aprendido la sabiduría, y es hora de celebrar nuestro banquete de bodas.

Entonces vinieron los chambelanes y le trajeron las vestiduras más hermosas; Su padre y toda su corte ya estaban allí, y la recibieron en casa después de su matrimonio. La alegría estaba en todos los rostros y en todos los corazones. La fiesta fue grandiosa; bailaban y cantaban; todos estaban alegres; y sólo desearía que tú y yo hubiéramos sido de la fiesta.

HIERRO HANS

Érase una vez un rey que tenía un gran bosque cerca de su palacio, lleno de toda clase de animales salvajes. Un día envió a un cazador para que le disparara un corzo, pero no regresó. —Quizá le haya ocurrido algún accidente —dijo el rey, y al día siguiente envió a otros dos cazadores que iban a buscarlo, pero ellos también se mantuvieron alejados. Al tercer día, mandó llamar a todos sus cazadores y les dijo: "Recorran todo el bosque y no se rindan hasta que hayan encontrado a los tres". Pero de éstos, ninguno volvió a casa, ninguno volvió a ser visto. A partir de ese momento, ya nadie se atrevía a adentrarse en el bosque, y permanecía allí en profunda quietud y soledad, y no se veía nada de él, excepto a veces un águila o un halcón volando sobre él. Esto duró muchos años, hasta que un cazador desconocido se anunció al rey como buscando una situación, y se ofreció a adentrarse en el peligroso bosque. El rey, sin embargo, no quiso dar su consentimiento, y dijo: 'No es seguro allí; Me temo que no te iría mejor que con los demás, y no volverías a salir. El cazador respondió: "Señor, me arriesgaré a correr mi propio riesgo, por miedo a no saber nada".

El cazador se marchó con su perro al bosque. No pasó mucho tiempo antes de que el perro se encontrara con alguna presa en el camino y quisiera perseguirla; Pero apenas había corrido el perro dos pasos, cuando se detuvo frente a un estanque profundo, no pudo ir más lejos, y un brazo desnudo se estiró fuera del agua, lo agarró y lo arrastró hacia abajo. Cuando el cazador vio esto, volvió y llamó a tres hombres para que vinieran con cubos y sacaran el agua. Cuando pudieron ver el fondo, allí yacía un hombre salvaje cuyo cuerpo era marrón como el hierro oxidado, y cuyo cabello le caía sobre la cara hasta las rodillas. Lo ataron con cuerdas y lo llevaron al castillo. Hubo un gran asombro sobre el hombre salvaje; El rey, sin embargo, lo hizo poner en una jaula de hierro en su patio, y prohibió que se abriera la puerta bajo pena de muerte, y la reina misma debía tomar la llave en su custodia. Y a partir de ese momento todo el mundo pudo volver a entrar en el bosque con seguridad.

El rey tenía un hijo de ocho años, que una vez estaba jugando en el patio, y mientras jugaba, su bola dorada cayó en la jaula. El muchacho corrió hacia allí y dijo: 'Dame mi pelota'. —No hasta que me hayas abierto la puerta —respondió el hombre—. No —dijo el muchacho—, no lo haré; el rey lo ha prohibido', y huyó. Al día siguiente volvió a ir a pedir su pelota; el hombre salvaje dijo: 'Abre mi puerta', pero el niño no quiso. Al tercer día, el rey había salido a cazar, y el muchacho fue una vez más y dijo: "No puedo abrir la puerta aunque quisiera, porque no tengo la llave". Entonces el hombre salvaje dijo: 'Está debajo de la almohada de tu madre, puedes llevarlo allí'. El niño, que quería recuperar su pelota, echó a la borda todo su pensamiento y trajo la llave. La puerta se abrió con dificultad y el chico se pellizcó los dedos. Cuando se abrió, el hombre salvaje salió, le dio la bola de oro y se alejó corriendo. El muchacho se había asustado; él llamó y gritó tras él: '¡Oh, hombre salvaje, no te vayas, o seré golpeado!' El hombre salvaje se volvió, lo levantó, lo cargó en su hombro y se adentró en el bosque con pasos apresurados. Cuando el rey llegó a casa, observó la jaula vacía y le preguntó a la reina cómo había sucedido eso. Ella no sabía nada al respecto y buscó la llave, pero ya no estaba. Llamó al niño, pero nadie respondió. El rey envió gente a buscarlo por el campo, pero no lo encontraron. Entonces pudo adivinar fácilmente lo que había sucedido, y mucho dolor reinó en la corte real.

Cuando el hombre salvaje llegó una vez más al bosque oscuro, bajó al niño de su hombro y le dijo: "Nunca volverás a ver a tu padre y a tu madre, pero te mantendré conmigo, porque me has liberado y tengo compasión de ti. Si haces todo lo que te ordeno, te irá bien. De tesoros y de oro tengo yo, y más que nadie en el mundo. Hizo un lecho de musgo para el niño en el que dormía, y a la mañana siguiente el hombre lo llevó a un pozo y le dijo: "Mira, el pozo de oro es tan brillante y claro como el cristal, te sentarás junto a él y tendrás cuidado de que no caiga nada en él, o se contaminará. Vendré todas las noches para ver si has obedecido mi orden. El muchacho se colocaba al borde del pozo, y a menudo veía aparecer en él un pez dorado o una serpiente dorada, y se cuidaba de que no cayera nada. Mientras estaba sentado, su dedo lo lastimó tan violentamente que involuntariamente lo metió en el agua. Lo sacó rápidamente de nuevo, pero vio que estaba completamente dorado, y por mucho que se esforzara por lavar el oro de nuevo, todo fue en vano. Por la noche, Iron Hans regresó, miró al muchacho y dijo: —¿Qué ha pasado con el pozo? —Nada, nada —respondió, y se llevó el dedo a la espalda para que el hombre no lo viera—. Pero él dijo: 'Has metido tu dedo en el agua, esta vez puede pasar, pero ten cuidado de no dejar que nada vuelva a entrar'. Al amanecer, el muchacho ya estaba sentado junto al pozo y lo observaba. Su dedo le dolió de nuevo y se lo pasó por la cabeza, y luego, desgraciadamente, un pelo cayó en el pozo. Lo sacó rápidamente, pero ya estaba bastante dorado. Iron Hans llegó, y ya sabía lo que había sucedido. —Has dejado caer un pelo en el pozo —dijo—. "Te permitiré que lo veas una vez más, pero si esto sucede por tercera vez, entonces el pozo está contaminado y ya no puedes quedarte conmigo".

Al tercer día, el niño se sentó junto al pozo y no movió el dedo, por mucho que le doliera. Pero el tiempo era largo para él, y miró el reflejo de su rostro en la superficie del agua. Y mientras lo hacía, y tratando de mirar directamente a los ojos, su larga cabellera caía desde los hombros hasta el agua. Se levantó rápidamente, pero todo el cabello de su cabeza ya estaba dorado y brillaba como el sol. ¡Te puedes imaginar lo aterrorizado que estaba el pobre niño! Tomó su pañuelo de bolsillo y se lo ató a la cabeza, para que el hombre no lo viera. Cuando llegó, ya lo sabía todo, y dijo: 'Quítate el pañuelo'. Luego los cabellos dorados brotaron, y que el niño se excusara como pudiera, no sirvió de nada. "No has resistido el juicio y no puedes quedarte aquí por más tiempo. Id al mundo, allí aprenderéis lo que es la pobreza. Pero como no tienes mal corazón, y como tengo buenas intenciones contigo, hay una cosa que te concederé; si caes en alguna dificultad, ven al bosque y grita: "Iron Hans", y entonces yo vendré y te ayudaré. Mi poder es grande, más grande de lo que crees, y tengo oro y plata en abundancia.

Entonces el hijo del rey abandonó el bosque y caminó por caminos trillados e inexplorados hasta que por fin llegó a una gran ciudad. Allí buscó trabajo, pero no lo encontró, y no aprendió nada que le permitiera ayudarse a sí mismo. Al fin fue al palacio y preguntó si lo acogían. La gente de la corte no sabía en absoluto qué uso podían hacer de él, pero les caía bien y le decían que se quedara. Al fin, el cocinero lo tomó a su servicio, y le dijo que podía llevar leña y agua, y rastrillar las cenizas juntas. Una vez, cuando sucedió que no había nadie más a mano, el cocinero le ordenó que llevara la comida a la mesa real, pero como no le gustaba dejar ver su cabello dorado, se quedó con su pequeña gorra. Algo así nunca había llegado a la atención del rey, y dijo: 'Cuando vengas a la mesa real debes quitarte el sombrero'. Él respondió: 'Ah, Señor, no puedo; Tengo una llaga grave en la cabeza'. Entonces el rey mandó llamar al cocinero y le regañó, y le preguntó cómo podía tomar a su servicio a un muchacho como ese; y que lo despediría de inmediato. El cocinero, sin embargo, se compadeció de él y lo cambió por el hijo del jardinero.

Y ahora el niño tenía que plantar y regar el jardín, cavar y cavar, y soportar el viento y el mal tiempo. Una vez, en verano, cuando trabajaba solo en el jardín, el día era tan caluroso que se quitó la gorrita para que el aire lo refrescara. A medida que el sol brillaba sobre su cabello, brillaba y centelleaba, de modo que los rayos caían en el dormitorio de la hija del rey, y ella se levantó de un salto para ver qué podía ser. Entonces vio al niño y le gritó: "Niño, tráeme una corona de flores". Se puso la gorra a toda prisa, recogió flores silvestres del campo y las ató juntas. Cuando subía las escaleras con ellos, el jardinero se encontró con él y le dijo: "¿Cómo puedes llevarle a la hija del rey una guirnalda de flores tan comunes? Ve deprisa, coge otro y busca lo más bonito y lo más raro. —Oh, no —replicó el muchacho—, los salvajes tienen más olor y le agradarán más. Cuando entró en la habitación, la hija del rey le dijo: "Quítate la gorra, no es conveniente que la tengas puesta en mi presencia". Volvió a decir: 'No puedo, me duele la cabeza'. Ella, sin embargo, agarró su gorra y se la quitó, y luego su cabello dorado rodó sobre sus hombros, y era espléndido a la vista. Quiso salir corriendo, pero ella lo tomó del brazo y le dio un puñado de ducados. Con ellas se fue, pero no le importaron las piezas de oro. Se los llevó al jardinero y le dijo: 'Se los presento a tus hijos, pueden jugar con ellos'. Al día siguiente, la hija del rey volvió a llamarle para decirle que le trajera una corona de flores del campo, y entonces él entró con ella, al instante le arrebató la gorra y quiso quitársela, pero él la sujetó con ambas manos. Volvió a darle un puñado de ducados, pero él no se los quedó, y se los dio al jardinero para que los jugara con sus hijos. Al tercer día las cosas fueron igual; Ella no podía quitarle la gorra, y él no quería su dinero.

Poco después, el país fue invadido por la guerra. El rey reunió a su pueblo, y no sabía si podía o no ofrecer alguna oposición al enemigo, que era superior en fuerza y tenía un ejército poderoso. Entonces dijo el hijo del jardinero: "Ya soy mayor, y también iré a las guerras, sólo dame un caballo". Los demás se rieron y dijeron: "Búscate uno para ti cuando nos vayamos, te dejaremos uno en el establo". Cuando ellos salieron, entró en el establo y sacó el caballo; Era cojo de un pie, y cojeaba hobblety jib, hobblety foque; Sin embargo, montó en ella y cabalgó hacia el oscuro bosque. Cuando llegó a las afueras, llamó a "Iron Hans" tres veces tan fuerte que resonó a través de los árboles. Entonces el hombre salvaje apareció de inmediato, y dijo: '¿Qué deseas?' "Quiero un corcel fuerte, porque voy a las guerras". -Eso tendrás, y aún más de lo que pides. Entonces el hombre salvaje volvió al bosque, y no pasó mucho tiempo antes de que saliera de él un mozo de cuadra, que conducía un caballo que resoplaba con las narices y apenas podía ser contenido, y detrás de ellos seguía una gran tropa de guerreros completamente equipados de hierro, y sus espadas brillaban al sol. El joven entregó su caballo de tres patas al mozo de cuadra, montó en el otro y cabalgó a la cabeza de los soldados. Cuando se acercó al campo de batalla, gran parte de los hombres del rey ya habían caído, y poco faltaba para que el resto cediese. Entonces el joven galopó hacia allí con sus soldados de hierro, rompió como un huracán sobre el enemigo y derrotó a todos los que se le oponían. Comenzaron a huir, pero el joven los persiguió, y no se detuvo, hasta que no quedó ni un solo hombre. Sin embargo, en lugar de regresar con el rey, condujo a su tropa por caminos secundarios de regreso al bosque y llamó a Hans de Hierro. -¿Qué es lo que quieres? -preguntó el salvaje-. Recupera tu caballo y tus tropas, y dame de nuevo mi caballo de tres patas. Todo lo que pidió se hizo, y pronto estaba montado en su caballo de tres patas. Cuando el rey regresó a su palacio, su hija fue a su encuentro y le deseó alegría por su victoria. -No soy yo el que se llevó la victoria -dijo-, sino un caballero extraño que acudió en mi ayuda con sus soldados. La hija quiso saber quién era el extraño caballero, pero el rey no lo supo, y dijo: "Siguió al enemigo y no lo volví a ver". Preguntó al jardinero dónde estaba su hijo, pero él sonrió y dijo: "Acaba de llegar a casa en su caballo de tres patas, y los demás se han estado burlando de él y gritando: "¡Ahí viene de nuevo nuestro vagabundo!" También le preguntaron: "¿Bajo qué seto has estado durmiendo todo el tiempo?" Así que dijo: "Hice lo mejor de todo, y me habría ido mal sin mí". Y luego fue aún más ridiculizado.

El rey dijo a su hija: "Proclamaré una gran fiesta que durará tres días, y arrojarás una manzana de oro. Tal vez el hombre desconocido se muestre. Cuando se anunció la fiesta, el joven salió al bosque y llamó a Hans de Hierro. —¿Qué es lo que deseas? —preguntó. Para que pueda pescar la manzana de oro de la hija del rey. —Es tan seguro como si ya lo tuvieras —dijo Iron Hans—. Tendrás también una armadura roja para la ocasión, y montarás en un brioso caballo castaño. Cuando llegó el día, el joven galopó hasta el lugar, ocupó su lugar entre los caballeros y nadie lo reconoció. La hija del rey se acercó y arrojó una manzana de oro a los caballeros, pero ninguno de ellos la atrapó, excepto él, y tan pronto como la tuvo se alejó al galope.

Al segundo día, Iron Hans lo equipó como un caballero blanco y le dio un caballo blanco. De nuevo fue el único que atrapó la manzana, y no se detuvo un instante, sino que se alejó al galope con ella. El rey se enfureció y dijo: 'Eso no está permitido; Tiene que comparecer ante mí y decir su nombre. Dio orden de que si el caballero que había cogido la manzana se alejaba, le persiguiesen, y si no volvía de buena gana, le cortaran y apuñalaran.

Al tercer día, recibió de Iron Hans una armadura negra y un caballo negro, y de nuevo atrapó la manzana. Pero cuando cabalgaba con él, los sirvientes del rey lo persiguieron, y uno de ellos se acercó tanto a él que hirió la pierna del joven con la punta de su espada. Sin embargo, el joven escapó de ellos, pero su caballo saltó tan violentamente que el casco cayó de la cabeza del joven, y pudieron ver que tenía el cabello dorado. Cabalgaron de regreso y se lo anunciaron al rey.

Al día siguiente, la hija del rey le preguntó al jardinero por su hijo. Está trabajando en el jardín; La extraña criatura también ha estado en el festival, y solo regresó a casa ayer por la noche; También ha mostrado a mis hijos tres manzanas de oro, que ha ganado.

El rey lo mandó llamar a su presencia, y él vino y volvió a tener su gorrito en la cabeza. Pero la hija del rey se acercó a él y se lo quitó, y entonces sus cabellos dorados cayeron sobre sus hombros, y era tan hermoso que todos quedaron asombrados. —¿Eres tú el caballero que venía todos los días a la fiesta, siempre de diferentes colores, y que cogía las tres manzanas de oro? —preguntó el rey. —Sí —respondió él—, y aquí están las manzanas. Y las sacó de su bolsillo y se las devolvió al rey. "Si quieres más pruebas, puedes ver la herida que tu pueblo me causó cuando me siguieron. Pero yo también soy el caballero que te ayudó a vencer a tus enemigos. "Si puedes realizar tales hazañas como esa, no eres un jardinero; Dime, ¿quién es tu padre? "Mi padre es un rey poderoso, y yo tengo oro en abundancia, tanto como necesito". —Veo bien —dijo el rey— que a ti te debo mis gracias; ¿Puedo hacer algo para complacerte?'. —Sí —respondió él—, en verdad que se puede. Dame a tu hija por esposa. La doncella se echó a reír y dijo: "No es muy de vestir, pero ya he visto por sus cabellos dorados que no era un niño de jardinero", y luego fue a besarlo. Su padre y su madre asistieron a la boda y se alegraron mucho, pues habían perdido toda esperanza de volver a ver a su querido hijo. Y mientras estaban sentados en el banquete de bodas, la música se detuvo de repente, las puertas se abrieron y un rey majestuoso entró con un gran séquito. Se acercó al joven, lo abrazó y le dijo: "Soy Iron Hans, y era por encanto un hombre salvaje, pero tú me has liberado; todos los tesoros que yo poseo serán de vuestra propiedad.

PIEL DE GATO

Érase una vez un rey, cuya reina tenía cabellos del oro más puro, y era tan hermosa que su pareja no se encontraba en toda la faz de la tierra. Pero esta hermosa reina cayó enferma, y cuando sintió que su fin se acercaba, llamó al rey y le dijo: "Prométeme que nunca te volverás a casar, a menos que encuentres una esposa que sea tan hermosa como yo y que tenga cabellos dorados como los míos". Entonces, cuando el rey, en su dolor, prometió todo lo que ella le pidió, ella cerró los ojos y murió. Pero el rey no se dejó consolar, y durante mucho tiempo nunca pensó en tomar otra esposa. Al fin, sin embargo, sus sabios dijeron: 'Esto no servirá; El rey tiene que casarse de nuevo, para que tengamos una reina. Así que se enviaron mensajeros por todas partes para buscar una novia tan hermosa como la difunta reina. Pero no había princesa en el mundo tan hermosa; Y si lo hubo, no se encontró ninguno que tuviera el cabello de oro. Así que los mensajeros regresaron a casa, y habían tenido todos sus problemas en vano.

El rey tenía una hija, que era tan hermosa como su madre, y tenía el mismo cabello dorado. Cuando creció, el rey la miró y vio que era igual a la difunta reina, y dijo a sus cortesanos: «¿No puedo casarme con mi hija? Es la imagen misma de mi difunta esposa: si no la tengo, no encontraré novia en toda la tierra, y tú dices que debe haber una reina. Al oír esto, los cortesanos se asombraron y dijeron: «¡No lo permita el cielo que un padre se case con su hija! De un pecado tan grande no puede salir nada bueno". Y su hija también se sorprendió, pero esperaba que el rey abandonara pronto tales pensamientos; Entonces ella le dijo: "Antes de casarme con alguien, tengo que tener tres vestidos: uno debe ser de oro, como el sol; otro debe ser de plata brillante, como la luna; y una tercera que sea deslumbrante como las estrellas: además de esto, quiero que se junte un manto de mil clases diferentes de pieles, a las que todas las bestias del reino deben dar una parte de su piel. Y así pensó que él no volvería a pensar en el asunto. Pero el rey hizo tejer los tres vestidos a los obreros más hábiles de su reino: uno de oro, como el sol; otro plateado, como la luna; y a un tercero que brillaba como las estrellas: y se ordenó a sus cazadores que cazaran a todas las bestias de su reino, y que les sacaran la piel más fina de sus pieles, y así se hizo un manto de mil pieles.

Cuando todos estuvieron listos, el rey se los envió; Pero ella se levantó en la noche, cuando todos dormían, y tomó tres de sus baratijas, un anillo de oro, un collar de oro y un broche de oro, y empacó los tres vestidos, del sol, de la luna y de las estrellas, en una cáscara de nuez, y se envolvió en el manto hecho de toda clase de pieles. y se embadurnó la cara y las manos con hollín. Entonces ella se arrojó al cielo en busca de ayuda en su necesidad, y se fue, y caminó toda la noche, hasta que por fin llegó a un gran bosque. Como estaba muy cansada, se sentó en el hueco de un árbol y pronto se durmió, y allí durmió hasta el mediodía.

Mientras el rey a quien pertenecía el bosque estaba cazando en él, sus perros se acercaron al árbol y comenzaron a husmear, a correr de un lado a otro y a ladrar. «¡Mirad bien!», dijo el rey a los cazadores, «y mirad qué clase de caza hay allí». Y los cazadores se acercaron al árbol, y cuando volvieron, dijeron: "En el árbol hueco yace una bestia maravillosa, como nunca antes habíamos visto; Su piel parece ser de mil clases de pieles, pero allí yace profundamente dormido. —Mira —dijo el rey—, si puedes atraparlo vivo, y nos lo llevaremos con nosotros. Entonces los cazadores lo recogieron, y la muchacha se despertó y se asustó mucho, y dijo: "Soy una pobre niña que no tiene padre ni madre; Ten piedad de mí y llévame contigo'. Entonces dijeron: 'Sí, señorita Piel de Gato, usted se encargará de la cocina; Puedes barrer las cenizas y hacer cosas de ese tipo'. La metieron en el coche y la llevaron a su casa, al palacio del rey. Luego le mostraron un rinconcito debajo de la escalera, donde nunca se asomaba la luz del día, y le dijeron: "Piel de gato, puedes acostarte y dormir allí". Y la enviaron a la cocina, y la hicieron ir a buscar leña y agua, a soplar el fuego, a desplumar las aves, a recoger las hierbas, a tamizar las cenizas y a hacer todo el trabajo sucio.

Así, Piel de Gato vivió durante mucho tiempo muy triste. —¡Ah! «¡Bonita princesa!», pensó, «¿qué será ahora de ti?» Pero sucedió que un día se iba a celebrar una fiesta en el castillo del rey, y le dijo al cocinero: "¿Puedo subir un poco y ver qué pasa? Yo me encargaré y me quedaré detrás de la puerta. Y el cocinero le dijo: "Sí, puedes irte, pero vuelve dentro de media hora para rastrillar las cenizas". Luego tomó su pequeña lámpara y entró en su camarote, se quitó la piel y se lavó el hollín de la cara y las manos, de modo que su belleza brilló como el sol detrás de las nubes. Luego abrió su cáscara de nuez y sacó de ella el vestido que brillaba como el sol, y así fue a la fiesta. Todos le abrieron paso, porque nadie la conocía y pensaban que podía ser nada menos que la hija de un rey. Pero el rey se acercó a ella, le tendió la mano y bailó con ella; y pensó en su corazón: 'Nunca vi a nadie ni la mitad de hermoso'.

Cuando el baile llegó a su fin, hizo una reverencia; Y cuando el rey la buscó, ella se había ido, nadie sabía cómo se marchitaba. Llamaron a los guardias que estaban a la puerta del castillo, pero no habían visto a nadie. La verdad era que había entrado corriendo en su pequeña cabaña, se había quitado el vestido, se había ennegrecido la cara y las manos, se había puesto la capa de piel y había vuelto a ser piel de gato. Cuando fue a la cocina a su trabajo y comenzó a rastrillar las cenizas, el cocinero dijo: "Deja eso hasta la mañana, y calienta la sopa del rey; Me gustaría correr ahora y echar un vistazo, pero ten cuidado de que no se te caiga un pelo en él, o correrás el riesgo de no volver a comer nunca más.

Tan pronto como la cocinera se marchó, Piel de Gato calentó la sopa del rey y tostó primero una rebanada de pan, tan bien como pudo; Y cuando estuvo lista, fue a buscar en el camarote su pequeño anillo de oro, y lo puso en el plato en el que estaba la sopa. Cuando terminó el baile, el rey ordenó que le trajeran la sopa; Y le gustó tanto, que pensó que nunca antes había probado uno tan bueno. En el fondo vio un anillo de oro; y como no sabía cómo había llegado allí, mandó llamar al cocinero. El cocinero se asustó cuando oyó la orden, y le dijo a Piel de Gato: "Debes haber dejado caer un pelo en la sopa; Si es así, tendrás una buena paliza'. Luego se presentó ante el rey y le preguntó quién había cocinado la sopa. —Sí —respondió el cocinero—. Pero el rey dijo: "No es verdad; Era mejor hecho de lo que podrías hacerlo'. Y él respondió: "A decir verdad, yo no lo cociné, pero sí Piel de Gato". "Entonces que suba Piel de Gato", dijo el rey. Y cuando ella llegó, él le dijo: "¿Quién eres tú?" —Soy una pobre niña —dijo ella— que ha perdido a su padre y a su madre. —¿Cómo has entrado en mi palacio? —preguntó. —No sirvo para nada —dijo ella—, sino para ser una chica escurridiza y para que me echen botas y zapatos a la cabeza. —¿Pero cómo conseguiste el anillo que estaba en la sopa? —preguntó el rey. Entonces no admitiría que supiera nada del anillo; Y el rey la despidió de nuevo a sus asuntos.

Al cabo de un rato hubo otro banquete, y Piel de Gato le pidió a la cocinera que la dejara subir a verlo como antes. —Sí —dijo—, pero vuelve dentro de media hora y prepara al rey la sopa que tanto le gusta. Luego corrió a su pequeña cabaña, se lavó rápidamente, se quitó el vestido, que era plateado como la luna, y se lo puso; Y cuando ella entró, pareciendo la hija de un rey, el rey se acercó a ella y se alegró de verla de nuevo, y cuando comenzó el baile, bailó con ella. Terminada la danza, se las arregló para escabullirse, tan astutamente que el rey no vio adónde se había ido; pero ella saltó a su pequeña cabaña, se convirtió de nuevo en piel de gato y fue a la cocina a cocinar la sopa. Mientras la cocinera estaba arriba de las escaleras, tomó el collar de oro y lo dejó caer en la sopa; Luego se lo trajeron al rey, el cual lo comió, y le agradó tanto como antes; así que mandó a buscar al cocinero, que de nuevo se vio obligado a decirle que Piel de Gato lo había cocinado. La piel de gato fue llevada de nuevo ante el rey, pero ella le dijo que sólo era apta para que le arrojaran botas y zapatos a la cabeza.

Pero cuando el rey ordenó que se preparara un banquete por tercera vez, sucedió exactamente igual que antes. -Debes de ser una bruja, Piel de Gato -dijo el cocinero-; Porque siempre pones algo en tu sopa, para que al rey le agrade más que a la mía. Sin embargo, la dejó subir como antes. Luego se puso el vestido, que brillaba como las estrellas, y entró en el salón de baile; Y el rey volvió a bailar con ella, y pensó que nunca había estado tan hermosa como entonces. Así que, mientras bailaba con ella, le puso un anillo de oro en el dedo sin que ella lo viera, y ordenó que el baile se prolongara durante mucho tiempo. Cuando terminó, él la habría tomado de la mano, pero ella se escabulló y saltó tan rápidamente entre la multitud que la perdió de vista, y ella corrió lo más rápido que pudo a su pequeña cabaña debajo de la escalera. Pero esta vez se alejó demasiado tiempo, y se quedó más allá de la media hora; Así que no tuvo tiempo de quitarse el hermoso vestido, y echó sobre él su manto de pieles, y en su prisa no se ennegreció toda la capa de hollín, sino que dejó uno de sus dedos blanco.

Luego corrió a la cocina y cocinó la sopa del rey; Y tan pronto como la cocinera se fue, puso el broche de oro en el plato. Cuando el rey llegó al fondo, ordenó que volvieran a llamar a Piel de Gato, y pronto vio el dedo blanco y el anillo que le había puesto mientras bailaban; así que la tomó de la mano y la sujetó fuertemente, y cuando ella quiso soltarse y saltar, el manto de piel se cayó un poco de un lado. Y el vestido estrellado brillaba debajo de él.

Entonces agarró la piel y se la arrancó, y se vieron sus cabellos dorados y su hermosa figura, y ya no pudo esconderse, así que se lavó el hollín y las cenizas de la cara, y se mostró como la princesa más hermosa sobre la faz de la tierra. Pero el rey le dijo: "Tú eres mi amada esposa, y nunca más nos separaremos el uno del otro". Y se celebró el banquete de bodas, y fue un día alegre, como nunca se oyó ni se vio en aquel país, ni en ningún otro.

BLANCO COMO LA NIEVE Y ROJO ROSADO

Había una vez una pobre viuda que vivía en una cabaña solitaria. Delante de la cabaña había un jardín en el que había dos rosales, uno de los cuales tenía rosas blancas y el otro rojo. Tenía dos hijos que eran como los dos rosales, y uno se llamaba Blancanieves y el otro Rosa Roja. Eran tan buenos y felices, tan ocupados y alegres como siempre lo eran dos niños en el mundo, sólo que Blancanieves era más tranquila y gentil que Rosa-roja. A Rojo Rosa le gustaba más correr por los prados y campos en busca de flores y atrapar mariposas; pero Blancanieves se sentaba en casa de su madre y la ayudaba en las tareas domésticas, o le leía cuando no había nada que hacer.

Los dos niños se querían tanto el uno al otro que siempre se tomaban de la mano cuando salían juntos, y cuando Blancanieves decía: «No nos dejaremos», Rosa Roja respondía: «Nunca mientras vivamos», y su madre añadía: «Lo que uno tiene debe compartirlo con el otro».

A menudo corrían solos por el bosque y recogían bayas rojas, y ninguna bestia les hacía daño, sino que se acercaban a ellas con confianza. La liebre se comía una hoja de col de las manos, las corzas pastaban a su lado, el ciervo saltaba alegremente junto a ellas, y los pájaros se quedaban quietos en las ramas y cantaban lo que sabían.

Ningún percance los alcanzó; Si se habían quedado demasiado tarde en el bosque y llegaba la noche, se acostaban unos junto a otros sobre el musgo y dormían hasta que llegaba la mañana, y su madre lo sabía y no se preocupaba por ello.

Una vez, cuando habían pasado la noche en el bosque y el amanecer los había despertado, vieron a una hermosa niña con un vestido blanco brillante sentada cerca de su cama. Se levantó y los miró con mucha amabilidad, pero no dijo nada y se fue al bosque. Y cuando miraron a su alrededor, descubrieron que habían estado durmiendo muy cerca de un precipicio, y que sin duda habrían caído en él en la oscuridad si hubieran ido unos pasos más allá. Y su madre les dijo que debía de ser el ángel que cuidaba a los niños buenos.

Blancanieves y Rojo Rosa mantenían la casita de su madre tan ordenada que era un placer mirar dentro. En el verano, Rosa-Roja se ocupaba de la casa, y todas las mañanas colocaba una corona de flores junto a la cama de su madre antes de despertar, en la que había una rosa de cada árbol. En invierno, Blancanieves encendía el fuego y colgaba la tetera en la encimera. La tetera era de bronce y brillaba como el oro, tan brillantemente estaba pulida. Por la noche, cuando caían los copos de nieve, la madre dijo: «Ve, Blancanieves, y cierra la puerta», y entonces se sentaron alrededor de la chimenea, y la madre tomó sus gafas y leyó en voz alta un gran libro, y las dos niñas escucharon mientras se sentaban y giraban. Y cerca de ellos yacía un cordero en el suelo, y detrás de ellos, sobre una percha, estaba sentada una paloma blanca con la cabeza oculta bajo las alas.

Una noche, mientras estaban sentados cómodamente juntos, alguien llamó a la puerta como si deseara que lo dejaran entrar. La madre dijo: 'Rápido, rojo rosa, abre la puerta, debe ser un viajero que está buscando refugio'. Rosa Roja fue y apartó el cerrojo, pensando que era un pobre hombre, pero no lo era; Era un oso el que estiraba su ancha y negra cabeza dentro de la puerta.

Rojo Rosa gritó y saltó hacia atrás, el cordero baló, la paloma revoloteó y Blancanieves se escondió detrás de la cama de su madre. Pero el oso comenzó a hablar y dijo: "¡No tengas miedo, no te haré ningún daño! Estoy medio congelado y solo quiero calentarme un poco a tu lado.

—Pobre oso —dijo la madre—, túmbate junto al fuego, pero ten cuidado de no quemarte el abrigo. Entonces ella gritó: 'Blancanieves, roja como la rosa, sal, el oso no te hará ningún daño, tiene buenas intenciones'. Y salieron los dos, y poco a poco el cordero y la paloma se acercaron, y no le tuvieron miedo. El oso dijo: 'Toma, niños, quita un poco la nieve de mi abrigo'; Así que trajeron la escoba y barrieron la piel del oso; Y se tendió junto al fuego y gruñó contento y consolado. No pasó mucho tiempo antes de que se sintieran como en casa y jugaran bromas con su torpe invitado. Le tiraban del pelo con las manos, le ponían los pies en la espalda y lo hacían rodar, o cogían una vara de avellano y le golpeaban, y cuando gruñía se reían. Pero el oso se lo llevó todo en buena parte, solo cuando fueron demasiado bruscos gritó: '¡Dejadme con vida, niños,

Blanco como la nieve, rojo rosado,

¿Vas a matar a golpes a tu pretendiente?

Cuando llegó la hora de acostarse, y los demás se fueron a la cama, la madre le dijo al oso: "Puedes acostarte allí junto a la chimenea, y entonces estarás a salvo del frío y del mal tiempo". Tan pronto como amaneció, los dos niños lo dejaron salir, y él trotó a través de la nieve hacia el bosque.

A partir de entonces, el oso venía todas las tardes a la misma hora, se acostaba junto a la chimenea y dejaba que los niños se divirtieran con él todo lo que quisieran; Y se acostumbraron tanto a él que las puertas no se cerraron hasta que llegó su amigo negro.

Cuando llegó la primavera y todo el exterior estaba verde, el oso le dijo una mañana a Blancanieves: "Ahora tengo que irme, y no puedo volver en todo el verano". —¿Adónde vas, entonces, querido oso? —preguntó Blancanieves. Debo ir al bosque y proteger mis tesoros de los malvados enanos. En el invierno, cuando la tierra está helada, se ven obligados a permanecer abajo y no pueden abrirse paso; pero ahora, cuando el sol se ha descongelado y calentado la tierra, la atraviesan y salen a curiosear y robar; y lo que una vez llega a sus manos, y a sus cuevas, no vuelve a ver fácilmente la luz del día".

Blancanieves lamentó mucho su partida, y cuando ella le abrió la puerta y el oso se apresuró a salir, él se enganchó contra el cerrojo y un pedazo de su peludo abrigo fue arrancado, y a Blancanieves le pareció que había visto oro brillando a través de él, pero no estaba segura de ello. El oso huyó rápidamente y pronto se perdió de vista detrás de los árboles.

Poco tiempo después, la madre envió a sus hijos al bosque a buscar leña. Allí encontraron un gran árbol que yacía caído en el suelo, y cerca del tronco algo saltaba hacia atrás y hacia adelante en la hierba, pero no pudieron distinguir qué era. Cuando se acercaron, vieron a un enano con una cara vieja y marchita y una barba blanca como la nieve de un metro de largo. La punta de la barba estaba atrapada en una grieta del árbol, y el pequeño saltaba como un perro atado a una cuerda, y no sabía qué hacer.

Miró a las chicas con sus ojos rojos ardientes y gritó: '¿Por qué están ahí paradas? ¿No puedes venir aquí y ayudarme?'. —¿Qué estás tramando, hombrecito? —preguntó Rosa-Roja. -¡Ganso estúpido y entrometido! -respondió el enano-. Iba a partir el árbol para conseguir un poco de leña para cocinar. La poca comida que obtenemos los pueblos se quema inmediatamente con troncos pesados; Nosotros no tragamos tanto como ustedes, gente grosera y avariciosa. Acababa de clavar la cuña con seguridad, y todo iba como yo deseaba; pero la cuña maldita era demasiado lisa y de repente saltó, y el árbol se cerró tan rápidamente que no pude arrancar mi hermosa barba blanca; así que ahora está apretado y no puedo escapar, ¡y las cosas tontas, elegantes y con cara de leche se ríen! ¡Ugh! ¡Qué odioso eres!

Los niños se esforzaron mucho, pero no pudieron arrancar la barba, se atrapó demasiado rápido. —Correré a buscar a alguien —dijo Rosa-roja—. —¡Ganso insensato! —gruñó el enano—. '¿Por qué deberías ir a buscar a alguien? Ya sois dos demasiados para mí; ¿No se te ocurre algo mejor? —No te impacientes —dijo Blancanieves—, yo te ayudaré —y sacó las tijeras del bolsillo y le cortó la punta de la barba—.

Tan pronto como el enano se sintió libre, echó mano de una bolsa que estaba entre las raíces del árbol, y que estaba llena de oro, y la levantó, refunfuñando para sí: «Gente grosera, que me corten un trozo de mi hermosa barba. ¡Mala suerte para ti!», y luego se echó la bolsa a la espalda y se marchó sin mirar ni una sola vez a los niños.

Algún tiempo después, Blancanieves y Rosa-Roja fueron a pescar un plato de pescado. Al acercarse al arroyo vieron algo parecido a un gran saltamontes que saltaba hacia el agua, como si fuera a saltar. Corrieron hacia él y descubrieron que era el enano. -¿Adónde vas? -preguntó Rosa-Roja-. – ¿Seguro que no quieres meterte en el agua? -¡No soy tan tonto! -exclamó el enano-. —¿No ves que el maldito pez quiere arrastrarme? El hombrecillo había estado allí sentado pescando, y por desgracia el viento le había enredado la barba con el hilo de pescar; Un momento después, un gran pez dio un mordisco y la débil criatura no tuvo fuerzas para sacarlo; El pez mantuvo la ventaja y atrajo al enano hacia él. Se aferró a todas las cañas y juncos, pero de poco sirvió, porque se vio obligado a seguir los movimientos de los peces y corría el peligro urgente de ser arrastrado al agua.

Las chicas llegaron justo a tiempo; Lo sujetaron con fuerza y trataron de liberar su barba de la línea, pero todo fue en vano, la barba y la línea se enredaron rápidamente. No había más remedio que sacar las tijeras y cortar la barba, con lo que se perdió una pequeña parte. Cuando el enano lo vio, gritó: «¿Es eso cortés, hongo, desfigurar el rostro de un hombre? ¿No fue suficiente con cortarme la punta de la barba? Ahora has cortado la mejor parte de ella. No puedo dejarme ver por mi pueblo. ¡Ojalá te hubieran hecho quitarte las suelas de los zapatos! Luego sacó un saco de perlas que yacía entre los juncos y, sin decir una palabra más, se lo llevó y desapareció detrás de una piedra.

Sucedió que poco después la madre envió a los dos niños a la ciudad a comprar agujas e hilo, y cordones y cintas. El camino los condujo a través de un páramo sobre el que yacían enormes pedazos de roca. Allí vieron un gran pájaro que revoloteaba en el aire, volando lentamente alrededor de ellos y alrededor de ellos; Se hundió más y más, y al final se posó cerca de una roca no muy lejos. Inmediatamente oyeron un grito fuerte y lastimero. Corrieron y vieron con horror que el águila se había apoderado de su viejo conocido, el enano, y se lo iba a llevar.

Los niños, llenos de lástima, agarraron al hombrecillo con fuerza y tiraron del águila tanto tiempo que al fin soltó su botín. Tan pronto como el enano se hubo recuperado de su primer susto, exclamó con su voz estridente: «¡No podrías haberlo hecho con más cuidado! ¡Arrastrasteis mi abrigo marrón para que esté todo rasgado y lleno de agujeros, criaturas torpes! Luego tomó un saco lleno de piedras preciosas y se deslizó de nuevo bajo la roca hasta su agujero. Las muchachas, que ya estaban acostumbradas a su ingratitud, siguieron su camino y se dedicaron a sus asuntos en la ciudad.

Al cruzar de nuevo el páramo de camino a casa, sorprendieron al enano, que había vaciado su bolsa de piedras preciosas en un lugar limpio, y no había pensado que nadie llegaría allí tan tarde. El sol de la tarde brillaba sobre las piedras brillantes; Brillaban y centelleaban con todos los colores de manera tan hermosa que los niños se quedaron quietos y los miraron. —¿Por qué te quedas boquiabierto? —exclamó el enano, y su rostro gris ceniciento se tornó rojo cobrizo de rabia. Todavía estaba maldiciendo cuando se escuchó un fuerte gruñido, y un oso negro vino trotando hacia ellos desde el bosque. El enano se levantó asustado, pero no pudo llegar a su cueva, porque el oso ya estaba cerca. Entonces, en el espanto de su corazón, exclamó: "Querido señor Oso, perdóname, te daré todos mis tesoros; ¡Mira las hermosas joyas que yacen allí! Concédeme mi vida; ¿Qué quieres con un hombrecito tan delgado como yo? No me sentirías entre tus dientes. Ven, toma a estas dos malvadas muchachas, son tiernos bocados para ti, gordos como codornices jóvenes; ¡Por el amor de Dios, cómetelos!' El oso no prestó atención a sus palabras, sino que le dio a la malvada criatura un solo golpe con su pata, y no volvió a moverse.

Las muchachas habían huido, pero el oso las llamó: "Blancanieves y Roja Rosa, no temáis; espera, yo iré contigo'. Entonces reconocieron su voz y esperaron, y cuando de repente se acercó a ellos, se le cayó la piel de oso, y se quedó allí como un hombre apuesto, vestido todo de oro. —Soy hijo de un rey —dijo—, y fui hechizado por ese enano malvado que había robado mis tesoros; He tenido que correr por el bosque como un oso salvaje hasta que fui liberado por su muerte. Ahora tiene su merecido castigo.

Blancanieves se casó con él, y Rosa Roja con su hermano, y se repartieron el gran tesoro que el enano había reunido en su cueva. La anciana madre vivió tranquila y feliz con sus hijos durante muchos años. Llevó consigo los dos rosales, y se pararon frente a su ventana, y cada año llevaban las rosas más hermosas, blancas y rojas.

9 789361 900976

Printed at Repro India Ltd.